国家自然科学基金青年项目“国有企业高管团队差异化薪酬分配的决定机制与治理效应研究”（71902191）
教育部人文社会科学研究青年基金项目“国有企业集团视角下的高管薪酬契约研究”（19YJC790160）
国家自然科学基金面上项目“互联网商业模式对高管薪酬契约的影响研究”（71872187）
国家自然科学基金面上项目“国企‘一把手’精准激励机制研究”（72272156）

徐　悦◎著

非CEO高管团队水平薪酬差异研究

——影响因素与经济后果

The Study of Non-CEO Top Executives' Horizontal Pay Dispersion: Determinants and Consequences

中国财经出版传媒集团
经济科学出版社
Economic Science Press
·北京·

图书在版编目（CIP）数据

非 CEO 高管团队水平薪酬差异研究：影响因素与经济后果／徐悦著. -- 北京：经济科学出版社，2023. 11
ISBN 978 - 7 - 5218 - 5363 - 6

Ⅰ. ①非…　Ⅱ. ①徐…　Ⅲ. ①企业 - 管理人员 - 劳动报酬 - 研究　Ⅳ. ①F272. 92

中国国家版本馆 CIP 数据核字（2023）第 218019 号

责任编辑：杜　鹏　武献杰　常家凤
责任校对：王肖楠
责任印制：邱　天

非 CEO 高管团队水平薪酬差异研究：影响因素与经济后果
徐　悦◎著
经济科学出版社出版、发行　新华书店经销
社址：北京市海淀区阜成路甲 28 号　邮编：100142
编辑部电话：010 - 88191441　发行部电话：010 - 88191522
网址：www. esp. com. cn
电子邮箱：esp_bj@163. com
天猫网店：经济科学出版社旗舰店
网址：http：//jjkxcbs. tmall. com
固安华明印业有限公司印装
710 × 1000　16 开　15. 25 印张　250000 字
2023 年 11 月第 1 版　2023 年 11 月第 1 次印刷
ISBN 978 - 7 - 5218 - 5363 - 6　定价：98. 00 元
（图书出现印装问题，本社负责调换。电话：010 - 88191545）

前　　言

企业经营发展不仅依靠CEO个人的智慧，还依赖其他非CEO高管配合、设计和执行许多战略性的公司决策，非CEO高管激励的重要性不言而喻。然而，已有非CEO高管激励的研究，或按照CEO激励的研究范式单独地对非CEO高管激励进行研究，或将非CEO高管团队视为整体，研究其与CEO之间的垂直薪酬差异，对非CEO高管团队内部的薪酬分配关注较少。一方面，委托代理理论认为非CEO高管团队薪酬应当依照边际生产率而呈现差异化；另一方面，社会比较理论认为处于同层级的非CEO高管具有更多类似性与可比性，社会比较的程序更易进行，不适宜对非CEO高管团队采取过大的薪酬差异。因此，非CEO高管团队内部由于薪酬分配带来的对公平与效率的权衡，不仅更为复杂和具有状态依存性，也对高管行为及公司业绩具有重要影响。

改革开放以来，中国企业的薪酬分配规则逐渐从计划经济下的“大锅饭”分配制度过渡到市场经济下的差异化激励制度。一方面，集体主义和平均主义的文化依然存在，并差异化地存在于不同产权性质的企业中；另一方面，市场化改革的逐步推进使得与绩效挂钩的效率工资的运用在不同区域呈现差异化，非CEO高管团队“薪酬无差异”和“薪酬差异极大”两种极端情况在中国上市公司中普遍存在。这种多样化的高管团队内薪酬分配格局，为分析非 CEO 高管团队内薪酬分配的公平与效率之间的关系提供了很好的研究场景。2005 年起中国上市公司被要求披露所有高管的薪酬，这为分析非 CEO 高管团队薪酬差异提供了良好的数据基础。鉴于此，本书采用中国上市公司非 CEO 高管的薪酬数据为研究对象，通过理论分析和实证检验，探讨非 CEO 高管团队薪酬差异的影响因素，并进一步分析非 CEO 高管团队薪酬差异对高管行为及企业绩效的综合影响。研究发现：

（1）非 CEO 高管的薪酬水平呈稳步增长但增速渐趋放缓的态势，且非 CEO 高管团队薪酬水平差异也逐渐扩大。相对于非国有企业，国有企业的非 CEO 高管薪酬水平较高，但非 CEO 高管团队薪酬差异较低。此外，中国上市公司非 CEO 高管团队薪酬差异呈多样化的分配格局，既有约 9.58%（12.18%）的上市公司存在非 CEO 高管团队薪酬总额（增长率）完全无差异，也有约 27.12% 的上市公司存在非 CEO 高管的薪酬变动不一致导致的非 CEO 高管团队薪酬差异极大的现象。

（2）对非 CEO 高管团队薪酬差异的影响因素研究发现，除人力资本差异外，非经济因素也是中国上市公司非 CEO 高管团队薪酬水平差异的重要来源。在政府管制（如国有控股）或更需要合作（如 R&D 投入）时，非 CEO 高管团队薪酬差异较低；而在管理层权力较大（如董事长权力较大或适当比例的非 CEO 高管参与董事会）时，非 CEO 高管团队薪酬差异较高；此外，公司会参照同行水平设置非 CEO 高管团队的薪酬差异。进一步地，研究还发现，人力资本差异对非 CEO 高管团队薪酬差异的影响在非国有企业中更为显著，而国有企业更容易受到政府管制的影响。

（3）非 CEO 高管团队薪酬差异具有两面性。一方面，非 CEO 高管团队薪酬差异较大能有效降低管理层代理成本，且在公司治理较好或高管团队薪酬水平相对同行较高时更为显著；另一方面，非 CEO 高管团队薪酬差异较大也将增加高管的离职率，在高管团队薪酬水平相对同行较低或 CEO 与非 CEO 高管垂直薪酬差异较大时更为显著。对不同产权的企业进行研究后发现，非 CEO 高管团队薪酬差异的两面性在国有企业更明显：一是在政府干预较低的情况下，国有企业非 CEO 高管团队薪酬差异的积极效应（降低管理层代理成本）与消极效应（增加高管离职率）更加明显；二是非国有企业仅在公司治理质量较高时非 CEO 高管团队薪酬差异才能有效降低管理层代理成本，仅在非 CEO 高管团队薪酬相对于同行较低时非 CEO 高管团队薪酬差异才会显著增加高管的离职率。

（4）非 CEO 高管团队薪酬差异从整体来看不利于企业绩效，表明非 CEO 高管团队薪酬差异的消极影响大于积极作用，即高管离职率的增加导致人才流失和高管团队的动荡，不利于企业的发展；这一结论符合社会比较理论和中国集体主义文化下的公平分配价值观。进一步地，一是非 CEO 高管团队薪酬差异对企业绩效的负面作用在高科技与非高科技行业、公司治理质量高低、CEO 与非 CEO 高管垂直薪酬差异高低和不同的高管职能背景下存在显著差异。二是对不同产权性质企业的研究发现，对于国有企业来说，在低市场化的地方的国有企业和非管制国有企业中，非 CEO 高管团队薪酬差异对业绩的负面作用比较明显；对于非国有企业来说，当机构持股较低时，非 CEO 高管团队薪酬差异对业绩的负面作用更加显著。

本书的研究表明，非 CEO 高管团队薪酬差异来源于人力资本差异、同行参照以及管理层权力等因素，但在独特的制度环境下，政府管制也对非 CEO 高管团队薪酬差异具有重要影响。非 CEO 高管团队薪酬差异的两面性，正是非 CEO 高管团队内薪酬分配时公平与效率的体现。在中国集体主义平均分配观与市场经济下按劳分配效率观两种思想共存的转型经济背景下，非 CEO 高管团队薪酬差异整体表现为负，在市场化程度较低、公司治理质量较差的企业中这一差异的负面影响更显著，表明持续推进地区市场化建设、改善公司治理质量仍是中国公司制度建设的重要方向。综上所述，本书在优化上市公司高管团队激励、国企高管薪酬制度的分类改革及非国企治理结构规范和监督等方面提供了一些可供参考的建议。由于笔者水平有限，书中难免存在疏漏或不妥之处，敬请读者批评指正。

本书出版得到了国家自然科学基金青年项目“国有企业高管团队差异化

薪酬分配的决定机制与治理效应研究”（71902191）、教育部人文社会科学研究青年基金“国有企业集团视角下的高管薪酬契约研究”（19YJC790160）、国家自然科学基金面上项目“互联网商业模式对高管薪酬契约的影响研究”（71872187）和国家自然科学基金面上项目“国企‘一把手’精准激励机制研究”（72272156）的资助，在此表示衷心感谢！

徐　悦

2023 年 7 月

目　　录

| 第 1 章 |

引　　言

1.1　研究背景与研究问题

1.1.1　研究问题的提出

管理层激励问题一直以来都备受学者与实务界人士的关注。现有文献主要讨论高管团队的领导者即 CEO 个人的薪酬激励对其行为和企业经营管理的影响。尽管学者们很早便意识到企业的运营发展不仅仅依靠 CEO 个人的智慧，非 CEO 高管与 CEO 组成的高管团队协调配合同样重要（Hambrick and Mason，1984），然而，现有文献关于非 CEO 高管薪酬激励的讨论却屈指可数。现有的这些研究主要包括两类：一类是按照 CEO 个人激励的研究范式，视每位非 CEO 高管为独立的个体，对其薪酬水平和薪酬结构等进行研究（Ang et al.，2002；Carpenter and Sanders，2002）。然而这类研究忽视了非 CEO 高管之间会相互影响，彼此间可能带来正的或负的外部性；即使独立地为各非 CEO 高管设计了最优薪酬契约，对高管团队而言并非整体最优。因此，在设计非 CEO 高管薪酬契约时，应从团队视角出发，并考虑非 CEO 高管"影响力"的异质性（Edmans et al.，2013）。另一类则是研究高管团队内不同层级即 CEO 与非 CEO 高管之间的垂直薪酬差异时对非 CEO 高管激励有所涉及，但主要是从锦标赛竞争视角分析非 CEO 高管的晋升激励。不同于高管团队内 CEO 与非 CEO 高管之间的垂直薪酬差异是因为有着明确的层级划分，非 CEO 高管团队处于同一层级，具有更多的类似性与可比性，因此，社会比较的程序在非 CEO 高管团队内更易进行。非 CEO 高管团队内互相比较投入与产出，并进一步将比较的后果体现在其竞争或者合作的行为上，对公司价值具有重要的影响（Fredrickson et al.，2010）。综上所述，探讨非 CEO 高管团队的薪酬分配便显得尤为重要。

鉴于此，本书探讨非 CEO 高管团队的水平薪酬差异。非 CEO 高管遵循《中华人民共和国公司法》（以下简称《公司法》）中对高级管理人员的定义，包括公司的副经理、财务负责人以及上市公司董事会秘书和公司章程规定的其他人员。非 CEO 高管的薪酬由董事会或下设的薪酬委员会决定。理论上，关于非 CEO 高管的薪酬差异主要存在三种观点：（1）委托代理理论强调激励的效率，认为应当按照各非 CEO 高管的边际贡献确定其薪酬水平，以最大限度地提高他们工作的积极性，此时非 CEO 高管间的薪酬分配随其个人能力和贡献呈现出差异化。换言之，差异化的非 CEO 高管薪酬激励是对不同人力资本定价的体现，在一定程度上符合薪酬与业绩挂钩的激励文化。（2）社会比较理论更加强调激励的公平性，认为团队成员之间会进行相互比较，形成公平的感知并进一步影响其相互之间的协作配合，尤其在相互依赖程度较高、贡献难以区分且更需要相互合作与配合的高管团队中，非 CEO 高管对公平的敏感度更高，不适宜有过大的薪酬差异。（3）管理层权力理论认为非 CEO 高管薪酬设置受公司治理结构的影响，即公司治理水平会影响非 CEO 高管薪酬分配时效率与公平的关系，比如过大的高管权力可能影响非 CEO 高管薪酬制定和分配过程的公平，影响激励的效率。

综上所述，对非 CEO 高管团队薪酬差异的理论争论实质是对非 CEO 高管薪酬分配时公平与效率的权衡。在理想的状态下，在考虑所有理论因素并设置最优非 CEO 高管薪酬时，非 CEO 高管团队薪酬差异便是团队薪酬激励的附属产物，不应有任何激励效果，不会对高管行为有额外影响，也因此不会对企业绩效产生影响（Bushman et al.，2016）。但在实践中，非 CEO 高管的薪酬设计往往偏离最优，这便导致了非 CEO 高管团队薪酬差异会带来一定的影响和经济后果。例如，中国仍有 10% 左右的上市公司存在非 CEO 高管薪酬完全一样的情况，这种平均化的薪酬分配看似维持了非 CEO 高管之间薪酬分配的“公平”，实质上不仅会使得能力较高的非 CEO 高管没有获得应有的报酬，从而削弱了能力较高的非 CEO 高管的努力水平，还会导致能力较低的非 CEO 高管的“搭便车”行为，带来效率的损失。同时，中国约有 27% 的上市公司存在非 CEO 高管薪酬变动不一致的现象[①]，即部分增加（减少），这种情况必然伴随着部分非 CEO 高管的薪酬与公司业绩倒挂的现象，会带来极大的非 CEO 高管团队薪酬差异。这种由于过于强调个人业绩而造成的非 CEO 高管薪酬变动不一致情况看似是差异化激励的“效率”表现，实质可能会带来较大的内部不公平感，从而进一步影响非 CEO 高管的行为并导致效率的损失。因此，探讨非 CEO 高管团队薪酬差异的影响因素及其经济后果，对于优化高管团队的薪酬激励机制具有重要的意义。

1.1.2 在中国研究非 CEO 高管团队薪酬差异的意义及可行性

收入分配中公平与效率问题的探讨在中国由来已久。公平思想是中国传统文化的一大特色。“天下为公”“不患寡而患不均”等带有平均主义色彩的文化至今仍影响着中国经济活动的方方面面。改革开放以前的计划经济时代，高管薪酬按照全国统一标准制定，经理之间的薪酬差距很小。这种过分强调分配结果公平，实际实行平均分配的“大锅饭”制度，极大地挫伤了高管工作的积极性。改革开放至今，中国逐渐从计划经济转向市场经济，企业薪酬制度从固定的行政工资级别制度逐渐转向与个人业绩相挂钩的工资体系（Ding et al.，2009；辛清泉和谭伟强，2009），高管薪酬的分配也逐渐从平均主义过渡到以各自的职责和贡献为依据的差异化激励制度。过去多年的企业薪酬制度改革，虽然一定程度上调动了管理者的积极性，但也暴露出了许多的问题。

一方面，集体主义和平均主义的文化依然存在，且在不同产权性质的企业存在差异。虽然在现代企业制度下，《公司法》规定将高管薪酬的制订与

① 详见第 3 章 3.3 节中国上市公司高管薪酬现状。

核算交由股东大会和董事会决定，但国有企业高管薪酬制定同时受到行政法规的立体性干预。国有企业的高管薪酬要在保证提高经理人积极性的同时，还需避免由于国企高管与其他利益群体之间收入差距过大带来的社会公众不满进而威胁社会稳定的问题。因此，对公平分配的偏好，使得政府对国企高管的薪酬存在着管制的倾向与冲动。由于社会公众对高管与员工之间的薪酬差异较为敏感，国企高管薪酬的管制主要是将高管薪酬与员工的平均工资水平挂钩，因此，这也使得国企高管之间的薪酬差异受到了限制。加之国有企业肩负的政治责任，国有企业高管薪酬与业绩挂钩的激励方式在实践上也遇到了许多困难和挑战。对中国上市公司非 CEO 高管团队薪酬差异的现状进行研究发现，相对于非国有企业，国有企业非 CEO 高管的薪酬差异始终较低；约 10% 的非 CEO 高管的薪酬无任何差异，且主要存在于国有企业。因此，集体主义和平均主义仍体现在中国非 CEO 高管的薪酬分配中，且具有重要的影响。

另一方面，“渐进式”的市场化改革策略使得与绩效挂钩的效率工资制度在不同区域和不同产权的企业存在差异。随着市场经济在中国的发展，大部分民营企业在创立之初便采用了薪酬与业绩挂钩的激励体系。不同于国有企业受到政府公平偏好和舆论压力的影响，民营企业高管更强调个人业绩的差异化激励。高管薪酬一般交由股东大会和董事会决定，因此，规范的公司治理结构、董事会和股东大会对民营企业高管差异化激励机制的有效实施具有重要的影响。由于转型经济下宽松的经济发展环境及尚未完善的制度建设，民营企业高管往往受到组织特定关系（如家族企业成员）的影响和控制，且受到较小的监督和制约。这部分高管的权力膨胀容易造成管理的混乱和权力的滥用（卢锐，2008），从而影响高管薪酬分配并导致高管超额薪酬差异（Xu and Liu，2017）。例如，中国约 27% 的上市公司存在非 CEO 高管薪酬变动方向不一致导致高管薪酬差异极大的现象，这一问题主要存在于非国有企业。

因此，中国上市公司多样化的薪酬分配格局为考察高管团队内非 CEO 高管团队薪酬差异提供了很好的研究场景。此外，随着国企薪酬改革的全面深化，非 CEO 高管的激励问题也逐渐受到重视。2012 年以前，国资委对国企负责人的考核办法中仅指出要“合理拉开企业主要负责人与其他负责人之间，以及其他负责人相互之间的薪酬差距”；2012 年 1 月 17 日，国资委发布《关于进一步加强中央企业负责人副职业绩考核工作的指导意见》，强调要注重非 CEO 高管之间的差异化激励；2014 年 8 月 29 日，中央政治局会议审议通过《中央管理企业负责人薪酬制度改革方案》，要求对不同选任方式的高管进行分类管理，即对行政任命的高管与市场化选聘的高管实行差异化管理和差异化的考核激励机制。这些政策的出台，为研究非 CEO 高管之间的薪酬分配提供了契机，非 CEO 高管激励已然成为新时代下企业治理的一个重要命题。最后，不同于美国等西方国家仅仅披露前五名高管薪酬的限制，2005 年起中国上市公司强制要求披露所有高管的薪酬，这一披露政策的实施为本书研究提供了良好的数据基础。鉴于此，本书主要研究以下问题：

第一，中国上市公司非 CEO 高管团队薪酬差异的现状如何。

第二，西方主流理论认为的影响非 CEO 高管团队薪酬差异的经济与非经济因素在中国上市公司是否同样适用。进一步地，这些影响因素在中国不同产权属性下的上市公司中的适用性又是否有差异。

第三，高管团队中非 CEO 高管的薪酬差异对高管行为的影响。积极方面，代理理论的观点认为设置合理的薪酬激励可以减轻股东与高管之间的代理问题，那么，非 CEO 高管团队薪酬差异对代理成本有什么影响。消极方面，社会比较理论认为非 CEO 高管团队薪酬差异过大使得非 CEO 高管产生不公平感，从而导致高管消极怠工或离职等行为，那么，中国非 CEO 高管团队薪酬差异是否影响非 CEO 高管的离职率。进一步地，不同产权性质的企业，非 CEO 高管团队薪酬差异对高管行为影响是否存在差异。

第四，在考察了非 CEO 高管团队薪酬差异对高管行为可能的消极与积极影响的基础上，综合检验非 CEO 高管团队薪酬差异对企业绩效的影响。在不同的情境下，积极作用与消极影响何者占优？进一步地，非 CEO 高管团队薪酬差异影响企业绩效的作用机制如何？对不同产权性质企业的影响会否存在差异？

对上述问题的研究和回答，不仅有助于我们深入理解中国上市公司非

CEO 高管团队薪酬差异的现状、影响因素及其经济后果，对于公司制定合理的非 CEO 高管薪酬激励制度及监管部门完善非 CEO 高管薪酬政策也能提供一定的启示和借鉴。

1.2 研究思路

本书将围绕非 CEO 高管的薪酬差异（包括静态差异、动态差异两个维度），主要讨论影响高管团队中非 CEO 高管之间薪酬分配的因素及不同薪酬配置如何左右高管的行为，并进一步影响企业绩效。如图 1－1 所示，本书将围绕以下三个问题而开展：一是什么因素造成和影响了现有中国制度背景下的上市公司非 CEO 高管的薪酬差异。二是非 CEO 高管的薪酬差异如何影响高管行为。三是非 CEO 高管的薪酬差异对高管行为的影响，最终如何反映在综合企业绩效上。遵循以上问题，本书的研究思路如下：

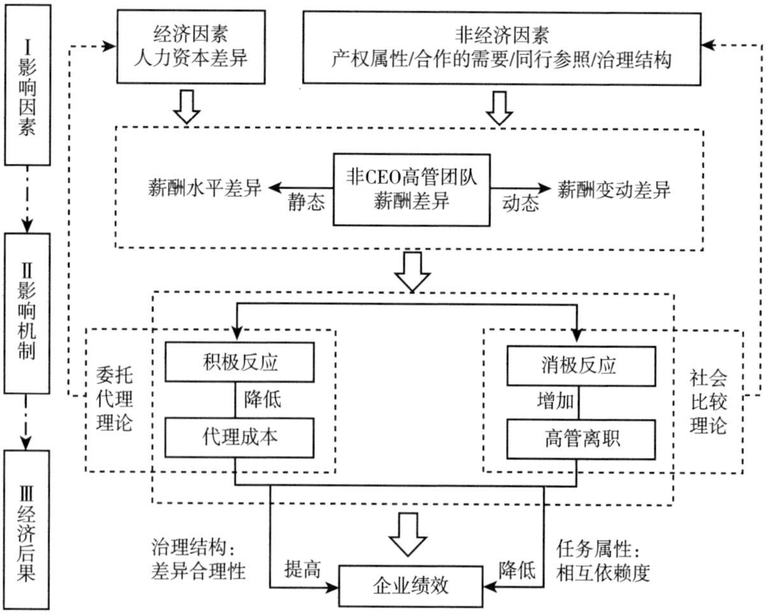

图 1－1　本书的研究思路

第一，基于中国上市公司年报中披露的高管个人的年度薪酬数据，筛选出担任具体高管职位的非 CEO 高管，分别从静态的薪酬总额、动态的薪酬增长率两个层面建立非 CEO 高管团队薪酬差异指标，并对上市公司非 CEO 高管薪酬分配的现状作详细的描述。

第二，依据现有的主流理论，包括委托代理理论、社会比较理论以及管理层权力理论中对影响非 CEO 高管团队薪酬差异的理论因素的探讨，首先，分析影响非 CEO 高管团队薪酬差异的经济因素，如非 CEO 高管团队内的人力资本差异；其次，分析影响非 CEO 高管团队薪酬差异的非经济因素，包括产权属性、对非 CEO 高管合作的需求、同行参照水平以及公司的治理结构；最后，分析不同产权属性的上市公司中非 CEO 高管团队薪酬差异的区别。

第三，分析非 CEO 高管的薪酬差异对高管行为的影响，作为非 CEO 高管团队薪酬差异对企业绩效综合影响的机制分析。根据主流理论对非 CEO 高管团队水平薪酬差异影响的不同观点，分别从积极影响和消极影响两个角度进行探讨。

首先，分析非 CEO 高管的薪酬差异对高管代理成本的影响。主要以委托代理理论为基础，探索非 CEO 高管团队水平薪酬差异可能带来的积极影响，如是否降低了管理层的代理成本，从而最终对企业绩效有利。

其次，分析非 CEO 高管的薪酬差异对高管离职率的影响。主要以社会比较理论为基础，探索非 CEO 高管团队水平薪酬差异可能带来的消极影响，如是否提高了高管的离职率，从而造成管理层的动荡，对企业绩效不利。

最后，基于对非 CEO 高管团队薪酬差异的影响因素及其对高管行为影响的分析，考察非 CEO 高管间薪酬差异最终对企业绩效的综合影响，并进一步分析不同情境下非 CEO 高管团队薪酬差异对企业绩效的影响是否有差异。影响因素包括理论情境因素与中国制度情境因素两个层面，理论情境因素是指任务属性（相互依赖的程度或对团队合作的需要程度）以及治理结构（薪酬差异的合理性）；中国制度情境因素是指企业产权性质差异。

1.3 研究意义

1.3.1 理论意义

第一，现有的主流理论（如委托代理理论、社会比较理论）对非 CEO 高管团队薪酬差异的观点各执一词。不同于 CEO 与非 CEO 高管垂直薪酬差异有明确的层级和职责差异作为基础，非 CEO 高管同处于低于 CEO 的级别，其薪酬一方面因边际生产率而异，另一方面彼此之间更容易成为投入—产出比较的对象。因此，不同理论对非 CEO 高管团队薪酬差异的争议，实质是非 CEO 高管间薪酬分配对公平与效率的权衡。从微观上来看，探讨不同企业运营情境下哪种理论的预测更为占优是该研究领域的热点；但从宏观上来看，国家的正式制度如产权制度、公司治理制度以及非正式制度如文化价值观，如何影响上述理论中效率与公平的关系尚需要更多理论层面的探讨。中国正处于从计划经济转向市场经济的渐进式改革进程中，集体主义的平均分配文化价值观与市场导向下的按劳分配效率观两种思想同时影响着企业内部和高管团队内部的资源分配，再加上管理层权力在中国经济市场上的特殊配置（如国企所有人缺位造成的内部人控制问题和民营企业家“先天”的权力欲望），这些力量相互交织在中国企业薪酬改革的各个阶段，给企业内部和高管团队内部的资源分配实践带来了宝贵的经验。这些经验对于完善非 CEO 高管薪酬分配理论具有重要的意义。

第二，虽然理论上对非 CEO 高管团队薪酬差异带来的经济后果有积极与消极两种观点，但绝大多数的理论探讨集中在对企业的综合影响上，对这期间的影响机制的讨论寥寥无几。换言之，非 CEO 高管薪酬的分配对企业最终绩效的影响依然是个黑箱。高阶理论虽试图从高管团队的进程来了解黑箱运行过程，但其核心仍然是围绕高管团队的个人特征。本书的研究认为，高管团队的激励是包括高管特征在内的许多因素的函数，其本身对企业绩效的影响过程便是多元及复杂的。遵循高管的“激励—行为—经济后果”反应链，本书首先分析非 CEO 高管面临激励时直接做出的行为改变，如降低代理成本、增加离职概率等；其次分析这些行为对绩效的综合影响。这一思路以及研究结果将对解剖和完善现有的“激励—结果”黑箱具有重要的理论意义。

1.3.2 现实意义

第一，企业的经营决策并非由 CEO 个人完成，同时需要非 CEO 高管的协调和配合。因此，非 CEO 高管的激励不仅重要，而且应该以团队的视角予以激励。也就是说，在发挥高管团队成员个人能动性的同时，也要促进高管之间的合作及团队的稳定性，进而实现企业的可持续发展。本书将全面和深入地分析非 CEO 高管薪酬制定过程中差异的来源、后果及其机制，以期帮助了解上市公司中现有的非 CEO 激励状况，并为优化现有非 CEO 高管薪酬配置提供建议。

第二，为国企改革中如何平衡高管内部资源分配中的公平与效率之间的关系提供了依据。由于历史原因及集体主义文化的影响，中国的国有企业高管之间薪酬分配受到管制并长期采用平均化的分配规则。虽然近年来国资委一再强调适度拉开企业负责人之间的激励差异，但在一致的薪酬考评系统下，国企负责人是否真正实现差异化激励仍然存在疑问。2015 年 9 月 13 日，中共中央、国务院发布《关于深化国有企业改革的指导意见》，要求对国企高管实行与选任方式相匹配、经营业绩相挂钩的差异化分配方法。不同选聘方式的国企高管实行不同的薪酬结构，目的在于真正打破国企高管薪酬的“大锅饭”，实行差异化激励。这不仅为研究国企的非 CEO 高管的薪酬差异提供了政策契机，同时也对该领域的学术研究提出了更多的要求。本书将详细探讨影响国企高管团队内非 CEO 高管薪酬分配的因素，及现有分配规则下薪酬差异带来的经济后果。在当下政府管制与市场经济双管齐下的转型经济背景下，为如何定位政府在国企深化改革中的角色以及如何权衡政府与市场之间的关系提供更多的依据。

第三，为进一步规范和完善民营企业中高管团队薪酬激励机制提供了依据。民营经济作为中国转型经济背景下的重要支撑力量，改革开放初因市场经济的引入而迎来飞速发展。但由于中国的法律、产权等制度环境发展的滞后，使得民营企业管理层往往由特定关系的联结（如家族）所控制，民营企业管理层的权力过大，且受到的监督和约束较弱（陈德修，2012），因此，虽然民营企业采用了一系列的西方激励工具（如薪酬与业绩挂钩的工资体系、股权激励等）对高管进行激励，但所处制度环境的滞后，使得这些激励工具运用的合理性以及有效性仍需探讨。对于民营企业来说，如何在中国渐进式完善的制度环境下，以及尚不成熟的经理人市场中，吸引和留住优秀的职业经理人，同时激励经理人相互合作以实现民营企业价值的提升，是当前民营企业家亟须解决的问题。本书将详细探讨民营企业中非 CEO 高管之间薪酬分配的影响因素与经济后果，以期为设置民营高管团队中较为公平合理的薪酬体制提供更多的依据。

1.4　本书结构安排

基于图 1 – 1 的研究思路和逻辑框架，本书的结构安排如图 1 – 2 所示。

第 2 章为文献回顾，对与高管团队内非 CEO 高管团队薪酬差异研究相关的理论和经验文献进行了回顾。首先回顾了团队激励相关的理论。分别从委托代理理论、社会比较理论、期望理论以及高阶理论对团队激励理论的发展做简要的回顾，以作为后续章节展开讨论的理论基础。其次回顾了现有文献中对高管团队内薪酬差异的影响因素与经济后果的讨论，并分析了 CEO 与非 CEO 高管的垂直薪酬差异与非 CEO 高管的水平薪酬差异在理论与经验上的区别。影响因素方面，先从理论上将影响高管团队内薪酬差异的因素分为经济因素与非经济因素，再总结与经验对应的理论影响因素的相关文献，并总结高管团队内两种薪酬差异的影响因素在理论与经验上的区别。类似地，经济后果方面，先从理论上将高管团队内薪酬差异带来的影响分为积极与消极影响，再总结各个理论对应的经验证据，最后总结高管团队内两种薪酬差异的经济后果在理论与经验上的区别。本章对现有文献的归纳和总结为后续

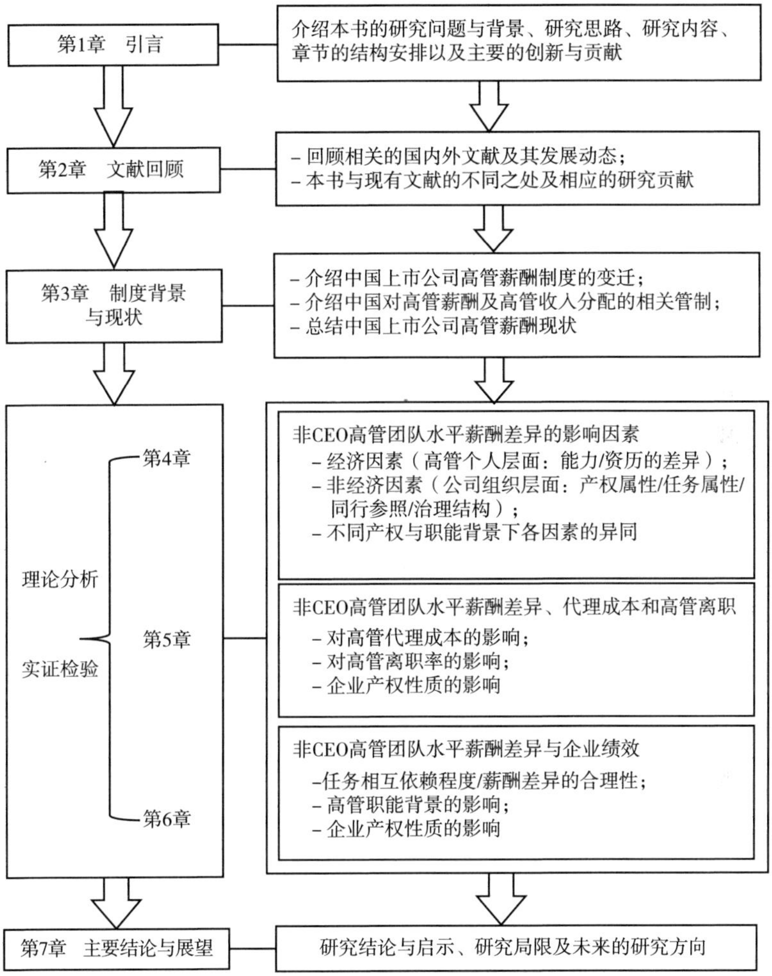

图 1－2 本书的研究框架

章节构建了一个理论和经验上的框架。

第 3 章为制度背景与现状，对相关制度背景进行回顾，并介绍了中国上市公司高管薪酬的现状。首先，回顾中国上市公司高管薪酬制度的变迁历程，这是一个伴随政治体制改革与经济发展而不断调整的过程，并与国企改革一脉相承。从计划经济时代的固定行政级别工资制度，逐渐过渡到了现在的以年薪制为主、长期激励手段为辅的现代企业激励制度。其次，分析了中国对高管收入分配的相关管制和规定。由于《公司法》规定将高管的薪酬交由股东大会与董事会决定，民营企业执行薪酬自治原则；而国有企业的高管薪酬往往受到政府的干预，因此，现有的与高管收入分配有关的管制和规定，主要是针对国有企业而言。政府对国有企业高管薪酬的主要管制手段是将国企高管的年薪与职工的平均工资挂钩。2012 年之前，国企高管副职的激励并不受重视，仅是在考核办法中规定了相对于主要负责人的考核系数；2012 年国资委发布《关于进一步加强中央企业负责人副职业绩考核工作的指导意见》使得国企副职的激励逐渐受到重视。最后，对上市公司非 CEO 高管薪酬及差异在 2005 ~2015 年十年间的状况进行了描述，非 CEO 高管薪酬水平稳步增长但近年来增速放缓，非 CEO 高管团队薪酬差异逐渐扩大。相对于非国有企业，国有企业非 CEO 高管薪酬水平较高，但非 CEO 高管间薪酬差异较低。此外，非 CEO 高管团队薪酬差异呈现多样化的分配格局：既有 9.38% （12.18%）的上市公司存在非 CEO 高管薪酬总额（增长率）完全无差异，又有约 27.12% 的上市公司存在非 CEO 高管薪酬变动方向不一致导致非 CEO 高管团队薪酬差异极大的现象。

第 4 章为非 CEO 高管团队水平薪酬差异的影响因素。首先，从不同的理论中提炼各个理论侧重的影响非 CEO 高管团队薪酬差异的因素。经济因素方面，经济学理论认为按照非 CEO 高管边际产出给付薪酬能最大限度激发他们努力，因此，与个人边际产出最相关的个人人力资本是经济学理论探讨的重点。非经济因素方面，社会学与管理学的理论则更看重组织和团队，非 CEO 高管以团队形式共同为企业绩效努力，彼此间相互依赖且会互相比较，因此，任务对彼此合作的需要程度以及比较对象等则是社会、管理学理论探讨的重点。此外，管理层权力理论认为高管的薪酬还会受公司治理结构的影响。其次，分析不同产权属性下的上市公司中影响非 CEO 高管团队薪酬差异的经济因素与非经济因素有何异同，发现人力资本差异的影响在非国有企业中更为显著，而国有企业更容易受到政府管制的影响。最后，分析了非 CEO 高管分工以及职能背景的影响。由于造成非 CEO 高管团队薪酬差异的影响因素众多，本书并非意在做一个全面和详尽的影响因素探讨，而是在主流理论的观点以及中国制度背景下选取具有代表性的因素进行探索性的分析。

第5章为非CEO高管团队水平薪酬差异、代理成本和高管离职，分析了非CEO高管团队薪酬差异对高管行为的两面性。首先，分析非CEO高管团队薪酬差异对高管行为的积极影响，发现非CEO高管团队薪酬差异可以降低管理层的代理成本，且在公司治理较好或高管团队薪酬水平相对同行较高时更为显著。其次，分析非CEO高管团队薪酬差异对高管行为的消极影响，发现非CEO高管团队薪酬差异会增加非CEO高管的离职率，且在薪酬水平相对同行较低或团队内部CEO与非CEO高管垂直薪酬差异较大时更为显著。最后，考虑不同产权下非CEO高管团队薪酬差异对高管行为影响的差异。在政府干预较低的地方国企和非管制行业国企中，非CEO高管团队薪酬差异同时具有降低代理成本的积极效应和增加离职概率的消极效应。非国有企业仅在公司治理水平较高时，非CEO高管团队薪酬差异才能降低管理层代理成本；而仅在非CEO高管薪酬水平相对同行较低时，非CEO高管团队薪酬差异才会显著增加高管离职率。

第6章为非CEO高管团队水平薪酬差异与企业绩效，分析了非CEO高管团队薪酬差异对企业绩效的综合影响。首先，分析非CEO高管团队薪酬差异对企业绩效的整体影响，发现总体上非CEO高管团队薪酬差异的消极效应大于积极效应，呈现出对企业绩效不利的结果。且在高科技行业的公司或者公司治理较差的公司中，非CEO高管团队薪酬差异对企业绩效的不利影响更为显著。其次，分析非CEO高管团队薪酬差异对企业绩效影响的可能路径，非CEO高管团队薪酬差异较大时会带来较多的高管离职，导致高管团队的不稳定以及人才的流失，最终对企业绩效产生负面影响。最后，分析职能背景和产权差异带来的影响。职能背景方面，非CEO高管职能背景异质性越小，或者非CEO高管更多集中在生产型职能背景时，非CEO高管团队薪酬差异对企业绩效的不利影响更为显著；且相对产出型职能背景的高管，生产型职能背景的高管间薪酬差异越大，对企业绩效越不利。产权性质方面，在政府干预较少的地方国企以及非管制行业国企中，虽然非CEO高管团队薪酬差异对企业绩效综合影响不利，但仅在市场化程度较低时才显著；同样，在非国有企业中，虽然非CEO高管团队薪酬差异对企业绩效综合影响不利，但仅在机构持股比例较低时才更为显著。

第7章为主要结论与展望，是全书的总结，首先，总结了本书的理论以及实证的发现；其次，提出政策建议；最后，分析了本书的研究局限和对未来研究方向的展望。

1.5 主要贡献与创新

本书的主要创新与贡献体现在以下六个方面。

第一，丰富了高管团队薪酬分配的相关文献。现有文献多探讨高管团队中 CEO 与非 CEO 高管之间的垂直薪酬差异，而对非 CEO 高管团队内的水平薪酬差异关注较少。CEO 与非 CEO 高管之间的垂直薪酬差异由于含有边际生产率无法解释的差异，因此，以锦标赛理论为基础的晋升激励是垂直薪酬差异的主要研究内容。而非 CEO 高管之间的水平薪酬差异虽然部分可以用边际生产率差异进行解释，但非 CEO 高管团队内由于社会比较的程序更易进行，来自组织层面的如团队内对合作的需要等非经济因素也对非 CEO 高管团队内部薪酬差异具有重要影响。因此，非 CEO 高管团队内部由于薪酬分配带来的竞争与合作的关系便更加复杂和具有状态依存性。由于美国上市公司仅披露薪酬最高的包括 CEO 在内的前五名高管的薪酬，因此，无论是对研究样本还是对非 CEO 高管团队内薪酬差异的准确衡量都带来了较大的限制，这也直接导致现有西方文献中研究非 CEO 高管团队水平薪酬差异的文献较少。本书利用中国上市公司披露所有高管薪酬数据这个契机，并配以中国这个集体主义平均分配观与市场经济下按劳分配效率观两种思想同时共存的特殊转型经济背景，从理论与经验上对非 CEO 高管团队内部薪酬分配中竞争与合作的关系进行了探讨，弥补了现有文献的不足。

第二，丰富了非 CEO 高管团队薪酬差异影响因素的文献。现有文献多是单独地对非 CEO 高管激励的影响因素分析，如卡彭特和韦德（Carpenter and Wade，2002）发现美国企业的非 CEO 高管的薪酬与其职能职位、人力资本、CEO 的背景以及公司的战略资源配置决定相关。弗雷德里克森等（Fredrickson et al.，2010）虽然从团队视角分析了非 CEO 高管团队薪酬差异的影响因素，但仅是从社会比较理论角度进行分析。除了社会比较理论提出的非经济因素影响之外，本书结合中国从计划经济向市场经济渐进式转型的背景，发现影响非 CEO 高管团队薪酬差异的人力资本差异仅在非国有企业中有效，而国有企业的非 CEO 高管团队薪酬差异更多受到政府管制的影响。此外，本书还发现管理层的权力（如董事长权力或适当比例的非 CEO 高管参与董事会）会在一定程度上增加非 CEO 高管团队水平薪酬差异。

第三，丰富了非 CEO 高管团队薪酬差异经济后果的文献。限于非 CEO 高管薪酬数据的可得性，西方文献中相关的文献较少，或讨论薪酬差异对非 CEO 个人或组织的离职决策的影响（Messersmith et al.，2011），或仅从社会比较理论的视角讨论非 CEO 高管团队薪酬差异对企业绩效的负面影响（Fredrickson et al.，2010）。由于非 CEO 高管团队薪酬差异存在两面性，除了验证非 CEO 高管团队薪酬差异悖于对公平感的需求而可能带来的离职等消极反应，本书还验证了非 CEO 高管团队薪酬差异在提升效率方面如降低管理层代理成本方面的积极效应。并进一步从微观企业经营（如对合作的需求、薪酬差异合理性）角度，以及宏观制度与文化（如产权、政府管制以及市场化进程）角度分析非 CEO 高管团队薪酬差异对不同状态下企业绩效的综合影响。

第四，丰富了多代理人（multi - agents）情境下的薪酬契约设计文献。现有文献的讨论多集中在单代理人情境下的契约结构，如 CEO 个人或将高管团队视为一个整体，且多代理人情境下的契约理论也多聚焦在“搭便车”等道德风险问题的理论解决方案上（Holmstrom，1982），从经验数据来分析和检验多代理人情境下的契约问题较少。本书采用中国上市公司高管团队内的非 CEO 高管薪酬数据进行大样本分析，不但结合其他理论讨论了可能影响多代理人薪酬契约设计的因素，还深入分析了多代理人薪酬契约对代理人行为、最终产出的影响，为完善多代理人契约理论提供了重要的实践经验和研究视角。

第五，丰富了高阶理论的相关研究。自汉布里克和梅森（Hambrick and Mason，1984）提出高阶理论以来，许多学者分别从 TMT 构成、TMT 进程以及外部情境因素影响三个方面对高管团队的运作过程及其对组织产生的影响进行了深入分析。虽然该领域研究数量丰富，但绝大多数集中在讨论不同情境下，TMT 构成对组织进程和组织产出的影响，少有研究探讨其中的作用机理。本书从激励的角度，首先分析了 TMT 的构成对 TMT 的薪酬配置的影响，其次分析了 TMT 的薪酬配置通过什么机制来最终影响企业的绩效。

第六，在技术路线方面，本书从静态和动态两个维度考量非 CEO 高管之间的薪酬差异。现有文献中的"薪酬差距"多指代的是高管的静态薪酬总额之间的差异，作为多任期的高管来说，他们更关注的是各自薪酬的动态的增长情况。自 1992 年高管薪酬开始采用年薪制以来，高管薪酬主要由基本年薪与绩效年薪构成，基本年薪较为固定，而绩效年薪与企业绩效挂钩，起着激励效用，并成为薪酬变动的主要来源。虽然各高管的具体薪酬结构未披露，但非 CEO 高管的薪酬变动的差异一定程度上可以反映其分享企业利润的差异。本书采用非 CEO 高管间的薪酬变动的差异，从动态角度分析了高管团队中的薪酬分配情况。

第七，本书综合考虑了高管团队内垂直薪酬差异与水平薪酬差异的交互作用。针对现有文献中高管团队内垂直薪酬差异的经济后果并未得到一致的结论，本书引入高管团队内水平薪酬差异①，并指出二者之间存在着交互作用，不但为解释不一致的高管团队内垂直薪酬差异提供新的视角，同时也为更深入了解整个高管团队的激励配置提供了新的依据。

---

① 高管团队内根据层级的不同区分了垂直薪酬差异与水平薪酬差异。按照现有文献，本书将 CEO 与非 CEO 高管团队水平薪酬差异称为垂直薪酬差异，而将非 CEO 高管团队水平薪酬差异称为水平薪酬差异。后续章节中若出现高管团队内水平薪酬差异，都指的是非 CEO 高管团队水平薪酬差异。

| 第 2 章 |

文献回顾

2.1　团队激励理论评述

20 世纪 70 年代以来，团队生产这一模式风靡全球。在这一背景下，经济学家和管理学家运用各自的研究方法，探索并构建各学科下的团队激励体系。经济学家主要在契约理论的范式下探讨团队激励问题，运用委托代理理论的研究工具，探讨在利益冲突和信息不对称的情况下，委托人如何设计契约以最大限度地激励多位代理人，并实现双方的福利最大化。管理学家则主要从激励理论出发，从激励的内容、激励的过程等方面探讨如何最大限度地激发员工的积极和主动性。具体地，本部分将分别从委托代理理论、社会比较理论、期望理论以及高阶理论对团队激励理论的发展做简要的回顾和评述。

2.1.1　委托代理理论

委托代理理论是过去四十年里契约理论的重要内容。简单的委托代理模型用来解释单个代理人的契约设计，而现实当中，代理人往往有多个。这些代理人组成“团队”，各自独立地选择努力水平，得到一个共同的产出。由于委托人与代理人之间以及各代理人之间存在信息不对称和利益冲突，多代理人情境下的契约设计并不等于各代理人的契约加总。代理人之间会相互影响，且存在合谋、腐败以及合作等多种关系。多代理人情境下的契约理论旨在分析如何将代理人之间的关系和影响考虑到契约设计中，以期最大限度地激励并提高代理人的努力水平。

阿尔奇安和德姆赛茨（Alchian and Demsetz，1972）首次探讨了团队激励问题，并指出团队生产的本质问题是各代理人之间的行为互相依赖并彼此影响，同时团队总产出易于观测而个人工作绩效难以衡量，因此会产生个别代理人偷懒、“搭便车”的现象。他们指出，这种情况下需要提高监督者的积极性，并使得监督者成为剩余的索取者（residual claimant）。

霍姆斯特姆（Holmstrom，1982）认为可以采用激励机制解决团队中的偷懒行为。他指出，在委托人作为剩余索取者的情况下，代理人的努力水平很低。在个人业绩不可测而团队总产出可测时，限于预算约束，不可能促使每个人都付出最优努力水平（边际收入 = 边际成本），此时委托人的角色并非用来监督，而是用来打破预算平衡，目的是使得整个团队受罚或整个团体被激励，以此消除代理人“搭便车”的行为，并选择各自的帕累托最优努力水平。但是，通过纳什均衡达到帕累托最优是有前提条件的，即要求代理人的初始财富足够大。因此引入预算平衡约束打破者这个解决方案并不实际，不可能要求每个代理人事先支付一定的财富。此外，在不打破预算平衡约束的情况下，还可以由委托人利用“信息原理”（informativeness principle）对代理人进行集体惩罚，以得到近似最优的产出（Rasmusen，1987；Legros and Matsushima，1991；Legros and Matthews，1993；李金波等，2010）。

当个人业绩可观测时，团队激励要解决的问题便从“搭便车”问题转向了代理人之间的竞争问题。霍姆斯特姆认为，在不确定性条件下，一个代理人的工作可以为其他代理人工作提供信息，因此，可以根据其他代理人的产出来判断某个代理人的产出情况，即“相对业绩评价”。代理人之间会产生竞争，因为他们的产出不仅是看他们个人的绝对绩效，还要参考他们的产出相对其他代理人的排名。在面临共同风险冲击，或面临共同的不确定性时，相对业绩评价会更准确地表现代理人的努力程度。评估相对业绩的一个很重要的方法是“锦标制度”（rank - order touraments），在代理人风险中性时，锦标赛激励和计件工资制一样可以最优激励代理人努力，而当代理人风险规避时，锦标赛激励不能最优权衡风险分担和激励，因而是次优的，但是随着锦标赛参与者人数的增加，锦标赛激励的效果能够得到提升（Lazear and Rosen，1981；Green and Stokey，1983）。此外，锦标赛激励也有自己的优势，不但易于操作，且可以解决委托人的道德风险问题（Carmichael，1983；Malcomson，1984）。

但以上讨论都未将代理人之间的相互影响考虑在契约设计中。代理人相互依赖且相互影响，意味着他们可以互相影响彼此的努力或产出。伊托（Itoh，1991）从团队工作的优势即“协同作用”考虑团队合作的效率。委托人在激励每位代理人提升自身工作的努力水平之外，也花费一定的努力帮助团队伙伴，如果代理人与其团队伙伴的工作互补，且他自身付出的努力与帮助团队伙伴的努力在成本函数中相互独立，那么此时“团队工作”的激励机制便是最优的。“团队工作”的激励机制是指将每位代理人的工资与团队产出挂钩，而“专业化”的激励机制是指将每位代理人的工资只与自身业绩挂钩。代理人之间战略的依存，即代理人之间是互补还是替代的关系，以及代理人对待工作的态度决定了“团队工作”是否能达到最优。此外，相对业绩评价的激励契约最大的缺点是可能会形成破坏性的竞争行为，比如蓄意破坏他人的产出，或者降低代理人之间的合作（Bolton and Dewatripont，2005）。因此，霍姆斯特姆和米尔格罗姆（Holmstrom and Milgrom，1990）指出，当合作会带来很大的收益以及代理人的个人产出受到的共同风险冲击很小时，最优的激励契约并不是相对业绩评价，而是让代理人分享其产出带来的收益。

在上述讨论的基础上，学者们进行了多层次的扩展。比如从单期的静态团队博弈机制扩展到多期动态团队重复博弈（Che and Yoo，2001），引入声誉机制来解决“搭便车”问题等（BarIsaac，2007；Breton et al.，2006；李金波等，2010）。还有部分学者研究没有委托人条件下合伙制团队的激励机制（Farrell and Scothmer，1988；Legros and Matsushima，1991；Kandel and Lazear，1992）。总的来说，委托代理理论下的团队激励机制的探讨，集中在借助经济博弈论的思想基础，旨在解决团队工作中的“搭便车”困境，诱使各代理人在努力工作的同时共同协作，从而促进团队总体绩效或委托人福利水平的提升（易定红和彭鹏，2006）。

2.1.2 社会比较理论

1954 年，费斯廷格（Festinger，1954）第一次提出了社会比较的概念和理论，将个体与他人进行自身观点和能力的比较的过程称为社会比较。随着研究的深入，可以用来比较的内容和维度扩及人类自我的各方面，包括能力、观点、情绪、身体健康状况、学业成绩等（Crabtree et al.，2001；Vander zee et al.，1998；Murnen et al.，2003）。个体与他人在这些维度进行比较后获得对自身的评价和认识，并进一步产生情感、认知和行为等比较后果，如“公平感”也是社会比较的结果之一，下面会具体探讨社会比较在公平感中的运用。

一般来说，社会比较的类型包括平行比较、上行比较和下行比较。平行比较指个体在没有直接、客观的手段了解自己的观点和能力时，会倾向于与自己相似的他人进行比较而进行自我评价（Festinger，1954；Goethals and Darley，1987；Martin et al.，2002）。上行比较指个体喜欢和比自己等级高的他人进行比较，寻找与他人的差距，从而达到自我进步的目的（Martin et al.,2002）。下行比较指当个体遭遇失败等消极状况时，会倾向于与自己处境差的人相比较，以维持其自尊和主观幸福感（Gibbons et al.，2002）。从研究层面上来说，社会比较理论分为个人层面和组织层面。在个人层面，社会比较理论主要关注社会比较过程中个体差异性的作用，如个体的核心自我评价、自我概念清晰性以及对自身高（低）人一等的认识，如何对社会比较行为（如频率）以及结果（如公平）产生影响。在组织层面，社会比较在组织中大量存在，格林伯格等（Greenberg et al.，2007）分析了社会比较过程在组织中的六大重要话题：分配公平、业绩评价、虚拟环境、工作场所中的情感行为、压力和领导。

在社会比较研究的基础上，亚当斯（Adams，1965）提出经典的公平理论，他认为，个体在关注自身回报绝对量的同时，还关注自身回报相对他人的相对量，从而产生公平感。该理论是激励理论的一种，认为员工的激励程度来源于对自己和参照对象的报酬和投入的比例的主观比较。公平感的研究与社会比较研究紧密相连，不同于社会比较理论涉及领域宽广，公平理论相对而言研究的问题更为具体（刘得明和龙立荣，2008）。公平理论研究的主要内容是组织内职工报酬分配的合理性、公平性以及对职工产生的积极影响。

公平理论认为组织中的个人会将自己的投入—回报和其他人的投入—回报相比较，以此来对自身报酬进行评价。如果自己的投入—回报与他人相比大致平衡，员工便会认为分配具有一定的公平性，若自己的投入—回报要低于他人，就容易产生不公平感，可能会采取一系列措施来应对这种不公平感。这些行为措施包括改变自己的投入或产出以降低工作效率、消极怠工，或者改变参照的对象，甚至可能对他人的成果造成破坏、离开组织等（Adams，1963；Gupta et al.，2012）。在研究层面上，公平理论也有个人和组织两个层面。个人层面上研究分配公平，即个人对资源配置结果的感受。分配公平因比较对象的选择不同而不同，比较对象来源于内部和外部，其中外部比较对象指个人会参考行业标准或非组织中的其他人（Adams，1965；Walster et al.，1978；Zelditch et al.，1970；Jasso，1980；Goodman，1974）；内部比较对象主要是组织中的其他人（如平行的同职位的人、上行领导或下行的员工）或个人以前的经历。组织层面上的公平主要是指程序公平，程序公平会影响与组织有关的效果变量，如组织荣誉感、归属感、忠诚度等（刘得明和龙立荣，2008）。程序公平强调组织内部比较的过程，比如在绩效考核中，考虑到个人对绩效信息的认识会有误差，让员工参与绩效考核制度的确定和执行，能有效减少信息偏差（Greenberg，1986a；Greenberge 1986b；Greenberge 1986c）。

公平理论常被用来解释组织内的薪酬差异。组织内层级间的垂直差异意味着组织内的上行或下行比较，而层级内的水平差异意味着相同职位的员工之间的平行比较。由于公平理论涉及投入和产出的比较，因此，相对于不同职位的员工来说，具有更多类似性的同职位员工的薪酬差异更适合用公平理论来解释。

2.1.3 期望理论

期望理论最初由心理学家弗鲁姆（Vroom）于 1964 年提出，是西方管理学过程型激励理论的重要组成部分。期望理论（Vroom，1964）的主要观点是员工被调动的积极性强度（M）取决于员工按照个人经验或能力判断达到目标的期望（E）与目标对个人的效价（V）的乘积（即 $M = E \times V$）。在此基础上，许多学者对弗鲁姆的期望理论进行了改进（Lawler，1971；Lawler and Porter，1967；Campbell et al.，1970）。劳勒（Lawler，1971）将期望理论中的期望值分解为了努力—绩效的期望（E - P）和绩效—报酬（P - O）的期望。也就是说，员工受到的激励程度受以下三个因素影响：一是所达到目标对员工的效价（valence），即所得报酬对员工的价值；二是努力—绩效的关系，即努力工作能够实现绩效目标的概率程度；三是绩效—报酬的关系，即实现绩效后能够得到报酬的概率。期望理论和其他内容型激励的不同在于，不但考虑了激励员工时员工个人的需求，如对物质报酬的需求，而且考虑了员工对完成目标并得到报酬的期望。比如一个非常有吸引力的项目却无人问津，内容型激励不能解释为何这个对个人效价高的项目无法激励员工，但期望理论的解释是，虽然该项目效价高，但员工对该项目能完成并得到高报酬的期望概率是很低的，因此综合来说，难以调动员工的积极性。此外，期望理论还认为如果要激励员工提高绩效，也要让他们对高绩效能得到高报酬有较高的期望，这样他们才会努力工作提高绩效。相反，如果员工发现“拍马屁”行为得到了较高的报酬，那么员工会更多地被激励去“拍马屁”而不是努力工作提高绩效（Gupta et al.，2012）。

期望理论被广泛运用在人力资源管理的研究中，探讨如何激励员工的积极性。但近年来学者们发现期望理论同样可以用来解释组织内的薪酬差异及其后果。如凯佩斯等（Kepes et al.，2009）发现如果同层级的员工的薪酬是基于绩效给付的，即给员工一个较高的绩效—报酬期望，那么员工便会认为较大的薪酬差异是绩效差异带来的，因而会受到激励而努力工作提升绩效；进一步地，他们发现如果同层级的员工的薪酬是基于非绩效，比如资历、关系等，那么较大的薪酬差异会降低员工的生产效率。因此，古普塔等（Gupta et al.，2012）认为期望理论更适宜用来解释同层级间的薪酬差异，因为同层级的薪酬差异更有可能是绩效差异带来的。换言之，绩效—薪酬的期望值在相同职位的员工之间比不同职位员工之间更强。当然，期望理论也可以用来解释不同层级的员工之间的薪酬差异。对于许多员工来说，晋升有非常高的效价（Ostroff and Clark，2001），较高的层级间薪酬差异不仅提高了晋升的效价，而且让低层级的员工感受到努力工作提升绩效是可能的，而高绩效带来晋升也是可能的（努力—绩效—晋升），因此会更积极地调动员工的积极性。

2.1.4　高阶理论

高阶理论的概念首次由汉布里克和梅森（1984）提出，他们认为传统的对管理者的研究主要侧重于对 CEO 个人的研究，而忽视了整个高管团队在组织运营与决策中的重要性，而高管团队成员的背景和构成特征等，都会对组织决策进而对组织绩效有重要影响。高阶理论是建立在有限理性的基础上的（Cyert and March，1963；March and Simon，1958），主要从认知和价值观的角度来考察高管人员的战略选择过程及其对组织绩效的影响，概括起来主要有两个部分：一是高管的行为建立在他们自身对当下面临的战略环境的个人解读的基础上；二是这些个人解读是高管的经验、价值观和个性的函数。汉布里克等（Hambrick et al.，1996）在此基础上对高阶理论的分析框架作了完善和补充，并认为可以从团队构成、团队进程与团队结构三个角度来分析高管团队。团队构成主要指高管团队成员的人口学特征（如年龄、教育、资历等）以及职权的结构；团队进程则主要指团队成员之间的协调、沟通、冲突处理、领导以及激励等行为（徐细雄等，2007）。

（1）有关高管团队构成特征对组织产出的直接影响研究。汉布里克和梅森（1984）首次将人口学构成特征引入高管团队中，考察高管团队成员年龄、教育背景、任期、职务背景、职业经历等的构成特征对公司战略选择包括创新、多元化以及并购等的影响。后续学者们探讨了团队背景特征包括团队规模、年龄、任期、性别等（Eisenhart and Schoonhoven，1990；Smith et al.，1994；Dempster and Hart，2002；Finkelstein and Hambrick，1990；Wiersema and Bantel，1992）、团队的声望（Young，2005）、合法性（Cohen and Dean，2005）、行为整合（Hambrick，1994；Carmeli and Halevi，2009）等对组织的影响。国内的研究则主要集中在人口背景特征方面（任颋和王峥，2010；刘运国和刘雯，2007；陈璐等，2016），少数关注了高管团队价值观、风险偏好以及行为整合的特征及其影响（白云涛等，2007；孙海法和刘海山，2007）。

（2）有关高管团队进程对组织产出影响的研究。由于高管团队的特征多样性以及与组织产出之间的因果联系取决于高管成员的认知和心智过程，因此，更有意义的研究是揭示团队内部运作这个黑箱（陶建宏等，2013）。虽然 TMT 内部的进程研究较难观测和操作，但部分学者还是对 TMT 影响组织产出的作用机制给予了很大关注。如阿马森和萨皮恩扎（Amason and Sapienza，1997）指出团队规模与认知和情感冲突存在正相关，而认知和情感冲突又分别会进一步影响社会认知复杂性和行为冲突。团队冲突是团队进程的重要内容，许多研究表明，团队冲突对组织的影响并非单一线性关系，团队冲突在一定情境下可以达到创造性激发等有利于组织的反应，同时也有可能导致人格方面的不相容从而对组织绩效产生破坏（徐细雄等，2007）。其他的团队进程包括团队特征通过影响公司意识形态进而影响企业决策行为来影响组织绩效（Goll et al.，2001）；团队成员的教育水平和竞争特质影响决策过程的全面性进而影响组织绩效（Papadakis，2002）；等等。

除了探究团队特征对组织产出的直接影响，以及团队特征通过影响团队进程进而影响组织产出之外，管理学者们还分析了不同管理情境下 TMT 对组织产出的影响。如不确定性（Grimm and Smith，1991）、环境动荡（Ashkanasy et al.，2002；Carpenter and Westphal，2001）、快速变革（Finkelstein and Hambrick，1996；Eisenhardt et al.，1997）、文化背景（Hoffman，1993；Wiersema，1993；Geletkanycz，1997）以及行业背景（Keck，1997；Richard et al.，2004）。

汉布里克（Hambrick，2007）回顾了自高阶理论提出以来学者们的研究成果，并指出将高管团队构成特征与薪酬系统结合的理论和研究是很有必要的，首先要考虑高管团队构成特征与薪酬系统各自对战略选择和组织产出的影响，其次要考虑两者的交互作用。早在 1984 年汉布里克和梅森就指出了薪酬在高阶理论中的重要性，他们认为薪酬对高管的战略选择以及最终的组织绩效都有直接的影响，因为薪酬塑造了管理者过滤、价值和处理信息的方式。许多经验文献提供了高管团队薪酬与战略选择之间联系的证据（Carpenter，2002），也有部分文献发现 CEO 薪酬，尤其是 CEO 与 TMT 中其他高管的薪酬差异会影响高管的自我意识，如 CEO 与其他非 CEO 之间的薪酬差异与高管的骄傲自满有关，而高阶理论认为骄傲自满会带来重要的组织后果，包括支付较高的并购溢价而有损于股东利益（Hayward and Hambrick，1997）。

卡彭特等（Carpenter et al.，2004）对原有的高阶理论分析框架进行了改进，认为薪酬除了会直接影响高管的战略选择和组织产出之外，还会与高管个人特征带来的效应产生调节作用。如乔和汉布里克（Cho and Hambrick，2006）发现激励不仅有利于控制高管的焦点，而且精心设计的激励契约与高管能力和专业技能的交互作用可以促进有效的战略行为。沃瓦克和汉布里克（Wowak and Hambrick，2010）建立了一个分析高管—薪酬对组织影响的交互模型，他们认为高管薪酬与高管个人特征交互作用体现在高管的个人特征会影响其对薪酬激励的反应，并进一步影响高管行为如战略选择，最后影响到整个组织。他们的模型中认为最有可能调节或塑造团队薪酬安排的个人特征有动机、认知框架、自信和能力，而这些个人特征可以从更一般的特征中表现出来，比如人格、价值观、经验和能力。例如，一个高管有强烈的价值观，而这些价值观与激励措施所产生的行为是不一致的，因此，个人特征可能会削弱激励的预期效果；反过来，如果一个高管个人特征与薪酬安排高度共生并互相匹配，那么两者的结合会带来比预期激励效果更好的效果。

2.2　团队薪酬差异的影响因素研究综述

本部分归纳分析现有文献对团队薪酬差异影响因素的探讨。首先，明确组织内的薪酬差异类型。组织中有垂直和水平的薪酬差异，垂直薪酬差异是指不同层级或不同职位之间的薪酬差异，包括高管与员工之间的薪酬差异，以及高管内部 CEO 与其他非 CEO 高管团队水平薪酬差异；水平薪酬差异是指同一层级或相同职位之间的薪酬差异，包括高管内部除 CEO 之外的其他非 CEO 高管团队水平薪酬差异，以及组织中其他相同职位的员工之间的薪酬差异。本书探讨的是高管内部除 CEO 之外的其他非 CEO 高管之间的水平薪酬差异。其次，现有文献从多角度对团队薪酬差异的影响因素进行了探讨，本部分将这些影响因素分为经济因素和非经济因素，从各自的经济理论或社会学理论进行分析，然后再归纳现有经验文献中对这些理论因素的支持。

2.2.1 团队内垂直薪酬差异的影响因素

2.2.1.1 经济因素

现有的经济学理论中影响层级间的垂直薪酬差异的经济因素主要可以分为两类：一类是直观地从个人薪酬决定层面来分析薪酬差异的来源；另一类则是从团队激励的角度来分析薪酬差异的设置。

（1）个人层面。从个人层面来说，标准的经济学理论认为个人的薪酬水平由其边际产出决定的，因此，薪酬差异主要来源于边际产出的差异。由于高层级的管理层尤其是 CEO 需要更多的精力投入，同时对能力有更高的需求，因而高层级的管理层薪酬往往高于低层级的员工。除了职位本身的原因外，管理层的薪酬决定还取决于个人的人力资本，包括个人的受教育程度、工作经验以及任期等（Hogan and McPheters，1980）。人力资本对薪酬高低的影响是直观的，个人对于与工作相关的能力和经验的投资应该得到一定的薪酬溢价（Mincer and Ofek，1982）。同样，管理人才理论（managerial talent theory）认为应该对具有高能力的 CEO 支付高于其他同行公司的溢价薪酬（Rosen，1990）。因此，不同层级间的垂直薪酬差异应当与个人的人力资本差异有关，即垂直薪酬差异随着高层级的管理层或 CEO 的能力与人力资本的增加而提升，而随着低层级的员工或非 CEO 能力与人力资本的增加而降低。

一是管理层的能力。布鲁姆和迈克尔（Bloom and Michel，2002）考察了企业前五名高管的薪酬差距，发现在企业面临较大不确定性时更需要高能力的管理者，因而高管内部的薪酬差距较大。他们采用公司的投资机会和不稳定性来衡量企业面临的不确定性，并指出公司在面临较大投资机会时，会愿意出高薪来吸引和留住高能力的管理者；同样，当公司面临较大的外部环境不稳定时，需要一个拥有广泛知识背景、能力和观点的高管团队（Keck and Tushman，1993），较大的团队内薪酬差距更能够吸引明星经理人（Frank，1984），以帮助企业在不稳定的外部环境下做出更好的决策。玄等（Hyun et al.，2012）同样采用公司的成长性来衡量对高能力管理层的需求，发现成长性越高的公司，高管与员工的薪酬差距越大。此外，部分学者采用公司规模来衡量CEO的能力，如法莱耶等（Faleye et al.，2013）发现规模越大的公司的CEO与员工的薪酬差距越大，凯尔等（Kale et al.，2009）也发现公司规模越大，高管团队中CEO与其他非CEO高管的薪酬差距越大。玄等（2012）则考察管理层和员工之间的薪酬差距，并采用公司规模来衡量管理层的能力，认为有才能的高管都应该得到高薪（Core and Guay，1999），同样发现公司规模越大，高管与员工之间的薪酬差距越大。

二是员工的人力资本。部分研究高管与员工之间薪酬差距的文献中，考察员工的人力资本高低对高管员工薪酬差距的影响。如法莱耶等（2013）采用员工的教育程度衡量员工的人力资本，发现CEO与员工之间的薪酬差距随着员工教育程度的提升而降低。

（2）组织层面。从组织层面来说，层级在组织中大量存在。拉泽尔和罗森（Lazear and Rosen，1981）指出，一旦从副总经理晋升为总经理，任职人员的薪酬可能在一天之内成倍增加，很难说是由于他的能力在一天内就翻番了。因此，难以从传统的经济学理论下薪酬水平由边际产出决定这个框架对层级间的薪酬差距做出解释（林俊清等，2003）。锦标赛理论采用博弈论的思想研究了多代理人情境下的委托代理关系，将代理人的薪酬基于其边际产出来排序而不是基于绝对边际产出，鼓励管理者积极参与排序竞争，在这个顺序竞争的锦标赛中，赢家将会得到锦标赛胜利的奖金，这便解释了层级间超出边际产出差异的薪酬差异。从锦标赛理论的角度来看，影响层级间薪酬差异的因素主要有晋升的概率和监督成本的大小。

一是晋升的概率。在一个典型的锦标赛机制中，相对业绩最好的代理人将会被晋升至更高的层级水平。晋升将会带来更高的薪酬水平，以此激励代理人们提升努力水平，因此晋升概率若越低，需要的晋升奖金便要越大才能激发代理人努力。晋升的概率与层级间薪酬差距呈现负相关（Kale et al.，2009）。现有文献采取了一系列指标来衡量晋升的概率，比较常见的是参与竞争者的人数。如奥莱利等（O'Reilly et al.，1988）认为参与锦标赛竞争的人数越多，锦标赛奖金应该越大，他们采用公司中的副总个数（VP）来衡量竞争的参与者，但并没有发现副总人数与锦标赛奖励之间的正相关关系。梅因等（Main et al.，1993）则采用 SEC 要求披露的所有管理层人数，克尼翁等（Conyon et al.，2001）选取同时也担任董事职位的高管人数，埃里克森（Eriksson，1999）则选用公司披露的具有重大责任的高管，即工作内容是公司政策层面的高管的人数作为参与竞争人数的代理变量，都发现了参与竞争者人数与薪酬差距之间的正相关关系。博格南诺（Bognanno，2001）则考虑晋升的层级高低对晋升期望的影响，如果晋升的层级越高，如晋升到 CEO，相对而言再往上晋升的期望降低，因而需要更高的货币薪酬激励，他们发现晋升的层级数越高，层级间的薪酬差异越大。此外，凯尔等（2009）则选用 CEO 是否为新任，以及新任 CEO 是来源于外部聘任还是内部晋升来衡量晋升的概率，如若公司刚更换新的 CEO 且若 CEO 来源于外部，那么对于现有的内部高管来说晋升的概率会下降，此时需要一个较大的晋升奖励即较大的 CEO 与 VP 之间的薪酬差距才能维持锦标赛激励。

二是监督成本的大小。锦标赛理论认为，如果监督成本较低且监控可信时，可以采用代理人各自的边际产出确定其薪酬，以激励代理人的最优努力水平；但由于不同企业的监督成本各异（Jensen and Meckling，1976），监督成本可能很高且不一定可信，使代理人的薪酬取决于其绝对产出变得不太可行，因此，委托人可能会选取锦标赛激励。在监控困难的情况下，相对基于绝对边际产出而给付薪酬的薪酬契约，基于边际产出排序的锦标赛激励操作起来更为简单，且可以降低监控成本。此外，锦标赛的排序竞争可以激励管理人员之间的竞争，从而提高激励水平和降低监控的必要性（Lazear and Rosen，1981；Lazear，1995）。因此，在监督困难、监督成本较高时，更有可能采取锦标赛激励形式，层级间的薪酬差异可能更大。经验文献中部分学者采用外部环境的波动或不确定性来衡量监督成本，在外部环境波动性较大时，委托人难以根据绝对的业绩指标来考核代理人，监督困难且成本较高。如埃里克森（1999）、加藤和朗（Kato and Long，2011）采用销售收入的波动来衡量外部环境的波动，发现CEO与其他非CEO高管团队水平薪酬差异与销售收入的波动呈现正相关。还有部分学者认为当生产任务高度依赖且为共同产出时，监督也十分困难（Eisenhardt，1989；Jones and Hill，1988；Konrad and Pfeffer，1990），因此在团队之间更需要互相协调时，更可能采用锦标赛激励形式。如亨德森等（Henderson et al.，2001）采用公司的多元化战略、R&D投入以及资本投资规模作为对团队互相协调的需求，发现CEO与其他非CEO高管之间的垂直薪酬差异与多元化程度、R&D投入以及资本投资规模呈正相关关系。同样，桑塔洛和科克（Santalo and Kock，2009）也发现，多元化程度的增加，使分部经理的总薪酬以及激励薪酬水平都会比CEO的更低。

2.2.1.2　非经济因素

除了传统的经济因素之外，组织内层级间的垂直薪酬差异还可能受到其他非经济因素的影响。首先，按照传统的代理理论，将薪酬与业绩挂钩从而将CEO的薪酬与其他高管或员工的薪酬区分开来，在公司治理较好时，可以为较大的层级间薪酬差异提供合理性；但在公司治理不好时，较大的层级间薪酬差异本身成为代理问题的一部分（Bebchuk and Fried，2003；Bebchuk et al.，2011）。因此，管理层权力理论认为公司治理水平会影响层级间的垂直薪酬差异。其次，社会学家和管理学家从社会比较的角度认为，层级间的垂直薪酬差异受到个体之间相互比较以及对公平感知的影响。例如，相对剥削理论（Cowherd and Levine，1992；Martin，1981，1982；Pfeffer and Langton，1993；Bloom，1999；Siegel，1996）认为人们会与上层级的人相互比较，如果低层级的人觉得并没有得到应有的报酬便会产生被剥削感，从而导致消极怠工，甚至直接罢工等负面行为；同时也会减少员工对组织整体目标的关心度以及企业整体凝聚力的下降。因此，社会比较理论预期社会比较过程、社会比较的对象会影响层级间的垂直薪酬差异。同样地，本部分将这些非经济因素按照个人层面以及组织层面进行分类归纳。

（1）个人层面。从个人层面来说，层级间垂直薪酬差异主要受各层级的员工对其薪酬影响能力或议价能力的影响。理论上，个人议价能力越高，越能提升自身的薪酬而影响薪酬差异。如格拉芬等（Graffin et al.，2008）采用明星 CEO 地位来衡量 CEO 的议价能力，发现明星 CEO 的薪酬显著高于其他高管的薪酬。而法莱耶等（2013）和玄等（2012）采用员工中参与工会的比例来衡量员工的议价能力，发现员工议价能力越强，高管与员工之间的薪酬差异越小。

近年来还有部分学者研究个人文化对层级间薪酬差异的影响。如江等（Jiang et al.，2019）采用中国上市公司董事长的籍贯来衡量董事长的个人主义（集体主义）倾向，并发现董事长的个人主义越强会更加偏好较大的高管与员工间的薪酬差异。秦和塞马德尼（Chin and Semadeni，2017）则考虑 CEO 的价值观对高管团队内垂直薪酬差异的影响，发现自由党派的 CEO 比保守党派的 CEO 更倾向一个平等的高管团队内薪酬分配。

（2）组织层面。首先，从管理层权力理论的角度来看，公司治理水平会影响层级间的薪酬差异。伯恩斯等（Burns et al.，2017）采用机构投资者比例、董事会规模、独立董事比例、CEO 是否两职兼任来衡量公司治理水平，发现公司治理水平越高，CEO 与其他非 CEO 高管的垂直薪酬差异越高。类似地，法莱耶等（2013）和玄等（2012）分析了公司治理水平对高管与员工的薪酬差异的影响，他们采用 CEO 的年龄以及是否两职合一、是否是财阀集团、控股股东比例以及董事会的有效性来衡量公司治理水平，发现公司治理水平越弱，高管与员工的薪酬差异越大。

其次，从社会比较理论的角度来看，主要考察社会比较过程以及比较对象的选择对层级间垂直薪酬差异的影响。对社会比较过程来说，组织内部尤其高管团队内部，是需要各位高管之间互相协调、配合的，因此，过大的团队内薪酬差异带来的不公平感不利于他们之间的合作（Hambrick and Mason，

1984）。对更加需要合作的团队来说，更为平坦的薪酬分配会更好。部分经验文献采用任务依赖程度来衡量对合作的需求，如亨德森和弗雷德里克森（Henderson and Fredrickson，2001）发现高管人数越多时，任务依赖程度越低，高管团队内的垂直薪酬差异会越大。布鲁姆和迈克尔（2002）则采用多元化程度来衡量任务依赖程度，发现多元程度越高，高管团队的薪酬差异越大。对社会比较对象来说，同行业的薪酬水平常被选为比较的对象，因而层级间的垂直薪酬差异受同行业的薪酬差异规则影响。如凯尔等（2009）和玄等（2012）发现公司内部的 CEO 与其他非 CEO 高管团队的水平薪酬差异（或高管与员工之间的薪酬差异）与同行业的垂直薪酬差异正相关。

最后，有部分文献关注国家层面的文化对垂直薪酬差异的影响。如伯恩斯等（2017）发现有着高权力距离的国家、更加偏向个人主义文化的国家偏好更高的垂直薪酬差异。此外，他们还采用了世界价值调查 2005～2009 年的数据，发现在具有更加赞同收入差异来源于工作效率差异、收入不平等更加能被接受以及欢迎竞争，努力工作能带来成功这些特征的文化中，都会有更高的 CEO 垂直薪酬差异。

2.2.2　团队内水平薪酬差异的影响因素

水平薪酬差异指的是同一层级的员工之间的薪酬差异（Kepes et al.，2009；Siegel and Hambrick，2005），在本书中指的是高管团队中除 CEO 之外的其他非 CEO 高管之间的薪酬差异。现有文献中关于同一层级的员工薪酬差异的影响因素的研究较少，且较多采用非管理层的员工样本，如大学教授、卡车司机、运动员等（Pfeffer and Langton，1988；Kepes et al.，2009；Bloom，1999）。本部分将同样采用经济因素与非经济因素的分类方式对这部分影响因素的文献进行归纳和小结。

2.2.2.1　经济因素

（1）个人层面。与层级间的薪酬差异不同的是，影响同层级薪酬差异的主要经济因素来自个人而非层级。因此，大多数讨论同层级薪酬差异影响因素的文献集中在讨论个人的业绩差异或人力资本的差异。正如标准的经济学理论预测的，薪酬分配的基础是边际生产率，薪酬分配的差异表示的是生产率或对组织贡献的差异。拥有相同产出或相同人力资本的组织的薪酬分配更加平均（Becker，1964；Mincer，1970）。经验上的证据常来源于非企业组织，如普费弗和朗顿（Pfeffer and Langton，1988）采用大学老师的个人经验、学术级别以及在外兼任的行政职务等指标来衡量大学老师的生产率即能力的差异，发现同一个系的老师的这些指标差异越大，他们的薪酬差异也越大。类似地，普费弗和戴维斯布莱克（Pfeffer and Davis - Blake，1990）采用大学的类别来衡量个人能力的差异，他们认为大学（university）的行政职位对能力互补（talent complementarity）的需求更高，因而比四年制学院（four - year college）和两年制学院（two - year college）的行政职位相比，两者有更大的薪酬差异。来源于企业样本的经验证据较少，如勒米厄（Lemieux，2006）采用员工的经验和学历作为个人能力的衡量标准，发现美国 1973 ~ 2003 年三十年间的员工工资不平等大部分来源于经验和教育的长期增长。

（2）组织层面。从组织层面的经济因素来说，处于同一层级的员工的薪酬差异主要与各自任务的分工相关，即任务的专业化和差异化（Pfeffer and Davis - Blake，1990）。当所要完成任务的专业化提升时，员工要完成的任务也出现差异，体现在完成各项任务所需的能力、对项目的评价以及所支付的薪酬都会有所差异。对于同层级的员工，公司更倾向于将各项任务专业化，因为公司只需支付各个职位完成该任务应具备能力的对价（Braverman，1974）。因此，如果复杂的任务能与简单任务分离，那么公司只需要向少部分负责复杂任务的员工支付高工资。进一步地，如果组织中的任务都能合理明确地进行区分，那么预期组织会有更多的薪酬差异。限于公司内分工数据的可得性，来源于经验的证据并不多。普费弗和戴维斯布莱克（1990）采用调查问卷的方式，用行政职位的总数、五大类职位各自的占比来衡量大学内行政职位的专业化分工程度，发现专业化程度越高，水平薪酬差异越大。

2.2.2.2 非经济因素

现实中存在的许多非经济因素使得同层级成员的薪酬差异并非按照标准

的经济学理论认为的与个人的生产率差异相匹配（Frank，1984；Bishop，1987）。部分非经济因素的来源和层级间的薪酬差异非经济影响因素类似，即公司治理与控制水平、社会比较对象的选择以及比较过程相关的因素、宏观环境下的激励规则与文化等。除此之外，高阶理论的观点认为组织成员的人口统计学（demographic）特征也会对同层级成员的薪酬差异带来影响。本部分同样将这些非经济因素按照个人层面以及组织层面进行分类归纳。

（1）个人层面。从个人层面来说，同层级的组织成员的水平薪酬差异可能来源于其人口统计特征的差异。如梅多夫和亚伯拉罕（Medoff and Abraham，1980，1981）发现任期与工资正相关；马登（Madden，1985）发现，即使控制了人力资本、职位等因素，种族和性别仍然会影响收入。类似地，费伯（Ferber，1974）研究发现，即使控制了其他个人特征以及绩效等因素，大学女性教授的工资仍然显著低于男性教授的工资。这些研究都表明组织成员的人口学特征会影响他们的薪酬分配。普费弗和戴维斯布莱克（1990）采用任期、性别和种族的相似性来度量组织内的人口学特征，并发现美国大学内的行政职位任期差异越大，性别和种族构成异质性越高，薪酬差异越大。

除了同层级成员的个人特征差异之外，他们的薪酬分配还可能受高层级的管理者的个人特征影响。高阶理论（Hambrick and Mason，1984）认为CEO 的个人特征会影响高管团队中非 CEO 高管的薪酬制定（Wade et al.，2006）。如秦和塞马德尼（2017）发现 CEO 的个人价值观会影响高管团队内其他非 CEO 高管的薪酬安排。具体地，他们发现倾向于自由党派的 CEO 比保守党派的 CEO 更偏好较大的非 CEO 高管团队薪酬差异。

（2）组织层面。首先，社会比较理论认为公平和正义是影响组织内同层级水平薪酬差异的重要因素，组织内的成员会与他人比较来评价自身的付出与所得，并产生公平与否的感觉从而影响自身的行为。从理论上来说，影响组织内成员进行比较的因素包括比较对象的选择以及比较过程相关的因素。比较对象的选择理论上很广泛，包括前面提到的层级间的比较，但组织内成员更倾向于与和自己有更多类似性、可比性的同级进行比较（Festinger，1954）。具体地，他们会根据他们认为的人口统计学上的类似、职位上的类似、权力或者是社会地位上的相似性来给自己和其他成员进行类别的划分

（Ashforth and Mael，1989；Kramer，1991；Tajfel，1981；Turner，1985），进而在同一类别中进行比较，如果分属不同类别，那么较大的薪酬差异更容易被接受。如弗雷德里克森等（Fredrickson et al.，2010）采用非 CEO 高管是否同时兼任董事来衡量这些非 CEO 高管之间的相似性，发现高管团队中的非 CEO 高管团队水平薪酬差异随着非 CEO 高管兼任董事比例的变化呈现倒“U”型。类似地，组织内成员也会选择同行业同层级的其他组织成员作为比较对象，若同行拥有一个较大的同层级薪酬差异，那么组织内成员也会更愿意接受内部的薪酬差异。弗雷德里克森等（2010）也发现非 CEO 高管之间的水平薪酬差异与行业的水平薪酬差异呈正相关关系。比较过程的相关因素主要指在比较过程中影响信息交流的因素，若同级人员之间的信息更容易交流和观测，比较的行为更容易发生（Smith，1973），因此更多的信息交流会带来更小的薪酬差异。普费弗和朗顿（1988）、普费弗和戴维斯布莱克（1990）采用部门的规模、部门内职员的交流、薪酬信息公开与否以及内部提升的比例来衡量部门内部的信息交流程度，发现交流程度越高的大学拥有更平坦的薪酬分配。弗雷德里克森等（2010）采用非 CEO 高管的平均任期来衡量他们共事时间的长短及对彼此的了解，发现平均任期越长的非 CEO 高管团队拥有更平坦的薪酬分配。加滕贝格和伍尔夫（Gartenberg and Wulf，2013）则发现在 1992 年美国证监会强制性要求披露高管薪酬之后，那些分布在不同州的分部经理之间的水平薪酬差异要显著高于在同一个地方工作的分部经理。另外，同层级的成员各自任务相互依赖的程度越高，他们对公平分配的需求也越高，同时相互依赖的任务也会加强成员之间的交流，进一步会降低同层级员工之间的薪酬差异。拜客等（Baik et al.，2016）采用 R&D 投入的强度来衡量任务相互依赖的程度，由于 R&D 投资非常需要组织内部的协调和信息的共享，他们发现 R&D 投入越多时，美国大型上市公司的白领阶层的薪酬差异越小。类似层级间薪酬差异的讨论中，弗雷德里克森等（2010）也采用多元化程度来衡量任务相互依赖的程度，同样发现多元化程度与非 CEO 高管团队水平薪酬差异正相关。

其次，从管理层权力理论的角度来看，公司治理水平同样会影响同层级的薪酬差异。对于水平薪酬差异来说，学者们更关注的是高层级的薪酬制定者的权力和权威对水平薪酬差异的影响。如普费弗和朗顿（1988）发现任期越长的系主任更有权力和权威，他们更偏好较大的薪酬差异，而对一个较为民主和分权的组织来说，往往会有更为平坦的薪酬分配。

最后，部分文献的研究还发现家族企业的管理层有更为平坦的薪酬分配（Ensley et al.，2007）；处于强调公平分配的地区的公司拥有更低的水平薪酬差异（Pfeffer and Davis - Blake，1990）；企业业绩越好、高管平均薪酬水平越高时，非 CEO 高管之间的水平薪酬差异越大（Fredrickson et al.，2010）。

2.2.3　团队内薪酬差异的影响因素的国内相关研究

国内有关高管团队内垂直薪酬差异的研究中，林俊清等（2003）最先研究了影响中国上市公司高管团队内 CEO 与其他非 CEO 高管之间的垂直薪酬差异的因素，不同于国外研究中涉及的企业自身经营特点或外部市场因素，公司治理结构是中国制度背景下影响 CEO 与其他非 CEO 高管之间垂直薪酬差异的因素。类似于国外的文献研究，许多国内文献也是从社会比较理论与管理层权力理论出发分析其在中国的适用性，如张正堂（2007）发现 CEO 与其他非 CEO 高管的垂直薪酬差异受企业的规模、高管团队的规模、技术复杂性、多元化战略以及企业风险的影响。但除这些西方理论中的因素之外，在中国制度背景下，产权往往是影响高管团队内垂直薪酬差异的重要因素。如加藤和朗（2011）检验了锦标赛理论在中国市场的适用性，发现中国上市公司的 CEO 与其他非 CEO 高管的垂直薪酬差异与销售的波动率正相关，但是国有股权的增加会弱化这个正相关关系。缪毅和胡奕明（2014）采用 2005 ~ 2010 年上市公司的高管薪酬数据，对不同产权性质下的高管内部薪酬差距的成因进行了研究，发现薪酬差距与竞争人数以及经营风险正相关，且在民营企业中表现得更为突出。方芳和李实（2015）对 2005 ~ 2012 年企业高管薪酬差距及其变化趋势进行了分析，发现市场机制和政府管理体制及政策对高管薪酬差距的变动起着不同的作用。

其他部分学者关注高管与员工之间的垂直薪酬差异，其研究范式和结论与高管团队内垂直薪酬差异的基本一致，这里不再赘述。如步丹璐和王晓艳

(2014) 发现高管权力的存在会使政府补助成为其“伪装”业绩的指标，从而增加高管薪酬，加大公司内部的高管与员工之间的薪酬差距。步丹璐等 (2017) 发现晋升预期会降低高管与员工之间的薪酬差距。

团队薪酬差异的影响因素研究综述总结如下。

(1) 从经济因素来看，组织内的层级间和层级内两种薪酬差异类型都受个人的人力资本以及生产率差异影响。不同之处在于，层级间的垂直薪酬差异更强调层级，因此，涉及层级间的晋升以及由锦标赛理论衍生出的其他影响因素；而层级内的水平薪酬差异更强调个人的人力资本差异，且不像不同层级一样具有明确的职位分工，因此，相对来说，更难从企业组织中得到经验证据的支持。这也是现有文献中从高管团队的角度来研究水平薪酬差异的文献较少的原因之一。

(2) 从非经济因素来说，高管的人口学特征、权力等都会影响层级间以及层级内的分配，但层级间的薪酬差异更关注 CEO 的个人特征或权利；层级内的薪酬差异更关注的是这些非 CEO 高管的个人特征或权利的差异，当然，层级内的薪酬差异也可能会受到 CEO 的个人特征影响，这部分研究仍需要更多经验证据的支持。进一步地，两种薪酬差异都受管理层权力理论、社会比较理论以及文化等的影响，但层级间垂直薪酬差异更关注管理层权力如公司治理结构带来的影响；而层级内水平薪酬差异更关注社会比较理论中涉及的如公平感知等带来的影响，由于社会比较的程序在同层级内更容易进行，因此许多有关层级内水平薪酬差异的文献探讨的是非经济因素对层级内水平薪酬差异的影响。

2.3 团队薪酬差异的经济后果研究综述

本部分归纳分析现有文献对团队薪酬差异经济后果的探讨。同样，现有文献对层级间的垂直薪酬差异以及层级内的水平薪酬差异带来的经济后果分别进行了理论与经验上的探讨。经济学理论和社会学理论对团队内薪酬差异带来的影响有不同的预期，经验上也没有一致的结果，因此，部分学者则探讨不同理论适用的各种情景。本部分内容将分别分析层级间垂直薪酬差异以及层级内水平薪酬差异的经济后果。

2.3.1　团队内垂直薪酬差异的经济后果

理论上，经济学理论和社会学理论对层级间的垂直薪酬差异带来的影响具有不同的预期。经济学家主要用锦标赛理论来解释层级间的薪酬差异，他们认为较大的层级间垂直薪酬差异可以激发较高的努力水平，减少监督成本等，最后有利于企业绩效的提升；当然部分学者也指出锦标赛理论存在一定程度的弊端，如过大的层级间薪酬差距会带来组织政治问题、增加组织风险以及增加组织不稳定性等。社会学家则主要从社会比较的角度出发，结合公平理论与相对剥削理论的观点，他们认为组织内应该实行扁平的层级间薪酬分配，因为组织内有对公平和合作的需要。最后，部分学者认为过高的层级间垂直薪酬差异可能是管理层权力的结果，是更严重的代理问题的体现。

2.3.1.1　锦标赛理论

锦标赛理论是经济学家在委托代理关系的框架下，在面临不确定性和监督困难时，对多代理人情境下的激励契约提供的一种解决方案（Lazear and Rosen，1981），且可以用来解释无法用标准代理理论解释的层级间较大的薪酬差异。锦标赛理论的主要观点有两个：第一，较大的层级间垂直薪酬差异可以激发代理人更高的努力水平。对参与锦标赛排序竞争的代理人来说，晋升至更高层级会有较大的奖金激励，因而低层级的代理人为了晋升成功的奖金激励会提高其努力水平；层级间的薪酬差异对过去晋升中的获胜者也是前进的动力，因为随着层级的提高，薪酬水平提高且相邻层级的薪酬差异也加大，如 CEO 与其他非 CEO 高管的薪酬差距在组织内达到最大（Main et al.，1993；Rosen，1986）。第二，较大的层级间垂直薪酬差异可以减少监督成本。首先，由于参与锦标赛排序的代理人的薪酬是基于其边际产出的排序，而不是绝对的边际产出，相对来说，基于边际产出的排序比基于绝对边际产出的准确度量要更简单，因此可以降低监控成本。其次，层级间较大的奖金激励鼓励代理人参与排序竞争，为他们提供了基于晋升获取奖励的激励，降低了监控的必要性。因此，在锦标赛理论的预测下，较大的层级间薪酬差异会带来更好的绩效。

部分经验文献为锦标赛理论的上述观点提供了证据。早期的文献多采用特殊样本如运动员来分析锦标赛竞争对个人努力的影响，如冠军奖金越高，赛车手的成绩（Becker and Huselid，1992）、高尔夫选手的成绩（Ehrenberg and Bognanno，1990a，1990b）会越好等。或者通过设计实验来验证锦标赛激励理论，如哈布林和伊轮布施（Harbring and Irlenbusch，2003）的实验表明竞争实验的参与者的平均努力水平会随着获胜者奖励的提升而提升。而来自企业样本的经验证据则往往直接验证层级间薪酬差异对企业绩效的影响，或是在锦标赛理论框架下分析更适宜较大层级间薪酬差异发挥激励作用的情境。如梅因等（1993）采用 1980 ~ 1984 年 200 家美国公司的数据进行研究，发现高管团队的薪酬差距与资产报酬率正相关，而与股东报酬率不相关。埃里克森（1999）采用 210 家丹麦公司的高级管理层 1992 ~ 1995 年的薪酬数据进行研究，发现 CEO 与其他高管之间的薪酬差异与企业绩效正相关。克尼翁等（2001）采用 100 家英国公司 1997 年的高管团队薪酬数据进行研究，并没有发现高管团队内的薪酬差异可以提高企业绩效。凯尔等（2009）采用美国上市公司的大样本数据进行研究，发现 CEO 与其他高管之间的薪酬差距与企业绩效正相关，证明了锦标赛激励的存在；同时晋升概率的大小会影响锦标赛激励的效果，他们发现这个正相关关系在 CEO 临近退休时会更显著，而当 CEO 新任时正相关关系会减弱，尤其是当新任 CEO 是来源于外部时。亨德森和弗雷德里克森（2001）则发现在监督成本越大时，如公司多元化程度越高、参与竞争的人数越多以及资本投资越多时，锦标赛激励越有效。除此之外，伯恩斯等（2017）认为，凯尔等（2009）发现的公司特征会影响锦标赛激励效果，公司的文化价值观、所处的经济环境和法律标准都会影响锦标赛激励的效果，他们发现 CEO 与其他高管之间的薪酬差距与企业绩效之间的正相关关系在更能接受竞争和公平的收入差异文化的国家中更为显著。加藤和朗（2011）则采用 1998 ~ 2002 年中国上市公司的数据检验锦标赛激励理论在中国的适用性，同样发现锦标赛奖励越高越能激励管理层努力从而提高公司绩效，且在国有股比例越少的上市公司越显著。

另外，经济学家也指出了锦标赛激励可能存在的弊端。首先，过于强调组织内的竞争可能会带来组织政治问题（Milgrom and Roberts，1988），他们认为较大的层级间薪酬差异会增加参与者政治破坏的可能性，而不是把聚焦点放在提高自身努力水平上，比如拒绝分享来自同行的重要信息、企图破坏竞争对手的声誉而提升自己的声誉等（Dye，1984；Lazear，1989；Milgrom and Roberts，1988）。因此这部分经济学家认为在团队合作变得很重要时，团队间的薪酬差距不宜过大。梅因等（1993）采用美国 200 家公司的高管薪酬数据检验了上述理论，但是他们没有发现在组织任务更加互相依赖时，较大的高管团队间薪酬差距会对企业绩效不利。类似地，埃里克森（1999）利用丹麦的企业高管薪酬数据进行研究后也没有得到支持上述理论的证据。相反地，德拉戈和加维（Drago and Garvey，1998）检验了多任务场景下的员工之间的薪酬差异对公司行为的影响，他们发现员工薪酬之间存在典型的锦标赛结构，且较强的晋升激励会减少互相帮助的努力水平但是增加了个人努力水平。汉布里克和西格尔（Hambrick and Siegel，1998）发现在高管合作很重要的行业如高科技行业，更小的层级间薪酬差异会带来更高的股票回报。其次，较大的层级间薪酬差异可能会让管理层更加激进和冒险。戈尔和塔科（Goel and Thakor，2008）的理论模型表明在锦标赛竞争下，各位高管为了提升自己的晋升概率都会选择风险更高的项目从而导致公司风险增加。基尼和威廉姆斯（Kini and Williams，2012）则提供了经验上的证据，他们发现 CEO 与其他非 CEO 高管之间的垂直薪酬差异越大，公司风险越高，比如有更多的 R&D 投入、更高的负债率等。最后，较大的层级间薪酬差异虽然吸引和保留了具有高能力的经理人，但是却提高了锦标赛竞争失败的经理人的离职率和组织的不稳定性（Lazear，1995；Lazear and Rosen，1981）。布鲁姆和迈克尔（2002）发现前五名高管的薪酬差距越大时，他们的平均任期越低，离职率越高。梅瑟史密斯等（Messersmith et al.，2011）则发现正如锦标赛理论预测的，锦标赛晋升失败的高管会选择离开公司寻求其他机会，他们发现高管团队的薪酬差异越大，高管离职率越高。值得注意的是，布鲁姆和迈克尔（2002）、梅瑟史密斯等（2011）采用的都是包括 CEO 在内的高管的总薪酬差异。

2.3.1.2 相对剥削理论

社会学家和管理学家从社会比较的角度分析组织内层级间的薪酬差异带来的影响。他们认为组织内成员对层级间薪酬分配是否公平的感知会影响他们对自我投入收益的评价，以及对实现组织共同目标时的配合度（Henderson and Fredrickson，2001）。公平理论认为个人会与一系列的参照对象进行社会比较来评价薪酬分配的公平性（Kulik and Ambrose，1992；Cowherd and Levine，1992）。相对剥削理论认为，个人会选择更高层级的人员进行薪酬的比较（Martin，1981，1982），如果低层级的成员感觉没有得到应有的报酬，便会有被剥削的感觉，从而对组织目标漠不关心（Hatfield and Sprecher，1984），导致怠工、罢工等负面行为。此外，低层级成员感知到的薪酬不公平不利于组织内部的和谐，造成人与人之间的怨恨，减少了他们的配合度和参与合作的意愿（Deutsch，1985；Levine，1991），甚至会选择离开组织。

部分学者从经验上提供了上述理论的支持，如考赫德和莱文（Cowherd and Levine，1992）发现管理层与员工之间较高的层级间薪酬差异带来较低的产品质量。布朗等（Brown et al.，2003）采用医院的样本进行研究，虽然没有发现层级间薪酬差异与医院的效率和绩效之间呈直接的负相关关系，但它们之间较大的层级间薪酬差异会降低薪酬水平的正向作用。梅瑟史密斯等（2011）指出高管团队内的薪酬差异会影响高管的满意度和承诺感，最终会影响到他们的离职率，他们发现高管团队内总的薪酬差异越高时，离职率越高。郭等（Guo et al.，2017）设定了一个预算的实验场景，发现较大的层级间薪酬差异会使得下级错报的程度更高；而上级在感知到较大层级间薪酬差异时，也会给下级设定更高的成本门槛，允许他们保留更多的可用的盈余，因此可能会带来更高的代理成本。

除此之外，部分学者从管理层权力理论的角度分析层级间垂直薪酬差异带来的不利影响。他们认为管理层薪酬反映的是高管的议价能力，因此 CEO 与其他高管之间的较大的薪酬差距意味着 CEO 的地位根深蒂固（Bebchuk and Fried，2003），这种情况下该 CEO 在任期间常常会带来更严重的代理问题（Bebchuk et al.，2011），最终对企业绩效不利。贝布丘克等（Bebchuk et al.，2011）采用 CPS 即 CEO 薪酬在前五名高管薪酬总额中所占比例来衡量 CEO 相对其他高管的薪酬溢价，并发现在控制了其他变量后，CPS 与经行业调整后的企业价值负相关。此外，他们还发现 CPS 还会影响其他的公司行为，如 CPS 会降低会计收益率、降低宣告并购时的股票回报率、减弱 CEO 的离职与业绩之间的关系等。

2.3.1.3　理论之间的融合

综上所述，锦标赛理论、公平理论（相对剥削理论）以及管理层权力理论对层级间的垂直薪酬差异带来的影响具有不同的预期，且分别都在经验上得到了支持。但这几种理论并不互斥，因此，部分学者开始研究不同情境下各种理论的适用性。如部分学者虽然同时分析两种理论视角下的不同预期，但他们认为团队对合作的需要程度会影响两种理论的适用性。如亨德森和弗雷德里克森（2001）同时分析了相对剥削理论和锦标赛理论对层级间薪酬差异带来的经济后果的理论预期，并认为对合作和协调的需要程度会影响 CEO 与其他高管之间的薪酬差距对绩效的影响，他们选取了多个指标来衡量对合作和协调的需要，包括任务相关程度、经营的业务个数、VP 的人数、资本投资规模等，但他们并没有得到一致的支持锦标赛理论或相对剥削理论的证据，因此他们认为任何一种理论都不能完全地解释现实中 CEO 与其他高管薪酬差距带来的经济后果，两种理论要依据具体情况有所平衡。卡彭特和桑德斯（Carpenter and Sanders，2004）则发现 CEO 与其他高管之间的薪酬差距对国际化程度高的跨国公司的绩效更为不利，由于这些公司对他们的高层管理人员提出了大量的信息处理需求，因此，他们的 TMT 需要更多的协作。同样地，西格尔和汉布里克（Siegel and Hambrick，2005）认为与低科技行业相比，高科技行业有更多的信息处理需求，需要更多的协作，因此在高科技行业 CEO 与其他高管之间的薪酬差距对企业绩效更加不利。德雷克特等（Drake et al.，1999）采用实验的方式发现当公司采用 ABC 的成本管理系统时，对员工采取团队激励的模式要比采用锦标赛竞争的模式更好，因为 ABC

相对 VBC 来说更需要员工之间的配合。

另一部分学者加上了管理层权力带来的影响。如李等（Lee et al.，2008）发现了支持锦标赛理论的经验证据，即高管团队内的薪酬差距对企业未来绩效有正向影响，且在公司治理较好的时候，如董事会独立性越高时，正向影响更为显著。陈等（Chen et al.，2013）则研究了 CEO 与其他高管之间的薪酬差距对资本成本的影响，他们发现 CPS 与资本成本正相关，支持了管理层权力理论的预期，即较大的 CEO 与其他高管之间的薪酬差距反映了 CEO 地位的稳固，带来了更严重的代理问题，且 CPS 与资本成本的正相关关系在自由现金流越多以及 CEO 的继任计划更重要时更为显著。

最后，部分学者从多理论角度探讨高管与员工之间的垂直薪酬差异带来的经济后果。如法莱耶等（2013）并没有发现高管与员工之间的垂直薪酬差异会不利于员工的生产率，而且他们发现当信息灵通员工的比例越少，以及晋升决策主要依据绩效时，员工的生产率与垂直薪酬差异正相关。玄等（2012）则采用韩国的样本支持了公平理论（相对剥削理论）的预期，他们发现韩国公司的高管与员工的薪酬差距对未来的经营和股票业绩都有显著的负面影响。丁等（Ding et al.，2009）则采用中国的样本，发现高管与员工之间的薪酬差距与未来绩效正相关，支持了锦标赛理论的预测。

2.3.2 团队内水平薪酬差异的经济后果

与层级间垂直薪酬差异不同的是，层级内的薪酬差异带来的经济后果并没有很清晰的理论流派的界限。一方面，标准的经济学理论认为层级内的成员应当按照各自的能力或生产率进行差异化激励，期望理论则不仅强调了努力—绩效之间的关系，更指出了绩效—报酬期望的重要性，组织分配理论还认为按照能力或生产率差异化进行激励是分配公平的一种体现。另一方面，公平理论从社会比较的观点提出更为扁平的薪酬分配可以为组织带来更和谐、合作和公平的氛围。但无论是哪种观点，都与具体的组织特征、个人特征以及任务属性等因素相关。因此，本部分先分别回顾了两种观点的理论概述以及经验支持，再回顾了现有文献对两种观点的融合和经验支持。

2.3.2.1　同层级内水平薪酬差异的积极影响

毕肖普（Bishop，1987）认为组织内同层级的水平薪酬差异较大可以激励个人更高的努力水平，可以吸引高素质的劳动力（Freeman，1977），可以减少绩效较好的员工跳槽去更好的工作单位。但是水平薪酬差异能发挥这些积极的激励效果的前提条件是，员工之间的薪酬拉开差距的依据是合理的（legitimate）或被组织内认同和接受的，能够保证得到高薪酬的员工是真实的拥有高人力资本的群体（Shaw et al.，2002）。这些合理的、规范的因素可以是前面提及的经济因素（如边际贡献或边际绩效），也可以是被组织内接受的其他标准或程序（如资历等其他人力资本因素）（Suchman，1995）。如普费弗和朗顿（Pfeffer and Langton，1993）指出在研究学术场景下的薪酬差异时，资历（seniority）常被认为是影响薪酬分配合理性的社会化的因素。同样也有文献认为资历有时是比绩效还要重要的预测薪酬的因素（如 Bishop，1987；Medoff and Abraham，1980，1981）。

将员工的薪酬与业绩挂钩（pay－for－performance）的个人激励模式在现实中得到广泛运用（Heneman，1992；Lawler and Jenkins，1992），且已有的许多文献和实践都表明了业绩薪酬的激励模式带来的有效性。如阿博德（Abowd，1990）发现管理层的薪酬与业绩挂钩的激励系统增加了税后的经济收入以及投资者回报。里昂那多（Leonard，1990）发现采用了奖金激励系统的公司的平均股票回报要高于没有采用的公司。因此，经济学家认为，如果层级内的水平薪酬差异来源于绩效或边际生产率的差异，那么该差异便能带来积极的激励效果。换言之，采用正式的薪酬与业绩挂钩的激励系统，而将同层级的员工的薪酬根据各自业绩完成度进行差异化，对于组织绩效具有正向作用。同样，部分管理学家也持有类似的观点。如组织正义理论（Sheppard，Lewicki and Minton，1992）认为，由于采用个人激励而带来的薪酬差异大有裨益，这种将个人激励以及薪酬差异与组织想要达到的目标相联系的方式体现了组织对公平的考虑，尤其是程序公平。进一步地，采用薪酬与业绩挂钩的个人激励系统更能感觉到对结果的控制，这种控制观念是组织公正的基本组成部分（Folger and Greenberg，1985）。

经验上，限于薪酬数据的可得性，大部分文献借助实验或者采用调查问卷的研究方法探讨层级内水平薪酬差异合理性对组织绩效的积极影响。如肖恩等（Shaw et al.，2002）分析了使用个人薪酬激励系统（即个人薪酬与个人业绩挂钩的激励体系）的程度如何影响卡车司机的薪酬差异对其绩效的作用；他们发现，在使用个人薪酬激励系统程度越高的公司，卡车司机之间的薪酬差异与卡车司机的车祸率、报废率都负相关，而在使用个人薪酬激励系统程度越低的公司，卡车司机之间的薪酬差异与卡车司机的车祸率、报废率正相关。最后，他们发现使用个人薪酬激励系统程度越高，卡车司机的薪酬差异与绩效之间的负相关会显著减弱。凯佩斯等（2009）同样考查汽车运输公司的样本，采用问卷调查的方式来衡量公司内薪酬给付的标准，他们发现在薪酬与业绩挂钩时，汽车司机之间的薪酬差异与公司绩效正相关；而在薪酬与政治行为挂钩时，汽车司机之间的薪酬差异与公司绩效负相关。更为直接地，特雷弗等（Trevor et al.，2012）将生产率差异带来的薪酬差异称为DEP，采用回归残差的方式将不可用个人投入等相关因素解释的薪酬差异DUP与DEP区分开来，发现与生产率差异相关的薪酬差异对企业绩效具有正向影响。

2.3.2.2 同层级内水平薪酬差异的消极影响

尽管对同层级的员工采用差异化的薪酬激励是对不同人力资本定价和分配公平的体现，但现实中薪酬差异的合理性往往难以把握。由于员工是社会人，正如公平理论指出的，他们会与一系列的参照对象进行社会比较，并用自己感知到的公平来评价现有的薪酬分配。相对于不同层级间的相互比较来说，相同层级内的相互比较更为普遍。因为同层级的成员有着更为相似的能力、个人特征以及职位水平，因此他们更可能选择彼此作为比较和参照的对象。在同层级内的成员交流较少、对合作的需求也较少的情况下，强调个人激励及其合理性并拉开薪酬差距可以激励个人更高的努力水平；但在组织目标需要同层级的成员共同合作完成时，较大的层级内薪酬差异会导致层级内成员互相比较从而带来不公平感，不利于层级内的和谐（Hambrick，1995），进一步减少彼此间的配合与协作（Frank，1984；Lazear，1989；Akerlof and

Yellen 1990；Levine，1991），不利于企业最终目标的实现。

因此，强调组织内和谐与合作的学者认为同层级内的薪酬差异过大会对组织绩效不利。具体来说，过于强调差异化的个人激励系统会使得各成员将自身的利益目标优于集体目标，团队内分崩离析（Hambrick，1995），成员间不愿意互相协作配合（Deutsch，1985），尤其是当配合他人工作需要自身承担一定成本时。同时，薪酬较低的成员会产生较大的不公平感和薪酬不满意度（Pfeffer and Langton，1993），嫉妒感增强（Barnard，1938），他们可能会选择降低自身的投入或减少合作，花费更多的精力进行寻租，甚至是离开组织（Fredrickson et al.，2010）。除此之外，部分经济学家还认为层级内过大的薪酬差异会加剧层级内成员的政治行为，带来恶性竞争等问题（Lazear，1989；Milgrom and Roberts，1990）。虽然恶性竞争主要是在探讨层级间锦标赛竞争的时候涉及，但由于同层级内的成员彼此间是竞争者，他们在关注自身利益的同时还有可能会对竞争对手的产出进行破坏，以增加自身晋升到更高层级的概率，这种行为最后会对组织整体利益不利，长此以往会导致更低的绩效（Lazear，1989；Lazear 1995；Rosen，1986）。

部分学者为上述理论提供了经验证据。如普费弗和朗顿（1993）研究后发现，大学里同系别教授之间的薪酬差异越大，他们的个人满意度越低、研究的产量更低，以及彼此之间的合作也会减少。布鲁姆（Bloom，1999）采用来自联盟棒球的样本进行研究，发现在更需要棒球队员之间相互合作的情况下，队员之间的水平薪酬差异与整个队伍的绩效负相关，队员间较大的薪酬差异带来了不公平的感觉和薪酬不满意，减少了队员之间的配合，最后对整个队伍绩效不利。丁等（2009）采用 395 个中国的企业样本进行研究，发现管理层内部和员工内部的水平薪酬差异与企业绩效负相关。弗雷德里克森等（2010）采用美国 250 家标准普尔 500 的公司 1993 ~ 2006 年披露的前五名高管中除 CEO 之外的其他四位高管的薪酬数据进行研究，发现这四位高管之间的薪酬差异与公司的未来绩效负相关；进一步地，他们还发现公司的股价越波动，水平薪酬差异与公司未来绩效的负相关关系越显著。恩斯利等（Ensley et al.，2007）则认为相对于非家族企业的高管团队，家族企业的高管团队对薪酬分配公平与否更加敏感；他们发现家族企业的高管团队内薪酬差异与企业绩效的负相关关系相比非家族企业更为显著，因为家族企业内部治理的特殊性，导致高管层内越大的薪酬差距会带来更多的冲突（conflict）、不和谐（cohesion）以及更低的团队效力（potency），最终导致较低的企业绩效。除了直接分析层级内水平薪酬差异对企业绩效的负面影响，部分学者还分析了水平薪酬差异给企业带来的其他负面影响。如马图谢夫斯基（Matuszewski，2010）采用实验的方法进行研究表明随着水平薪酬均等的程度降低，参与者在管理层报告中的诚实度也会降低，而不论打破这种不均等水平薪酬分配是因为降低了参与者本身的薪酬还是提高了其他参与者的薪酬。

从社会比较的角度来看，部分学者从个人的角度分析了水平薪酬差异带来的不同的公平感知。普费弗和戴维斯布莱克（Pfeffer and Davis - Blake，1992）认为，个人在同层级薪酬分配中所处的地位会影响薪酬差异带来的公平感知，并进一步影响个人的行为。他们发现，美国大学里的行政人员之间的薪酬差异会降低薪酬较高的人员的离职率，反过来，提升薪酬较低的人员的离职率。特雷弗和瓦泽特（Trevor and Wazeter，2006）、梅瑟史密斯等（2011）也得出同样的结论。普费弗和戴维斯布莱克（1992）、普费弗和朗顿（1993）以及加滕贝格和伍尔夫（2013）则发现水平薪酬差异对组织绩效的负面影响在薪酬信息是公开透明时更为显著，因为薪酬信息更加公开时，个人对自己在薪酬分配中所处的地位有更清楚的认知。如卡德等（Card et al，2012）研究了披露同行的薪酬信息对工人满意度的影响，他们发现低于同行薪酬中值水平的工人有更低的满意度，更有可能跳槽，而高于同行薪酬中值水平的工人的满意度更高。最后，普费弗和朗顿（1993）认为个人对组织的投入和承诺（commitment）也会影响其对薪酬分配的公平感，他们发现系主任或者在系里工作时间越长的教授对同系别里薪酬差异的不公平感会降低。

2.3.2.3 理论之间的融合

综上所述，对于层级内水平薪酬差异带来积极或是消极的影响，理论上各执一词且分别有经验上的支持。然而，是组织内和谐、合作和承诺更为重要，还是差异化的、与绩效挂钩的激励计划更为重要，难以一劳永逸地加以评估（Pfeffer and Langton，1993）。薪酬分配对组织及个人的影响取决于许多因素，如任务的属性（Jacobs，1981）以及组织和个人的特征等，而这些仍然需要更多的经验证据的支持。因此，许多经验文献探讨不同情境下水平薪酬差异是带来积极还是消极的影响。如前所述，为完成组织目标而对同层级的员工相互合作的需要程度，即组织内员工任务的相互依赖度（work interdependence），是同层级内水平薪酬差异对组织带来不利影响的重要因素。肖恩等（2002）融合了水平薪酬差异经济后果的两种观点，并分析任务依赖性在此间的调节作用，他们发现在任务依赖度低时，高的个人激励带来的水平薪酬差异对企业绩效有积极影响；而在任务依赖度高时，高的个人激励带来的水平薪酬差异对企业绩效有消极影响。西格尔和汉布里克（2005）认为技术密集型企业需要高管内部更多的合作和依赖，他们发现与非高科技行业相比，高科技行业的企业拥有更高的技术密集性，需要高管团队内更多的协调和配合，因此，高管团队内的水平薪酬差异越大，对高科技企业的绩效影响越不利。希布斯和洛金（Hibbs and Locking，2000）在他们的研究中同时分析了上述两个观点，他们发现在工厂内部和行业内部的水平工资差异大幅度降低之后，瑞典工业的产出和劳动生产率增长都有所下降，这并没有支持“公平、士气和凝聚力”的理论，即在工厂内或行业内减少工资差异会提高生产率。

2.3.3　团队内薪酬差异的经济后果的国内相关研究

在国内研究高管团队内垂直薪酬差异的经济后果相关文献中，大部分都得到了支持锦标赛理论的结果，即高管团队内的垂直薪酬差异与企业绩效正相关（林俊清等，2003；陈震等，2006）。张正堂（2007）却得出了薪酬差距与企业绩效之间的负向关系，支持了社会比较理论。徐等（Xu et al.，2016）认为这些结果不一致的原因之一是大部分的国内研究都没有考虑高管团队薪酬水平的影响，因此得到的正相关结果可能是由于薪酬水平较高带来的。进一步地，他们发现当团队整体相对同行的薪酬水平较低时，高管团队内薪酬差异与企业绩效负相关，而当团队整体相对同行的薪酬水平较高时，高管团队内薪酬差异与企业绩效正相关。除了研究高管团队内垂直薪酬差异对企业绩效的影响，部分国内学者还研究了高管团队内垂直薪酬差异对其他方面的影响。如研究高管层的薪酬差距对盈余管理的影响，俞震和冯巧根（2010）发现较大的高管层薪酬差距可以减少盈余管理，而杨志强和王华（2014）则发现高管团队内部薪酬差距越大，盈余管理程度越高，且管理层权力与股权集中加重了这个关系。缪毅和胡奕明（2016）则认为较大的高管层内部薪酬差距会导致高管的薪酬辩护行为，当管理者的权力较小时，采用盈余管理如虚构业绩等来为其薪酬辩护，而当管理者权力较大时则增加有利的业绩指标权重为自身薪酬辩护。

研究高管团队与员工之间垂直薪酬差距的经济后果的文献则大多数支持积极影响的观点。如常健（2014）发现高管团队与员工的薪酬差距对公司绩效起促进作用。黎文靖和胡玉明（2012）发现国有企业高管与员工的薪酬差距与企业业绩正相关，但同时管理层权力越大，薪酬差距越大，因此，他们进一步发现，薪酬差距并非激励了管理层，而是激励了员工。高良谋和卢建词（2015）采用中国制造业 348 家上市公司 2004 ~ 2013 年平衡面板数据进行研究，发现高管与员工间薪酬差距对企业绩效存在非对称的激励效应，即存在倒“U”型关系。步丹璐和王晓艳（2014）发现如果薪酬差距是由于政府补助带来的，那么薪酬差距与公司未来绩效的正相关关系会减弱。张蕊和管考磊（2016）则发现高管内部薪酬差距越小，高管实施侵占型职务犯罪的可能性越大，且在法治水平较低地区的企业和自由现金流较多的企业更为显著。

对高管团队内水平薪酬差异的经济后果的研究较少。李绍龙、龙立荣和贺伟（2012）研究了高管团队内平行薪酬差异对企业绩效的影响，但并没有发现两者间存在显著的关系；同时也发现行业特征包括行业内高管薪酬差异程度及行业内技术密集度对两者关系存在显著的调节作用。张兴亮和夏成才（2016）则发现非 CEO 高管团队水平薪酬差异越大会加大非 CEO 高管的离职率。除了对高管团队内水平薪酬差异进行研究之外，贺伟和蒿坡（2014）对中国企业 59 个工作部门 376 名普通员工进行实地调研后发现，员工的组织情感承诺越高，工作部门内的水平薪酬差异越低，且工作部门整体薪酬水平较低时，该负相关关系更为显著。

团队薪酬差异的经济后果研究综述总结如下。

（1）现有文献更多讨论层级间的垂直薪酬差异带来的经济后果。正如影响因素中所指出的，相对于层级内的水平薪酬差异来说，层级间的垂直薪酬差异是因为层级不同，各层级有着更明确的职位和分工，更容易从企业组织中得到经验证据的支持。而有关层级内的水平薪酬差异带来的经济后果的文献，则大多来源于特殊的样本，如大学老师、运动员等，来源于企业组织的经验证据较少。

（2）无论是层级间还是层级内的薪酬差异，对企业的经济后果都具有两面性。不同的是，层级间的薪酬差异积极性往往涉及不同层级之间的晋升激励的考虑，因此，锦标赛理论的相关观点构成了绝大多数层级间薪酬差异积极性的理论基础，且从企业组织中得到许多经验证据的支持。虽然层级间的薪酬差异从理论上来说也存在消极性，例如从社会比较理论中的上行比较中延伸的相对剥削理论，但总体上相对积极性而言探讨并不多，虽然也有一些企业组织的经验证据，但结果也并不一致。

而对层级内的薪酬差异而言，由于没有明确的层级划分，其对企业的经济后果便紧密围绕着薪酬差异带来的公平感而进行讨论。对于层级内薪酬差异积极性的理论探讨很少，且没有清晰的理论流派的界限，包括经济学理论中的边际生产率定薪、期望理论的绩效—报酬期望以及分配公平理论中的程序公平，其实质都是在强调薪酬差异的合理性；且目前来说，限于数据可得性，对层级内薪酬差异的积极性暂时没有来自高管层面的经验证据。另外，管理学领域的文献较多地探讨了层级内薪酬差异的消极性，由于同层级的成员更适合用来比较投入—产出，社会比较的程序不但更易进行，且更适宜运用公平理论进行分析。因此，有较多的管理学领域的学者从社会比较理论的角度去分析高管团队中非 CEO 高管团队薪酬差异带来的消极影响。

（3）在高管团队中分析层级间以及层级内薪酬差异时，管理层权力理论的影响都是不可避免要探讨的因素。在层级间薪酬差异经济后果的分析中，由于 CEO 与非 CEO 高管处于不同层级，拥有不同程度的权力级别，因此对管理层权力的讨论较多，且更多是在讨论 CEO 的权力带来的消极影响。而在对层级内的薪酬差异讨论中，缺乏对非 CEO 高管的权力探讨，仍需要更多的理论和经验的分析进行补充。

（4）在理论融合的相关文献中，层级间薪酬差异的两面性分别都具有较强的理论基础，因此经验上探讨了许多情境因素下理论的适用性。而层级内薪酬差异由于更多探讨其消极影响，因此在理论融合这一部分中分析的并不多。在情境因素上，任务属性，即完成团队任务对组织内合作和相互依赖的程度都是影响层级内以及层级间薪酬差异影响的重要因素。不同的是，层级间的垂直薪酬差异的经济后果还涉及对管理层权力以及文化等维度的探讨，而层级内薪酬差异的经济后果仍然需要更多研究来丰富这一领域。

2.4 文献评述

本书研究的是除了 CEO 之外的其他高管团队成员之间的薪酬差异，在本章的文献回顾中，前半部分简要介绍了与本书研究问题相关的四个团队激励理论，后半部分则详细介绍了与本书研究问题相关的理论和经验文献。具体来说，主要有以下四个要点。

（1）从契约理论中扩展出来的多代理人情境下的委托代理理论是团队激励理论的基础，借助经济博弈论的思想基础，着重解决团队工作中的“搭便车”困境，设计一份使得各代理人在努力工作的同时并共同协作的薪酬契约。这也是本书研究的核心问题。但现有相关的文献多停留在对理论解决方案的探讨（Holmstrom，1982），而来自现实的、经验上的证据仍较少。比较多的是用锦标赛竞争的机制来解释企业 CEO 与其他层级的高管或员工之间的薪酬差异。而对同层级的高管或员工来说，彼此更具可比性且对公平分配更为敏感，这使得社会比较理论、公平理论以及期望理论等在同层级的薪酬差异研究中适用更为广泛。

（2）汉布里克和梅森（1984）提出的高阶理论与本书研究的问题也紧密相关。高阶理论同样强调了薪酬的重要性，他们认为，首先要考虑高管团队特征与薪酬系统各自对战略选择和组织产出的影响，其次要考虑两者的交互作用。但高管团队的特征仍然是他们强调的核心，高管薪酬系统所起的调节作用，对高管特征带来的影响起配合或抑制作用。本书在这些研究的基础上，试图探讨高管特征（包括人口学以及人力资本）对高管团队薪酬系统设置的影响，并进一步分析如何作用到最终的组织产出中。换言之，本书试图将高管团队薪酬系统的设置视为高管团队特征对组织产出影响这个黑箱中的其中一个作用机制。

（3）在本章后半部分对层级间与层级内的薪酬差异有关的理论和经验文献的总结和分类中，发现已有文献采用高管团队作为样本的，大部分探讨的是 CEO 与其他非 CEO 高管之间的层级间垂直薪酬差异。而以非 CEO 高管团队作为样本分析层级内的薪酬差异的文献仍然是少数，如西格尔和汉布里克（2005），弗雷德里克森等（2010），李绍龙、龙立荣和贺伟（2012）以及张兴亮和夏成才（2016）。非 CEO 高管的重要作用不言而喻，但限于非 CEO 高管薪酬数据可得性，如美国上市公司只披露前五名高管的薪酬明细，有关非 CEO 高管薪酬的经验研究较少。由于中国上市公司自 2005 年起便要求披露所有高管的薪酬数据，这为丰富非 CEO 高管薪酬的研究提供了很好的数据基础。

（4）需要指出的是，现有的讨论高管团队薪酬差异的研究，无论是 CEO 与其他非 CEO 高管间的垂直薪酬差异，还是非 CEO 高管团队内的水平薪酬差异，衡量的都是高管之间的薪酬水平（pay level）的差异。但由于高管团队的激励设置是应该考虑高管间动态博弈的一个过程，薪酬水平是每一期观测到的静态的高管激励程度，相对这个静态的存量来说，他们更加关注任期内薪酬的增量，即薪酬的动态变化。已经有文献开始关注这个问题，如布什曼等（Bushman et al.，2016）采用高管团队中的高管薪酬业绩敏感性（PPS）的差异来衡量高管团队内的激励程度差异；徐和刘（Xu and Liu，2017）则采用高管团队内薪酬变化是否一致来分析高管团队薪酬设计的动态效果，但仍需要更多的关注和研究来丰富这一领域。

第3章

制度背景与现状

3.1 中国上市公司高管薪酬制度的变迁

3.1.1 计划经济体制下的行政工资级别制度（1978年以前）

在计划经济时期，国有企业的生产经营活动按照国家统一的指令性计划开展，并不进行独立核算和自主经营。国有企业人员包括管理人员与员工的工资水平由国务院中央劳动部统一负责。1952年开始实施“工资分”制，管理人员采用职务工资制，普通工人实行八级工资制。1956年将“工资分”制变更为技术等级工资制。自此建立了计划工资制度并试行到改革开放前。

这一时期国有企业经理的薪酬取决于高度结构化的薪酬层级体系，由国家按照全国统一的工资标准制定（李维安、刘绪光和陈靖涵，2010），与普通员工的差距并不显著。国有企业领导人（如厂长和经理）完全由上级领导任命，等同于政府官员，对表现突出的管理人员提拔升迁到政府部门；经理的薪酬水平与其行政级别而非与企业经营绩效相关，并没有专门针对国企管理人员设立专门的绩效奖励制度，以实现国家行政机关、事业单位和企业职员的薪酬制度统一（黄范章，2005）。因此，中国的就业模式中有中央固定工资制度、统一就业分配制度、终身就业保障制度和福利制度，即所谓的“铁饭碗”政策（Warner，1996）。制定这些政策的一个重要理由是，中国的收入分配可以保持相对平等，"工人阶级"将共同繁荣起来。然而，计划经济下对国企高管实行的与职务等级挂钩的"准干部"激励模式，不但带来了"铁工资""低级差""平均主义倾向"等弊端，而且是国有企业活力不足、效率低下的一个重要原因。

3.1.2　国有企业改革与经理人市场的兴起（1978～1992 年）

自 1978 年起，中国的计划经济体制逐渐向市场经济体制进行转化，在 1978～1992 年国企改革的初期阶段，主要内容是政府的"放权让利"以及实现国有企业的"两权分离"和承包制。

1978～1986 年主要实行"放权让利"的改革，以增强企业的动力。其中"放权"是指扩大企业的自主权，让政府部门下放部分权利到所管企业；而"让利"是指扩大企业自主支配的财力，让企业有更高的利润保留比例（徐向艺和李一楠，2008）。与计划经济时期相比，"放权让利"的改革不但让国企高管拥有了部分剩余索取权和控制权，而且让国企高管的收入与利润挂钩，因此，国企高管的收入在该阶段有了提高，奖金增加，虽然高管奖金高于普通职工，但差距有限。

1987～1992 年是基于"两权分离"理论上的承包经营责任制推行阶段。"两权分离"，即国家的所有权与企业的经营权分离，使得国有企业成为相对独立的经济实体，自主经营、自负盈亏。承包经营责任制的目的在于给予国企充分的经营自主权，通过让国企领导人拥有部分剩余索取权和控制权来提高对他们的激励，其基本的原则是"包死基数、确保上缴、超收自留、歉收自补"。1988 年国务院发布《全民所有制工业企业承包经营责任暂行条例》，但在 1992 年以后承包制基本被放弃。相比平均主义的行政化分配制度，承包制初步实现了将高管薪酬与业绩相挂钩的激励理念，该阶段高管与员工之间的收入差距明显拉大。虽然在此阶段中行政权力仍然具有影响，但按照市场力量制定管理者的报酬和分配经理人力资源的标准已经初步展现（Groves et al.，1995；李维安、刘绪光和陈靖涵，2010）。

3.1.3 建立现代企业制度对高管薪酬制度多元化的探索（1992 年至今）

3.1.3.1 国有企业公司化的改革以及民营经济的发展

首先，国有企业的改革在前期以经营权改革为主的基础上，逐渐转向所有权的改革。1992～1997 年国企改革的目标是初步建立现代企业制度，1997～2002 年国企改革围绕公司化和股份制加以推进，目标是按照国际通行规范建立现代公司（吴敬琏，2003）。2002 年至今是全面深化国有企业改革阶段，标志性的事件是国资委在 2003 年正式成立，其主要职责是代表国家对国有资产出资人进行监督。国资委成立之后加速了国企的所有制改革，对许多中央直属企业进行了大面积的重组。

其次，民营经济在 1992 年之后进入快速发展阶段。多种经济成分共同发展、为各种所有制经济平等参与市场创造条件的思想提出后，各地方和部门相继出台鼓励发展民营经济的政治措施，民营经济逐渐复兴并开始进入黄金发展阶段。

在国有企业公司化的过程中，深圳和上海证券交易所分别在 1991 年和 1992 年成立，企业所有权逐渐从国家转移到私人和公共所有者，加之非公有经济的快速发展，多元化的股权结构对高管的激励制度也提出了新的需求。在此期间，中国企业加大了对高管薪酬制度多元化的探索，包括年薪制、股权激励等方式的提出与试行。

3.1.3.2 年薪制

年薪制最早始于 1992 年在几家国有企业的试点，并于 1994 年正式出台《国有企业经营者年薪制试行办法》后，在国有企业得到大范围的推广试点。2003 年国资委成立并出台了《中央企业负责人经营业绩考核暂行办法》（以下简称《考核办法》），明确规定年薪制是国企高管主要的薪酬制度。中国企业使用的年薪制是以年度为考核期限，主要包括基本年薪与绩效年薪两部分。其中，基本年薪较为固定，为高管提供保障收益；而绩效年薪则与绩效相关联，属于高管的风险收益。但政府往往将国企高管的年薪与员工的平均工资挂钩，或实行封顶保底的管制政策。年薪制将高管的薪酬与企业业绩相联系，在一定程度上提高了高管的工作积极性和企业的经营效率。但我国在实行年薪制时并没有配以中长期的激励手段，因此将高管的薪酬与短期业绩挂钩容易导致他们的短视行为，比如高管操纵利润增加薪酬（卢锐，2008）。

3.1.3.3　股权激励

鉴于年薪制存在的激励短视化等缺陷，引进股权激励等长期激励方式是中国企业高管薪酬制度改革的里程碑。1994 年上海颁布的《关于公司设立职工持股试点办法》中规定高管可以通过职工持股会申请并经审批后持有企业的股票，此后许多企业开始探索股权激励制度。实践中，我国上市公司采用的股权激励方式包括虚拟股票期权或股票增值权，但这并非真正意义上的股权激励，且限于《公司法》对高管不得转让公司股票的规定，使得股权激励制度的推行和发展缓慢。

2005 年起中国资本市场开始实行股权分置改革，并进一步对《公司法》和《证券法》中股票转让的规定进行了修订，为股权激励的实施奠定了基础。国资委在 2005 年 11 月对国有控股的上市公司实施股权激励的方式、对象和规模进行了规范。紧接着证监会在 2006 年 1 月正式颁布了《上市公司股权激励管理办法（试行）》，主要对股权激励的程序和信息披露进行了规范。行政法规的颁布与出台虽然使得企业在实行股权激励时更加规范，但仍然存在高管控制或修改激励方案、降低行权条件以及操纵财务数据和股价等不规范的行为，使得部分上市公司的股权激励方案不但不能激励高管，反而成为高管自我谋利和利益输送的工具（吕长江等，2009；辛宇和吕长江，2012）。由此证监会、国资委和财政部等部门相继推出了一系列的法规和监管措施，旨在从严监管国有上市公司股权激励预期收益失控、实施条件过宽、业绩考核不严等问题（何军，2008）。

2016 年 8 月 13 日，证监会发布《上市公司股权激励管理办法》，取代了 2006 年发布的《上市公司股权激励管理办法（试行）》。根据德勤咨询 2016 年的统计，2016 年内共有 219 家 A 股上市公司披露了股权激励计划公告，其中 160 家公司选择限制性股票作为长期激励工具，57 家公司采用股票期权激励，仅 3 家公司采用股票增值权激励，此外有 17 家公司采用“限制性股票 + 期权/增值权”的复合型激励方案。实行股权激励的上市公司数量自 2009 年以来持续增长，年均复合增长率高达 41.8%；且限制性股票和股票期权仍是主流的激励工具，股票增值权工具的使用率较低。

3.2 中国对高管薪酬以及高管收入分配的相关管制

3.2.1 中国对收入分配的公平与效率观的政策演变

公平思想在中国源远流长。儒家提出的“天下为公”，以及孔子的“不患寡而患不均”“盖均无贫，和无寡，安无倾”等带有平均主义色彩的思想体现了古代社会财富分配的雏形。新中国成立初期的计划经济时代，为减少按劳分配可能带来的贫富悬殊，实行了强调结果公平的平均分配模式，使得“大锅饭”主义盛行，极大挫伤了人们的积极性。改革开放以后，中国共产党和政府在如何平衡好公平与效率的问题上经历了较长时间的探索。1984 年党的十二届三中全会提出应该按劳分配提高效率，允许和鼓励一部分地区、企业和人依靠勤劳劳动先富起来，从而带动更多人走向共同富裕。1987 年党的十三大指出要在促进效率提高的前提下体现社会公平。1992 年党的十四大和 1997 年党的十五大指出应当实施效率优先、兼顾公平的收入分配制度。2002 年党的十六大提出，初次分配注重效率，再分配注重公平，并特别强调了分配过程中的社会公平。2007 年党的十七大则明确指出在初次分配中也要处理好效率与公平的关系，在再分配中更关注公平。2012 年党的十八大与 2017 年党的十九大都强调了要将发展成果更公平地惠及全体人民，缩小收入分配差距。由此可见，随着中国经济的发展和外部环境的变化，对效率与公平之间的关系在不断调整（夏雪花，2011），尤其是在收入分配过程中越发强调了对公平的关注。

3.2.2　关于企业内部薪酬分配的相关政策与管制

1993 年 12 月 29 日第八届全国人大常委会审议通过《公司法》，自 1993 年出台以后经历了修正和修订的两次修订，2013 年、2018 年进行了两次修正，但基本的内容和理念一直贯穿始终。《公司法》第 46 条第 9 款规定“董事会有权决定聘任或者解聘公司经理及其报酬事项，并根据经理的提名决定聘任或者解聘公司副经理、财务负责人及其报酬事项”。第 116 条规定“公司应当定期向股东披露董事、监事、高级管理人员从公司获得报酬的情况”。

可见，我国的《公司法》只是规定了高管薪酬的制定程序，而将高管薪酬具体的制定和核算交由公司自己决定。民营企业执行薪酬自治的原则，即交由股东大会和董事会决定董事与经理的薪酬，而股东大会和董事会能够独立有效运行的前提是公司具有良好和规范的治理结构。而国有和国有控股企业的高管薪酬则同时受到行政法规的立体性干预，涉及薪酬决策程序、薪酬水平、薪酬结构和薪酬支付形式、信息披露、回避制等诸多方面（杨云和赵志泉，2014）。这种政府干预不仅影响国企高管的选聘、变更等形式，更体现在对高管薪酬水平的直接管制上。政府对国有企业高管薪酬的主要管制手段，是将国企高管的年薪与职工平均工资挂钩。黄再胜和王玉（2009）认为，政府之所以保留对国企高管的定薪权，在于政府追求的不仅是提高资源配置效率，更要关注社会公平；即国企不但要探索和实施有效的高管薪酬方案，还要注意不能让国企高管与其他利益群体之间有较大的收入差距而带来社会不满和不稳定。这种对公平分配的偏好，使得政府对国企高管的薪酬存在着管制的倾向与冲动，且在不同的改革阶段也表现出相应的特点。因此对高管薪酬分配相关的管制，主要是对国有或国有控股企业而言，本部分接下来将对国有企业的薪酬分配管制进行简要的回顾。

3.2.2.1　国有企业改革初期阶段的薪酬分配管制

改革开放（1978 年）以前的计划经济时期，国有企业经理的薪酬取决于高度结构化的薪酬层级体系，由国家按照全国统一的工资标准制定（李维安、刘绪光和陈靖涵，2010），与普通员工的差距并不显著。且在高度统一集中的工资管理体制下，国有企业经理阶层之间的薪酬差别很小，更具象征意义，而不是实质性的，反映了平等主义的意识形态（Korzec，1992）。

改革开放后，与建立社会主义市场经济体制相适应，中国工资分配制度也经历了一系列变革。自 1978 年的“放权让利”改革开始，企业不但获得了一定的经营自主权，同时也拥有了越来越多的工资分配自主权。1992 年《关于改进完善全民所有制企业经营者收入分配办法的意见》中将企业经营者的收入与其经营业绩相挂钩，使得高管与普通职工的收入差距进一步拉大。在改革开放初期（1978～1992 年），虽然强调了按劳分配的原则，但由于难以对管理者的才能与贡献进行评价，因此，在不能明确管理者与员工各自创造的价值时便拉大两者之间收入的差异会让员工有剥削感，往往使得这阶段的按劳分配流于形式，实质仍是平均主义的“大锅饭”现象。

3.2.2.2 建立现代企业制度的所有权改革阶段的薪酬分配管制

20 世纪 90 年代起，随着国有企业放权，以及年薪制、股权激励等薪酬制度的推广，国有企业管理层与企业员工的薪酬差距逐渐扩大。

1999 年十五届四中全会通过《关于国有企业改革和发展若干中重大问题的决定》，提出“要建立与现代企业制度相适应的收入分配制度，董事会、经理层等成员按照各自职责和贡献取得报酬”，且企业内部应当实行按劳分配，适当地拉开薪酬差距。但不断扩大的薪酬差距逐渐引起理论界和实务界的注意，社会反响逐渐增加和增大。为了维持社会稳定，以及规范国有企业经理人的薪酬分配，国资委在 2003 年的《考核办法》中规定，中央企业负责人本年度基薪以上一年度全国国有企业职工平均工资水平的 5 倍以及以上调节因素的系数而定，而绩效薪金虽然与经营业绩考核结果挂钩，但最高控制在基薪的 3 倍以内。

随着国有企业体制改革的逐渐深化，为调动国企经理人的积极性，国有企业的薪酬管制有逐渐放松的趋势。例如，2008 年 9 月 16 日，国资委印发《中央企业负责人绩效薪金基数计算方法》，该文件中规定了企业主要负责人的基薪不再是原来的以上年度全国国有企业职工平均工资水平的 5 倍，而是直接由国资委核定。在这样的背景下，部分国有企业（尤其是金融行业）产生了过高的高管薪酬，引起了社会公众的质疑与强烈不满。尤其是 2008 年爆发全球金融危机后，高管过高的薪酬成为社会众怒的导火索，2009 年美国政府颁布了一系列的“限薪令”来限制金融企业的高管薪酬，进而在全世界范围内形成了一股对高管薪酬管制的浪潮。面对国内媒体以及社会公众的质疑，2009 年，我国相关政府部门也出台了一系列的“限薪令”来规范企业高管的薪酬，指出，由于受到金融危机影响，在国外金融行业普遍调低负责人薪酬水平的背景下，要求国内各国有及国有控股金融企业合理控制各级负责人薪酬，将各国有金融机构 2008 年的高管薪酬限定在 2007 年的 90% 之内，避免进一步拉大与社会平均收入水平以及企业内部职工收入水平的差距，并重新强调了要将企业主要负责人的基本年薪与上年度中央企业在岗职工平均工资相联系。

可见，我国政府对高管薪酬的管制是伴随着薪酬差距的扩大不断放松和加强的调整过程。2013 年，我国国有企业进入全面深化改革阶段。国务院批转的《关于深化收入分配制度改革的若干意见》中指出“建立与企业领导人分类管理相适应、选任方式相匹配的企业高管人员差异化薪酬分配制度”，即行政任命的国企高管薪酬参照公务员工资水平，而市场选聘的国企高管实行市场化薪酬制度。2014 年 8 月 29 日，中央政治局会议审议通过《中央管理企业负责人薪酬制度改革方案》（以下简称《薪酬改革方案》），并于 2015 年 1 月 1 日正式施行，中央企业负责人的薪酬改革开始步入全面实施阶段。此次改革方案中，中央企业负责人基本年薪将按照上年度中央企业在岗职工平均工资的 2 倍确定；而绩效年薪根据考核结果，不超过中央企业负责人基本年薪的 2 倍；任期激励收入的水平，不会超过中央企业负责人任期内年薪总水平的 30%。值得注意的是，此次薪酬改革不同于 2009 年的降薪，而是对薪酬结构的调整和优化，目的在于规范中央企业负责人的薪酬分配，以促进国有企业建立现代企业制度。

3.2.3 关于企业内部高管团队间的薪酬分配相关的规定

由于中国社会公众对高管与员工之间的薪酬差距较为敏感，因此，政府出台了一系列政策对高管薪酬水平以及高管与员工之间的薪酬差距进行管制，而对高管之间的薪酬分配没有过多关注。总的来说，国有企业同时受到证监会以及国资委的监管，其中国资委对国有企业中高管的薪酬考核仍然存在一定程度的干预；而非国有企业中，高管之间的薪酬考核、分配受其公司治理结构，包括股东、董事会以及监事会的综合影响。接下来的内容，简要回顾近年来部分政策和文件中涉及的高管之间薪酬分配的相关规定。

2002 年 1 月 7 日，证监会发布了《上市公司治理准则》，这一准则适用于所有的上市公司，阐明了上市公司治理的基本原则，虽然没有直接规定高管团队中的薪酬分配，但强调了经理人选聘市场化，应将其薪酬与绩效挂钩，比如其中第 77 条规定“上市公司应建立经理人员的薪酬与公司绩效和个人业绩相联系的激励机制，以吸引人才，保持经理人员的稳定”。

2003 年 12 月 22 日，国资委制定了《考核办法》，明确规定了中央企业负责人（包括副总、总会计师等）业绩考核的指标、方式。其中第 24 条指出“被考核人担任企业法定代表人的，其分配系数为 1，其余被考核人的系数根据企业各负责人的责任和贡献，由企业确定”。也就是说，在高管团队内部，各副职的考核系数在各企业中有很大的裁量权。随后，各省市参照这一规定分别制定了地方政府控股企业负责人的考核办法，但大多规定了副职考核系数的区间。如北京市国资委在 2004 年将副职人员的考核系数限定在 0.8 ~ 0.5；广东省国资委在 2005 年将副职人员的考核系数限定在 0.60 ~ 0.95。

2007 年 12 月 26 日，国资委发布的《关于加强中央企业负责人第二业绩考核任期薪酬管理的意见》中要求合理拉开企业主要负责人与其他负责人之间以及其他负责人相互之间的薪酬差距。

2009 年 12 月 28 日，国资委再次修订《考核办法》，将原先的由企业自身确定副职考核系数的规定，修改为将各副职的考核系数规定在 0.6 ~ 0.9。相比 2006 年的办法，2010 年的办法明确规定了副职（其他负责人）系数的区间，这对负责人之间的薪酬差距应会有一定的影响。

2012 年 1 月 17 日，国资委发布《关于进一步加强中央企业负责人副职业绩考核工作的指导意见》，指出对中央企业负责人副职的业绩考核仍然存在薄弱环节。所谓副职，包括国有独资企业或公司以及国有资本控股公司国有股权代表出任的副总经理、副董事长、总会计师等。除了对副职薪酬考核时应与业绩挂钩的规定外，还规定副职的绩效分配系数应在企业主要负责人分配系数的0.6~0.9之间确定。该分配系数与2009年修订的《考核办法》中的分配系数一致，此次发文的再次强调，表明高管团队中的副职薪酬逐渐受到重视。

2014年8月29日，中央政治局会议审议通过《薪酬改革方案》，2015年9月13日中共中央、国务院对外公布《关于深化国有企业改革的指导意见》。要求对国有企业领导人员实行与选任方式相匹配、与企业功能性质相适应、与经营业绩相挂钩的差异化薪酬分配方法。即“行政高管”参照公务员工资水平，而“市场高管”则实行市场化薪酬制度。“行政高管”，指通过组织任命、上级委派或调任等行政任命方式选拔的高管；“市场高管”是指通过竞争上岗、公开招聘等非行政任命的方式选拔的高管。国企高管薪酬实行分类管理，不再按照原先的参照主要负责人并对所有副职规定系数区间的方式，避免了“一刀切”“大锅饭”“平均主义倾向”，真正实现国企高管的激励差异化。值得注意的是，尽管《薪酬改革方案》强调了对国企高管实行分类管理和差异化激励，但无论是行政任命的国企高管，还是市场化选聘的职业经理人，都应该注意按照群体工资水平合理确定各自的薪酬，合理调节各负责人之间，以及负责人与员工之间的薪酬差距，促进社会公平正义。

2018年5月，国务院印发《关于改革国有企业工资决定机制的意见》，要求建立健全与劳动力市场基本适应、与国有企业经济效益和劳动生产率挂钩的工资决定和正常增长机制，完善国有企业工资分配监管体制，推动国有资本做强做优做大，促进收入分配更合理、更有序。进一步地，2023年5月，人力资源社会保障部办公厅印发《国有企业内部薪酬分配指引》，强调在对企业负责人薪酬管理中，应对不同类型的国有企业设置科学绩效管理指标，建立适应国有企业负责人特点的、与企业负责人管理方式、战略目标、业绩挂钩的差异化薪酬制度。同时指出了国企负责人薪酬与业绩考核目标紧密关联，要根据不同职责确定差异化考核指标和目标值。

可见，近年来企业中副职之间的薪酬差距逐渐受到重视，尤其是在国有企业，高管的行政级别一直是限制高管薪酬激励有效性的因素，新一轮深化国企改革中提出的对国企高管进行分类管理，即将行政任命的高管与市场化选聘的高管分开管理、分开激励考核，是深化国企改革成效的关键。

3.3 中国上市公司高管薪酬现状

自 2005 年起，中国要求上市公司披露所有高管的薪酬情况。为减少由于 2015 年薪酬改革带来的前后数据对比问题，本书的研究对象选取为 2005 ~ 2015 年的所有上市公司的高管团队。本部分将从 CEO 与非 CEO 高管的薪酬水平、薪酬差异在样本期间的时间趋势，及在不同产权性质上市公司的特征进行描述。

3.3.1 上市公司高管薪酬稳步增长，CEO 薪酬增长率低于非 CEO 高管

表 3 - 1 是根据 2005 ~ 2015 年上市公司年报中披露的高管薪酬数据绘制的 CEO 与非 CEO 高管的薪酬及薪酬增长的情况。可以看出，上市公司高管的薪酬水平呈现普遍上涨的趋势，且将近翻了三番。其中，CEO 的平均薪酬从 2005 年的 23.93 万元上涨到 2015 年的 71.55 万元，非 CEO 高管的平均薪酬也从 2005 年的约 17.25 万元上涨到 2015 年的约 51.55 万元。但在这十年里，上市公司高管薪酬的增长率呈现较大的波动性，总体来说是呈现先上涨再下降的趋势。

表 3 - 1　2005 ~ 2015 年上市公司 CEO 与非 CEO 高管的薪酬及薪酬增长情况

年度	2005	2006	2007	2008	2009	2010	2011	2012	2013	2014	2015
CEO 薪酬（万元）											
均值	23.93	26.53	37.53	41.13	44.97	52.61	58.43	60.70	64.27	68.06	71.55

续表

年度	2005	2006	2007	2008	2009	2010	2011	2012	2013	2014	2015
CEO 薪酬（万元）											
中值	18.00	20.00	26.44	30.00	32.80	38.00	44.10	46.65	48.30	50.71	52.84
CEO 薪酬增长率（%）											
均值		23.12	37.44	16.04	17.72	26.47	19.58	11.53	10.49	9.65	10.84
中值		7.20	20.00	4.28	4.53	12.43	8.20	2.62	2.31	1.21	1.26
非 CEO 高管薪酬（万元）											
均值	17.25	19.96	26.85	30.15	32.66	37.32	41.34	43.44	46.23	48.99	51.55
中值	13.29	15.00	19.04	22.43	24.66	28.52	32.15	34.02	35.99	37.70	40.96
非 CEO 高管薪酬增长率（%）											
均值		22.83	35.95	20.02	18.31	28.99	22.06	14.05	13.02	12.09	12.07
中值		10.27	20.00	7.66	7.73	15.49	11.11	6.43	6.12	5.42	4.14

资料来源：作者根据上市公司年报数据自制。

图3-1显示了2006~2015年十年间上市公司高管薪酬增长率的变化趋势，总体而言，CEO与非CEO高管薪酬增长率的变化趋势较为一致。CEO的薪酬增长率从2006年的23%增加到2007年的历史最高值37%，受2008年金融危机以及一系列降薪政策的影响，CEO的薪酬增长率在2008年下降到16%，此后虽然在2010年复苏到26%，但直到2015年CEO的薪酬增长率都是控制在10%左右。类似地，非CEO高管的薪酬增长率也从2006年的23%增加到2007年的历史最高值36%，受2008年金融危机以及一系列降薪政策影响，非CEO高管的平均薪酬增长率在2008年下降到18%左右，此后在2010年上涨到30%，直到2015年一直呈现下降的趋势。总的来说，在2005~2010年，上市公司高管的薪酬增长率较高，但2008年、2009年由于金融危机影响薪酬增长率较大幅度下降；在2011~2015年，上市公司高管的薪酬增长率较低且逐年呈现下降趋势，到2015年都控制在10%左右；且自2007年开始，非CEO高管薪酬的平均增长率要普遍高于CEO的薪酬增长率约2个百分点。

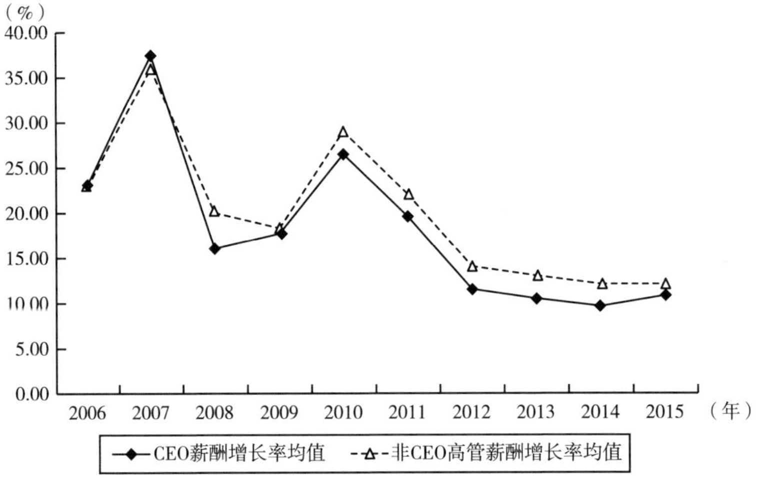

图 3－1　2006～2015 年度上市公司高管薪酬增长率趋势

资料来源：作者根据上市公司年报数据自制。

3.3.2　非 CEO 高管中的最高薪酬、最低薪酬和薪酬标准差

图 3－2 显示，2005～2015 年非 CEO 高管中的最高薪酬稳步提高，从 2005 年的 15 万元上升到 2015 年的 50 万元，翻了 3 倍有余。但在 2011～2015 年里增长有放缓的趋势。其中，历史最高增长率是 2007 年，2007 年所有上市公司中非 CEO 高管最高薪酬增长率的中值达到 30.19%；受金融危机影响，2008 年、2009 年非 CEO 高管中最高薪酬的增长率也发生较大幅度的下降，虽然在 2010 年薪酬增速复苏，但在随后的 2011～2015 年一直呈现逐年下降的趋势，和图 3－1 的趋势基本一致。图 3－3 表明在不同产权下，国有企业非 CEO 高管最高薪酬总额始终高于非国有企业，但 2011～2015 年增速放缓，最高薪酬增长率低于非国有企业。在 2010 年以前，国有企业非 CEO 高管的最高薪酬增长率要高于非国有企业水平，但在 2010 年，尤其是自 2013 年开始受到国企薪酬改革影响，国有企业非 CEO 高管的最高薪酬增长率逐年下降并低于非国有企业水平。

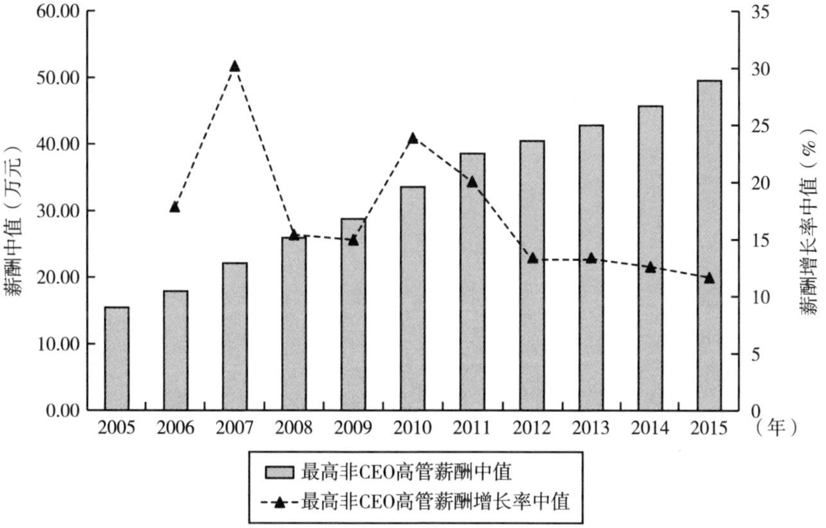

图 3-2　2005~2015 年非 CEO 高管最高薪酬水平及增长趋势

资料来源：作者根据上市公司年报数据自制。

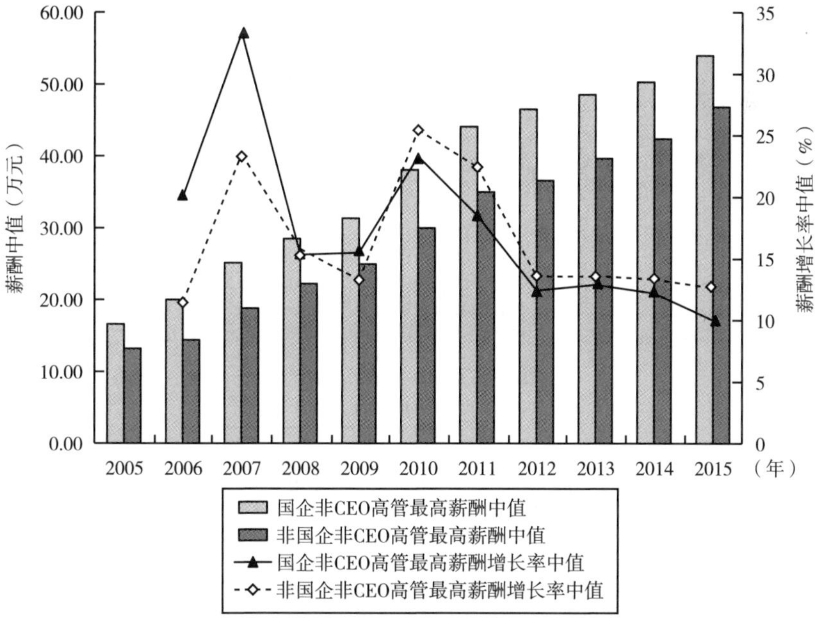

图 3-3　2005~2015 年不同产权下的非 CEO 高管最高薪酬水平及增长趋势

资料来源：作者根据上市公司年报数据自制。

图 3 – 4 显示，2005 ~ 2015 年非 CEO 高管中的最低薪酬也是逐年提高，从 2005 年的 10.42 万元上涨到 2015 年的 31.06 万元，同样翻了三番。而对非 CEO 高管中最低薪酬的增长率情况而言，其趋势与最高薪酬的增长率趋势基本一致，即在 2007 年达到历史最高，金融危机导致 2008 年与 2009 年的最低薪酬基本是零增长，2010 年与 2011 年薪酬增长复苏后，直到 2015 年最低薪酬基本保持零增长。图 3 – 5 表明在不同产权下，国有企业非 CEO 高管的最低薪酬总额同样始终高于非国有企业水平，且波动的幅度也要大于非国有企业的波动幅度。在 2012 年之前，国有企业非 CEO 高管的最低薪酬增长率要高于非国有企业，即使在 2008 年与 2009 年的限薪管制下，非 CEO 高管最低薪酬增长率仍然不低于非国有企业。自 2013 年全面深化改革国企薪酬开始，国企的非 CEO 高管最低薪酬保持零增长，在 2015 年甚至出现了下降。

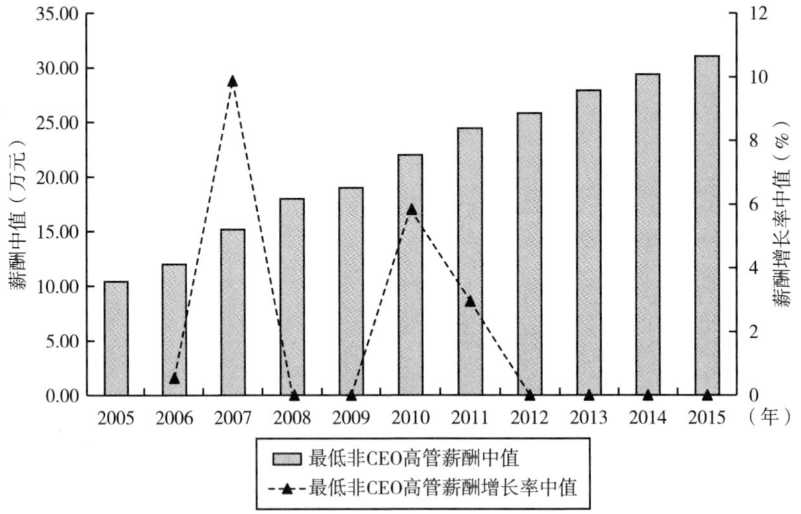

图 3 – 4　2005 ~ 2015 年非 CEO 高管最低薪酬水平及增长趋势

资料来源：作者根据上市公司年报数据自制。

综上所述，总体而言，国有企业非 CEO 高管的最高薪酬增速相对低于非国企水平，而最低薪酬增速相对高于非国企水平。因此从长期来看，国有企业中非 CEO 高管之间的薪酬极差要小于非国有企业的极差。

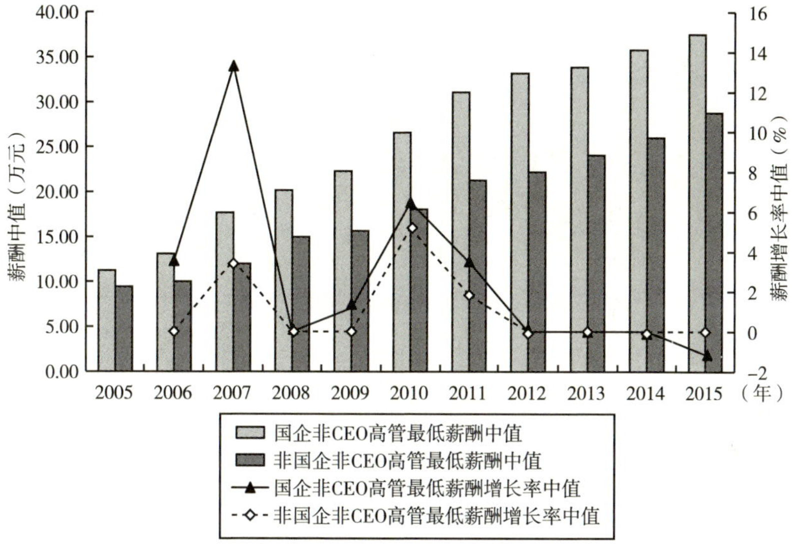

图 3－5　2005～2015 年不同产权下的非 CEO 高管最低薪酬水平及增长趋势

资料来源：作者根据上市公司年报数据自制。

图 3－6 显示，2005～2015 年，随着非 CEO 高管薪酬水平的稳步提升，非 CEO 高管之间薪酬的标准差即离散程度也在逐年上升。在非 CEO 高管薪

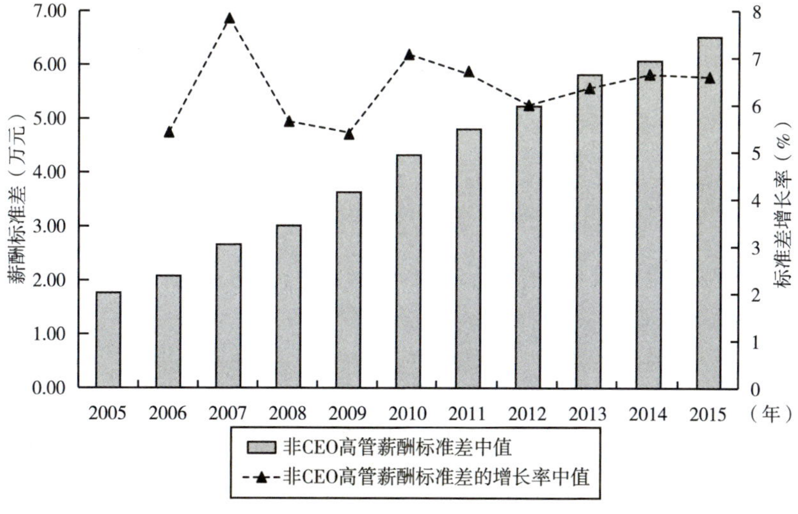

图 3－6　2005～2015 年非 CEO 高管之间薪酬标准差及其增长趋势

资料来源：作者根据上市公司年报数据自制。

酬增长最快的 2007 年与 2010 年，非 CEO 高管之间的薪酬离散度也分别达到两波高峰。有趣的是，自 2012 年起，虽然非 CEO 高管之间的薪酬增长率在逐年下降，但是非 CEO 高管之间的薪酬标准差却有增长的趋势，这意味着近几年来上市公司中非 CEO 高管之间的薪酬逐渐开始拉开差距。图 3－7 显示在不同产权下，国有企业的非 CEO 高管间的薪酬标准差始终低于非国有企业水平。虽然国企的非 CEO 高管薪酬水平较非国企的非 CEO 高管更高，但国企的非 CEO 高管之间的薪酬离散度更小。此外，图 3－7 还显示，国企的非 CEO 高管薪酬标准差的增长率也要低于非国有企业水平。但是，在 2013 年全面深化改革国企薪酬之后，虽然国有企业非 CEO 高管薪酬水平下降且增速放缓，但国有企业非 CEO 高管之间的薪酬标准差却有增大的趋势。

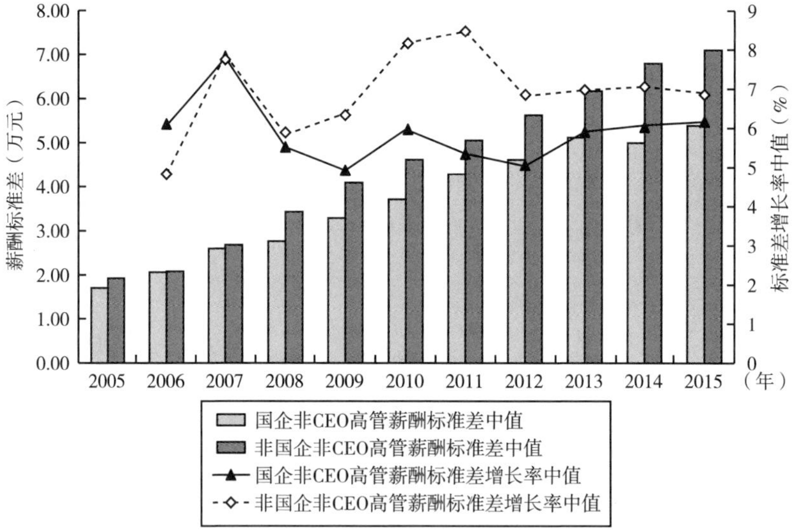

图 3－7　2005～2015 年不同产权下的非 CEO 高管之间薪酬标准差及其增长趋势

资料来源：作者根据上市公司年报数据自制。

3.3.3　非 CEO 高管团队薪酬差异：薪酬总额差异与薪酬增长率差异

如前所述，上市公司非 CEO 高管的薪酬增长在 2011～2015 年有放缓的趋势，而非 CEO 高管间的薪酬标准差却有增加的趋势。为了更清楚地展示上市公司非 CEO 高管间薪酬差异的情况，采用两个指标刻画非 CEO 高管间薪酬的离散度①。首先是非 CEO 高管团队的静态薪酬差异，即薪酬总额的离散度，在非 CEO 高管之间薪酬的标准差基础上除于非 CEO 高管薪酬的均值水平进行标准化，以减少薪酬量度的问题（Allison，1978）。非 CEO 高管团队的静态薪酬差异 = 非 CEO 高管薪酬的标准差/非 CEO 高管的薪酬均值。其次是非 CEO 高管团队的动态薪酬差异，即薪酬增长率的离散度，非 CEO 高管团队的动态薪酬差异 = 非 CEO 高管薪酬增长率的标准差②。

图 3-8 是上市公司 2005～2015 年③高管薪酬差异取值区间分布的比例情况。无论是非 CEO 高管团队薪酬总额差异，还是非 CEO 高管团队薪酬增

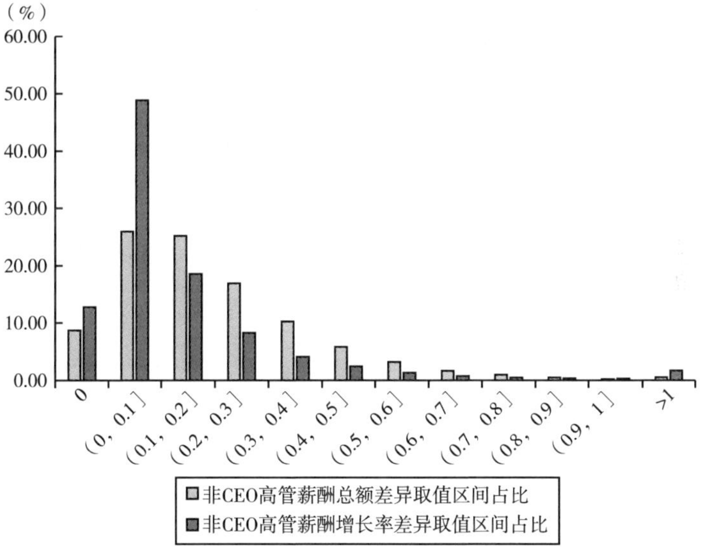

图 3-8　2005～2015 年度上市公司高管薪酬差异取值区间

资料来源：作者根据上市公司年报数据自制。

---

① 这两个指标也是后续章节中衡量非 CEO 高管团队薪酬差异的主要变量，更具体的衡量方法参照第 4 章。

② 由于非 CEO 高管薪酬增长率的计算中已经考虑了非 CEO 高管薪酬水平带来的量度问题，在非 CEO 高管薪酬动态薪酬差异的计算中便不再进行标准化。

③ 其中非 CEO 高管动态薪酬差异的样本区间是 2006～2015 年。

长率差异，都有相当比例的样本中取值为零。即样本中有 10% 左右的非 CEO 高管团队薪酬总额完全无差异，而有 15% 左右的非 CEO 高管团队薪酬增长率完全无差异。这部分薪酬完全无差异的情况，可能是计划经济下平均分配的残留，尽管市场经济稳步推进，但集体主义的文化价值观的部分力量使得在中国的上市公司中仍有不少非 CEO 高管团队薪酬无差异。此外，图 3－8 还显示，非 CEO 高管团队薪酬差异基本呈现正态分布，即非 CEO 高管团队薪酬差异大部分集中在（0－0.2］之间，但与此同时，非 CEO 高管团队薪酬差异的分布存在长尾现象，呈现右偏态分布，即在分布的右端仍然存在部分的极端值情况。

图 3－9 展示了非 CEO 高管团队薪酬差异的年度均值在 2005～2015 年的变动趋势。其中非 CEO 高管薪酬总额差异的年度均值变化较为平稳，在金融危机前的 2005～2008 年非 CEO 高管薪酬稳步增长的同时却呈现小幅下降趋势；在金融危机后至 2015 年呈现上涨趋势，即金融危机后尤其自 2012 年起，上市公司非 CEO 高管之间的薪酬总额的差距逐渐加大。非 CEO 高管薪酬增长率差异的年度均值变化较为波动，且和非 CEO 高管薪酬增长率差异均值的变化趋势基本一致。2007 年与 2010 年，非 CEO 高管薪酬增长率的差

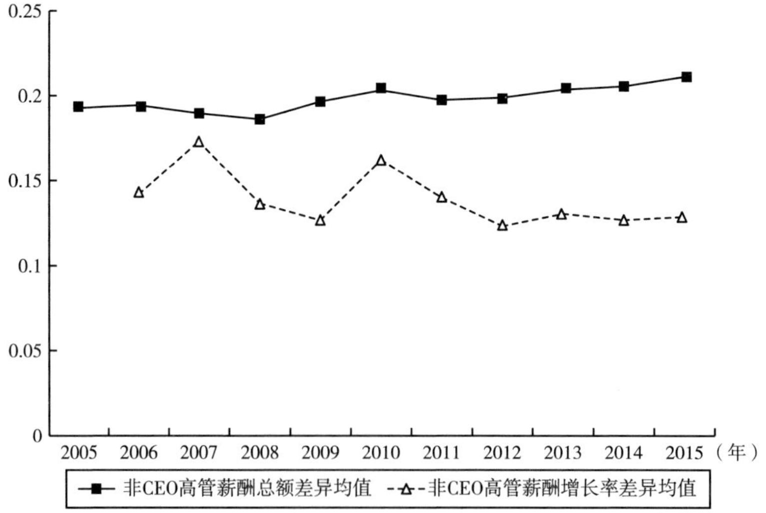

图 3－9　2005～2015 年非 CEO 高管团队水平薪酬差异及其增长趋势

资料来源：作者根据上市公司年报数据自制。

异分别达到高峰，这两年也是非 CEO 高管薪酬增长率的最高点。自 2010 年起，非 CEO 高管薪酬增长率均值开始下降，同时非 CEO 高管薪酬增长率差异也在下降；自 2012 年起，非 CEO 高管薪酬增长率均值下降的速度变缓，相应地非 CEO 高管薪酬增长率差异也在 2012 年开始呈现平稳状态。总的来说，非 CEO 高管薪酬总额的差异呈逐年上涨的趋势，但非 CEO 高管薪酬增长率的差异有所下降并在近年里趋于平缓。

在图 3－10 显示的区分产权的情况下，可以看出国企的非 CEO 高管薪酬总额差异以及非 CEO 高管薪酬增长率差异在这十年里都低于非国有企业。两种产权下，非 CEO 高管团队薪酬差异，包括总额的差异和增长率的差异，变化趋势较为一致。

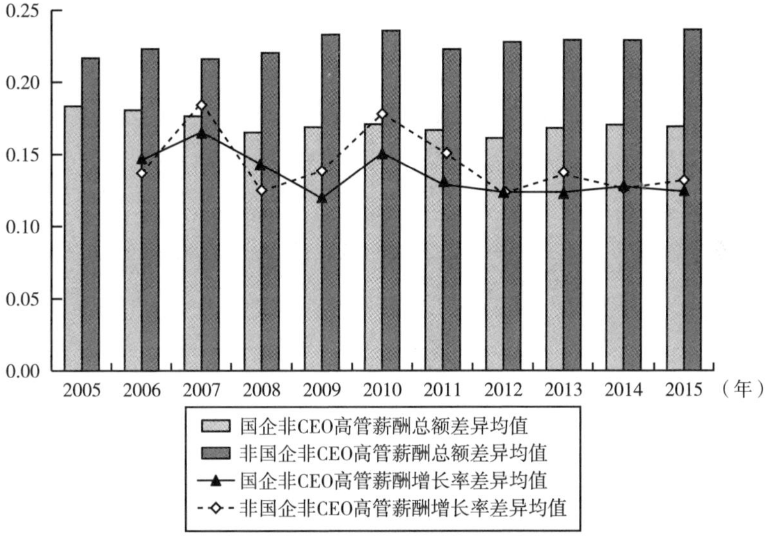

图 3－10　2005～2015 年不同产权下的非 CEO 高管团队水平薪酬差异其增长趋势

资料来源：作者根据上市公司年报数据自制。

3.3.4　上市公司中存在部分非 CEO 高管之间薪酬无差异的情况

图 3－8 显示，上市公司中有 15% 左右的公司的非 CEO 高管薪酬总额

（增长率）完全无差异。表 3 - 2 详细列出了 2005 ~ 2015 年薪酬总额、增长率非 CEO 高管薪酬完全无差异的分布情况。2005 ~ 2015 年，非 CEO 高管薪酬完全无差异的公司数占所有上市公司数的比重虽然逐年下降，但薪酬总额无差异公司绝对数量从 2005 年的 140 家增加到 2015 年的 160 家，薪酬增长率无差异公司绝对数量从 2005 年的 188 家增加到 2015 年的 244 家。相对来说，上市公司非 CEO 高管薪酬增长率无差异的情况比薪酬总额无差异的情况更为普遍。

表 3 - 2　　2005 ~ 2015 年度上市公司非 CEO 高管薪酬无差异情况

非 CEO 高管薪酬总额差异

年度	全样本		国有企业		非国有企业	
	无差异公司数（家）	占样本公司比重（%）	无差异公司数（家）	占样本国企公司比重（%）	无差异公司数（家）	占样本非国企公司比重（%）
2005	140	9.58	90	9.69	46	10.95
2006	151	9.78	87	9.31	63	12.63
2007	147	8.87	87	9.11	59	9.95
2008	159	9.29	92	9.52	66	10.38
2009	176	9.46	105	10.74	66	8.54
2010	173	7.81	93	9.14	76	6.99
2011	196	8.00	100	9.84	93	7.04
2012	192	7.45	95	9.16	94	6.53
2013	157	5.99	75	7.25	80	5.36
2014	172	6.29	86	8.30	85	5.29
2015	160	5.47	78	7.49	82	4.56

非 CEO 高管薪酬增长率差异

年度	全样本		国有企业		非国有企业	
	无差异公司数（家）	占样本公司比重（%）	无差异公司数（家）	占样本国企公司比重（%）	无差异公司数（家）	占样本非国企公司比重（%）
2006	188	12.18	101	10.81	84	16.83
2007	150	9.05	81	8.48	68	11.47
2008	181	10.57	105	10.87	76	11.95

续表

非 CEO 高管薪酬增长率差异						
年度	全样本		国有企业		非国有企业	
	无差异公司数（家）	占样本公司比重（%）	无差异公司数（家）	占样本国企公司比重（%）	无差异公司数（家）	占样本非国企公司比重（%）
2009	208	11.18	111	11.35	96	12.42
2010	201	9.07	105	10.31	90	8.28
2011	212	8.66	106	10.43	103	7.80
2012	256	9.93	103	9.93	151	10.49
2013	246	9.39	91	8.80	153	10.25
2014	243	8.88	97	9.36	144	8.96
2015	244	8.34	88	8.45	156	8.68

资料来源：作者根据上市公司年报数据自制。

值得注意的是，国有企业中非 CEO 高管薪酬总额无差异的公司绝对数量从 2005 ~ 2012 年仍然在 90 ~ 100 家，2013 年起显著下降，到 2015 年只有 78 家；非 CEO 高管薪酬增长率无差异的公司绝对数量在 2005 ~ 2012 年维持在 100 ~ 110 家，2013 年起显著下降，到 2015 年只有 88 家非 CEO 高管的薪酬增长率完全无差异。这表明国有企业中非 CEO 高管薪酬完全无差异的情况在 2013 年基本维持在 10% 左右，2013 年全面深化改革国有企业，使得这部分完全薪酬无差异的国有企业数量和比例都开始锐减。

非国有企业中，非 CEO 高管薪酬总额（增长率）无差异的公司绝对数量从 2005 年的 46（84）家增加到 2015 年的 82（156）家，但占所有非国有企业的比例却从 2005 年的 10.95%（16.83%）下降到 2015 年的 4.56%（8.68%）。表明非国有企业中非 CEO 高管薪酬完全无差异的企业数量虽然在增加，但同时非国有企业的数量在这十年间也飞速增长。虽然非国有企业中也存在非 CEO 高管薪酬完全无差异的情况，但相对国有企业比例较少。

3.3.5　上市公司中的非 CEO 高管之间薪酬变动不一致的情况

非 CEO 高管的薪酬差异与各非 CEO 高管薪酬的变动情况密切相关。

表 3 - 3 详细列示了非 CEO 高管薪酬变动方向的不同组合，即全部增加、全部减少、全部不变和部分增加（减少）四种类别，并分别在这四种类别下展示了同期的业绩变化（ROA 总资产收益率）方向不同带来的交互情况。

表 3 - 3　2005 ~ 2015 年度上市公司非 CEO 高管薪酬变动与 ROA 变动交互情况

非 CEO 高管薪酬变动与 ROA 变动	全样本		国有企业		非国有企业	
	公司数（家）	占样本公司比重（%）	公司数（家）	占样本公司比重（%）	公司数（家）	占样本公司比重（%）
非 CEO 高管薪酬全部增加	9 067	50. 46	4780	26. 60	4 287	23. 86
①ROA 增加	4 603	25. 62	2 522	14. 04	2 081	11. 58
②ROA 减少	4 464	24. 85	2 258	12. 57	2 206	12. 28
非 CEO 高管薪酬全部减少	2 441	13. 59	1 447	8. 05	994	5. 53
③ROA 增加	810	4. 51	465	2. 59	345	1. 92
④ROA 减少	1631	9. 08	982	5. 47	649	3. 61
非 CEO 高管薪酬全部不变	1 586	8. 83	530	2. 95	1 056	5. 88
⑤ROA 增加	691	3. 85	242	1. 35	449	2. 50
⑥ROA 减少	895	4. 98	288	1. 60	607	3. 38
非 CEO 高管薪酬部分增加（减少）	4 873	27. 12	2 223	12. 37	2 650	14. 75
⑦ROA 增加	2 048	11. 40	936	5. 21	1 112	6. 19
⑧ROA 减少	2 825	15. 72	1 287	7. 16	1 538	8. 56

资料来源：作者根据上市公司年报数据自制。

表 3 - 3 显示，2005 ~ 2015 年，有一半的上市公司实现了所有的非 CEO 高管薪酬上涨，但其中只有 25. 62% 的公司 ROA 也同时增加，另外 24. 85% 的上市公司发生的是业绩下降、所有非 CEO 高管薪酬上涨（即情况②）的“业绩倒挂”现象。“业绩倒挂”同样也可以表现为业绩增加、非 CEO 高管薪酬全部减少（即情况③），但比例较少，仅占 4. 51% 。

值得注意的是，上市公司存在着非 CEO 高管薪酬变动不一致的情况，即部分增加（减少），占全部上市公司的 27.12%。在这种情况下，必然有部分非 CEO 高管发生“业绩倒挂”的现象（即情况⑦和情况⑧），且这种情况下造成了较大的非 CEO 高管团队薪酬差异（包括总额差异以及增长率差异）。表 3－4 列示了上述四种类别下的非 CEO 高管团队薪酬差异分布，可以看出非 CEO 高管团队薪酬差异程度从大到小的情形依次是：非 CEO 高管薪酬部分增加（减少）、非 CEO 高管薪酬全部增加、非 CEO 高管薪酬全部减少、非 CEO 高管薪酬全部不变。此外，表 3－3 显示，在非 CEO 高管薪酬部分增加（减少）的情况下，较大比例（15.72%）公司发生业绩下降（即情况⑧），或出现在非国有企业（14.75%）中。即业绩下降时以及非国有企业中，非 CEO 高管薪酬更有可能发生部分增加（减少），这种情况可能造成非 CEO 高管的薪酬差异过大，即对部分高管激励过度而对部分高管激励不足，带来较大的内部不公平问题。

表 3－4　2005～2015 年度上市公司非 CEO 高管薪酬变动情形与薪酬差异分布

非 CEO 高管薪酬总额差异	均值	中值	最小值	最大值
非 CEO 高管薪酬全部增加	0.184	0.139	0.000	2.172
非 CEO 高管薪酬全部减少	0.165	0.117	0.000	1.504
非 CEO 高管薪酬全部不变	0.153	0.108	0.000	1.237
非 CEO 高管薪酬部分增加（减少）	0.263	0.215	0.000	2.071
非 CEO 高管薪酬增长率差异	均值	中值	最小值	最大值
非 CEO 高管薪酬全部增加	0.174	0.062	0.000	19.249
非 CEO 高管薪酬全部减少	0.050	0.026	0.000	0.491
非 CEO 高管薪酬全部不变	0.000	0.000	0.000	0.000
非 CEO 高管薪酬部分增加（减少）	0.235	0.136	0.000	16.499

3.4　本章小结

中国企业的薪酬制度变迁伴随着体制的改革和经济的发展而不断调整，与国企改革一脉相承。从计划经济体制下的行政工资级别制度（1978 年以前）到改革初期对经营承包制的探索（1978～1992 年），企业逐渐从平均主义的“大锅饭”工资分配制度过渡到了调动管理者积极性的激励制度。1992 年起中国进入建立现代企业制度阶段，开始了对高管薪酬制度多元化的探索，并逐渐形成了以年薪制为主，并配以中长期激励单元如股权激励的高管薪酬制度。

在现代企业制度下，《公司法》对高管薪酬的制定程序进行了规定，但高管薪酬具体的计算核算方法交由公司自己决定。民营企业执行薪酬自治的原则，即由股东大会和董事会决定董事和经理的薪酬；国有和国有控股企业的高管薪酬则同时受到行政法规的立体性干预，并涉及薪酬水平、结构等多方面。政府对国企高管薪酬的管制手段主要采用与员工工资挂钩的方式，并要在保证能够激励经理人积极性的同时，还要考虑到国企高管与其他利益群体之间收入差距过大而带来的社会公众不满进而威胁到社会的稳定。这种对公平分配的偏好，使得政府对国企高管的薪酬存在着管制的倾向与冲动，且在不同的改革阶段也表现出相应的特点。2012 年国资委发布的《关于进一步加强中央企业负责人副职业绩考核工作的指导意见》强调要拉开非 CEO 高管之间的激励，进一步地，2013 年全面深化国企薪酬改革则强调要对国企高管进行分类管理，即将行政任命的高管与市场化选聘的高管分开管理、分开激励考核。因此，非 CEO 高管之间的薪酬激励问题逐渐成为新时代下企业治理的一个重要命题。

在对 2005～2015 年上市公司非 CEO 高管的薪酬及薪酬差异的现状分析中，主要有以下发现：一是非 CEO 高管薪酬的增速快过 CEO 薪酬增速，且近五年（2010～2015 年）的增速有放缓的趋势。二是 2010～2015 年，非 CEO 高管的最高薪酬增速放缓，最低薪酬增速平稳，但非 CEO 高管的薪酬标准差有增加的趋势；国企的非 CEO 高管的最高（低）薪酬水平高于非国企水平，但国企的非 CEO 高管的薪酬标准差比非国企水平更低。三是国企的非 CEO 高管的薪酬差异（包括总额差异以及增长率差异）在 2005～2015 年始终低于非国有企业非 CEO 高管薪酬差异，且国企的非 CEO 高管的薪酬差异在 2010～2015 年有增加的趋势。四是仍有 9.58%（12.18%）的上市公司非 CEO 高管薪酬总额（增长率）完全无差异，这种平均主义的“大锅饭”

分配机制不利于非 CEO 高管积极性的提升，可能会带来一定程度公司效率的损失。五是约有 27.12% 的上市公司存在非 CEO 高管薪酬变动不一致，即部分增加（减少），这种情况必然伴随着部分非 CEO 高管薪酬与公司业绩倒挂的现象，会带来较大的非 CEO 高管团队薪酬差异（包括总额差异以及增长率差异）。对部分高管激励过度而对部分高管激励不足，可能会带来较大的内部不公平问题。

第4章

非CEO高管团队水平薪酬差异的影响因素

4.1 引言

管理层薪酬一直是学术界与实务界的热点话题。其中分析高管薪酬影响因素的研究大多集中在讨论CEO的薪酬水平或薪酬结构（Zajac and Westphal，1994）。虽然学者们很早便指出企业的决策以及运营是需要CEO与其他高管组成的高管团队共同配合完成的（Hambrick and Mason，1984；Finkelstein et al.，2009），但理论上对非CEO高管薪酬的决定因素讨论并不多，如卡彭特和韦德（Carpenter and Wade，2002）研究了非CEO高管的职能和人力资本、CEO的背景以及公司的战略资源分配决策等对非CEO高管现金薪酬水平的影响。其他相关的研究主要有两类：一类是在讨论高管团队层级间即CEO与非CEO高管团队水平薪酬差异时会有所涉及，这部分研究主要以锦标赛理论为基础，探讨晋升为CEO的期望对非CEO高管激励的影响（Lambert et al.，1993；Kale et al.，2009）；另一类则是研究公司战略、人力资本对各分部经理薪酬的影响（Balkin and Gomez－Mejia，1990；Fisher and Govindarajan，1992；Galbraith and Merrill，1991）。

这些文献都是独立地探讨非CEO高管的薪酬决定因素，并没有考虑非CEO高管之间的相互影响，即非CEO高管的薪酬对其他非CEO高管可能带来的正向或负向的外部性（Edmans et al.，2013）。因此，从团队的视角分析影响非CEO高管之间薪酬分配的因素尤为重要。近年来实务界开始关注非CEO高管的薪酬尤其是非CEO高管之间的薪酬分配，例如，2012年1月17日国资委发布《关于进一步加强中央企业负责人副职业绩考核工作的指导意见》，要求加强对中央企业高管副职的考核和激励，并强调要对他们进行差异化激励。结合理论与实践的需要，本章旨在分析影响非CEO高管之间薪酬分配的因素。

中国上市公司自2005年起被要求强制性披露各个高管的薪酬总额，但高管年度间的薪酬变动情况也同样能够被观测。中国上市公司的高管薪酬主要由基本薪酬与绩效薪酬构成，前者较为固定，后者则是薪酬变动的主要来源。对多任期的高管而言，相比每一期的薪酬水平，他们更在乎薪酬的动态增长。因此，本章从静态与动态两个层面来刻画非CEO高管的薪酬差异：非CEO高管年报中披露的薪酬水平的差异为静态薪酬差异，而非CEO高管年度间薪酬增长率的差异为动态薪酬差异。

基于此，本章采用2005～2015年中国上市公司披露的非CEO高管薪酬数据作为大样本检验的基础，分析非CEO高管静态与动态的薪酬差异的影响因素。具体地，首先分析影响非CEO高管团队薪酬差异的经济因素，不同于CEO与非CEO高管之间垂直薪酬差异部分来源于层级，非CEO高管团队处于同一层级，人力资本的差异构成薪酬经济差异的主要来源。其次分析影响非CEO高管团队薪酬差异的非经济因素，包括产权属性、对非CEO高管合作的需求、同行参照水平以及公司的治理结构。结果发现：一是人力资本差异是构成中国上市公司非CEO高管团队水平薪酬差异的重要来源之一。二是非经济因素构成了中国上市公司非CEO高管团队水平薪酬差异的大部分来源，在国有控股或R&D投入更多的企业，非CEO高管团队薪酬差异较低；而在董事长权力较大或适当比例的非CEO高管参与董事会时，非CEO高管团队薪酬差异较高；公司会参照同行水平设置非CEO高管团队的薪酬差异。三是对不同产权属性的上市公司非CEO高管团队薪酬差异影响因素进行分析，发现人力资本差异的影响在非国有企业中更为显著，而国有企业上市公司非CEO高管薪酬更容易受到政府管制的影响。四是对不同职能背景的非CEO高管团队水平薪酬差异影响因素进行分析，发现人力资源或财务等生产型职能背景的高管更看重个人经验的差异以及团队内对合作的需求程度；而销售或研发等产出型职能背景的高管更看重个人能力的差异。因此，管理层权力更容易影响生产型职能背景高管的静态薪酬差异和产出型职能背景高管的动态薪酬差异。

本章的其他部分安排如下：第 4.2 部分是理论分析与研究假设，第 4.3 部分是研究设计，第 4.4 部分是实证结果，第 4.5 部分是稳健性检验，第 4.6 部分是进一步研究，第 4.7 部分是本章小结。

4.2 理论分析与研究假设

4.2.1 相关理论及文献

高管团队激励一直是经济学、社会学、社会心理学和管理学等多学科的热点话题。但大部分的现有文献讨论 CEO 薪酬的影响因素以及 CEO 与其他非 CEO 高管团队水平薪酬差异的影响因素（Devers et al.，2007；Finkelstein，Hambrick and Cannella，2009），探讨非 CEO 高管团队水平薪酬差异影响因素的较少。

理论上，对非 CEO 高管团队薪酬差异的探讨，与同层级内员工的薪酬分配理论一脉相承。影响同层级内的员工薪酬分配的因素可以分为经济因素与非经济因素两类。其中经济因素主要来自经济学家的观点，他们认为要维持经济效率应当按照雇员的边际生产率给付差异化的薪酬。和层级间的差异化薪酬分配不同之处在于，边际生产率无法解释层级间超过边际生产率的薪酬差异，但这却是层级内薪酬差异的重要来源。如普费弗和朗顿（1988）以大学老师作为样本，采用老师的个人经验、学术级别、在外兼任的行政职务等指标来衡量他们边际生产率的差异，发现对同一个系的老师来说，这些指标差异越大，他们的薪酬差异也越大。勒米厄（2006）采用员工的经验和学历作为个人能力的衡量，发现美国 1973 ~ 2003 年员工的工资不平等大部分来源于经验和教育的长期增长。除了个人的边际生产率之外，经济学家还认为同一层级内员工任务分工的专业化和差异化也会影响他们之间的薪酬分配；如果同层级内的任务都能明确地进行区分，那么同层级内的薪酬差异会更大。普费弗和戴维斯布莱克（1990）采用大学行政职位的总数、五大类职位各自的占比来衡量大学内行政职位的专业化分工程度，发现专业化程度越高，水平薪酬差异越大。

非经济因素的观点来源于社会（心理）学以及管理学的理论。

首先，社会学和心理学的观点认为，过于强调个人激励不利于维持层级内的和谐、合作与公平，因此，不宜对同级的员工采取过大的薪酬差异。社会比较理论认为组织内的成员会通过与他人比较来评价自身的付出与所得，并产生公平与否的感觉从而影响自身的行为。无论是选取比较对象的相似性，还是投入产出的可比性，相对于不同层级的员工，同一层级内的员工更容易进行薪酬比较的行为。现有文献从比较对象的选择以及比较过程的相关因素分析了影响同层级内水平薪酬差异的因素。例如，同层级的员工倾向于选择人口统计学、权力或者社会地位等相似性来进行类别的划分，处于不同类别则可能具有较大的薪酬差异。如弗雷德里克森等（2010）发现非CEO高管团队水平薪酬差异与同行业的同层级的薪酬差异正相关。比较过程的相关因素主要指在比较过程中影响信息交流的因素，若同级人员之间的信息更容易交流和观测，比较的行为更容易发生（Smith，1973），因而更多的信息交流会带来更小的薪酬差异。现有文献发现部门的规模、部门内职员的交流、薪酬信息公开与否以及内部提升的比例（Pfeffer and Langton，1988；Pfeffer and Davis - Blake，1990；Gartenberg and Wulf，2013）、同层级内成员的平均任期（Fredrickson et al.，2010）、任务相互依赖的程度如R&D的投入、多元化程度等（Baik et al.，2016；Fredrickson et al.，2010）都会对同层级内水平薪酬差异带来影响。

其次，管理学也对影响高管团队内薪酬分配的非经济因素进行了分析。高阶理论（Hambrick and Mason，1984）认为CEO的个人特征会影响高管团队中非CEO高管的薪酬制定（Wade et al.，2006），如秦和塞马德尼（2017）发现CEO的个人价值观会影响高管团队内其他非CEO高管的薪酬安排。具体地，他们发现倾向于自由党派的CEO比保守党派的CEO更偏好较大的非

CEO 高管团队薪酬差异。管理层权力理论认为公司治理水平同样会影响高管团队内非 CEO 高管薪酬的分配，如高层级的薪酬制定者如董事会的权力与权威等。普费弗和朗顿（1988）发现任期越长的董事长更有权力和权威，他们更偏好较大的薪酬差异，而对一个较为民主和分权的组织来说，往往会有更为平坦的薪酬分配。

最后，部分文献分析文化对非 CEO 高管之间薪酬分配的非经济影响。如恩斯利等（2007）发现鉴于家族企业的文化中更为看重平均分配，因此，相对非家族企业的管理层，家族企业非 CEO 高管间具有更为平坦的薪酬分配。普费弗和戴维斯布莱克（1990）则发现处于强调均等分配地区的公司拥有更低的水平薪酬差距。

综上所述，虽然理论上对同层级内的薪酬分配的经济与非经济影响因素讨论丰富，但经验上来自企业的证据并不多，尤其是对高管团队的相关研究。因此，本章根据上述主流理论中对影响非 CEO 高管团队薪酬差异的理论因素的分析，并结合中国特色的制度背景，分别从经济因素（人力资本差异）和非经济因素（产权性质、经营特征以及治理结构）两个维度分析了非 CEO 高管团队薪酬差异的可能来源，以期探究西方主流理论在中国情境下的适用性。

4.2.2 研究假设

按照上述理论分析，理论上对非 CEO 高管团队薪酬差异的影响因素可以分为经济因素和非经济因素两大类。

经济因素方面：经济学家认为应当按照边际生产率对员工进行差异化激励，对高管来说，委托代理理论认为高管的薪酬应当与他自身的业绩挂钩（Holmstrom，1979，1982；Jensen and Murphy，1990）。因此，非 CEO 高管的薪酬应当根据他们的个人业绩差异而拉开一定差距。而个人的边际产出与人力资本高度相关，包括个人的受教育程度、工作经验等（Hogan and McPheters，1980），人力资本对薪酬高低的影响是直观的，个人对与工作相关的能力和经验的投资应该得到一定的薪酬溢价（Mincer and Ofek，1982）。拥有相同产出或相同人力资本的组织的薪酬分配更加平均（Becker，1964；Mincer，1970），因此，若高管团队中非CEO高管的人力资本包括能力和经验（资历）等相差越大，就应当给予他们更加差异化的激励配置。因此提出以下假设：

假设4-1：非CEO高管团队水平薪酬差异与他们的人力资本差异正相关。

（1）分析产权属性对非CEO高管团队薪酬分配的影响。与西方资本市场不同的是，民营企业在改革开放以后才逐渐复兴和发展，而国有企业在中国的国民经济中占有较大比例。由于历史和制度的原因，平均主义的薪酬分配倾向长期存在中国的国有企业中（林俊清和黄祖辉，2003）。许多政治与社会因素同样也限制了国有企业高管人员的薪酬差异。具体来说，有以下几点：

一是相比于非国企以股东利益最大化为企业目标，国有企业更多地被政府用来实现其政治业绩，如减少失业率、维持社会稳定等，这些政治或社会的目标往往与最大化股东利益相冲突。因此在实务操作上，国企的多重目标属性使得难以对国企高管实行“激励相容”的薪酬制度。虽然随着市场化改革的推进以及IPO等的进行，国企有压力要对其高管实施薪酬与业绩挂钩的激励模式，但这样做的同时不但会提升高管的薪酬水平，还会加大高管层内部、高管与员工之间的薪酬差异。由于国企的文化中强调“平均主义”，长期以来国有企业的高管团队内薪酬差异都较小甚至为零。因此，如果国企内的薪酬差异增大，可能会带来公司内部雇员的不满，甚至容易引发社会的众怒。

二是许多的大型国有企业处于非竞争性行业，且享受较多政府补贴，使得难以评判国有企业的绩效是来自其自身的努力，还是来自政府的补贴。因此，在委托代理理论的框架下，这种情况不适宜采用过多的薪酬与业绩挂钩的激励制度；且用这样的“业绩”作为国企高管薪酬的评价基础对公司内部的其他员工以及公众来说都不太公平。

三是具有晋升期望的国企高管往往会牺牲他们的货币收益，因为薪酬较高的国企高管更容易被他们的反对者或竞争者指控获取了私人收益。因此，具有较高晋升期望的国企高管（如总经理和董事长）往往会为自己以及下属选择更低的薪酬与业绩敏感度，因此国有企业的非 CEO 高管团队水平薪酬差异不会太大。

综上所述，提出以下假设：

假设 4－2：相比非国有企业，国有企业非 CEO 高管团队水平薪酬差异更小。

（2）分析与非 CEO 高管之间互相比较有关的非经济因素带来的影响。非 CEO 高管团队内更容易进行社会比较的程序，因为相对于 CEO 的上行比较而言，处于同一层级的非 CEO 高管更适合作为彼此的参照对象。他们不仅比较各自对企业的投入，还会比较各自对产出的贡献。由于企业高管团队的个人贡献有时难以区分，且高管往往会高估自身的贡献，因而在其薪酬低于其他非 CEO 高管时会有强烈的不公平感（Fredrickson et al.，2010），进而带来不满意、嫉妒、不愿意合作甚至恶性竞争等不利于企业的行为。因此董事会在制定非 CEO 高管团队的薪酬时，应当将非 CEO 高管团队内与“相互比较”有关的因素考虑在内。

根据社会比较理论，与比较过程相关的因素以及比较对象的选择会影响非 CEO 高管团队的薪酬差异。一方面，当企业中存在便利非 CEO 高管进行信息交流和互相比较的因素时，董事会倾向于给非 CEO 制定更为平坦的薪酬分配。普费弗和朗顿（1988）认为个人任务之间相互依赖的程度会影响同层级内员工之间的信息交流和互相比较。如果团队任务的完成需要各团队成员的相互配合，依赖每个人的努力与合作，那么成员间的交流较多，互相了解的信息更为透彻，更容易进行相互比较。若此时非 CEO 高管团队水平薪酬差异较大，很容易产生不公平的感觉，进而产生降低自身的努力水平（Akerlof and Yellen，1988）、不愿意合作、拒绝共享信息（Levine，1991；Fehr and Schmidt，1999），甚至进行恶性竞争（Dye，1984；Milgrom and Roberts，1988）等不利企业绩效的行为。另一方面，非 CEO 高管除了会选择彼此作为比较的参照对象，还会寻求企业外部同样是非 CEO 的高管作为比较的对象。同行业的非 CEO 高管具有更多的类似和可比性，非 CEO 高管对本公司内部的薪酬分配公平与否的感知会受到外部比较的影响（Brown et al. ,2003；Xu et al. , 2016）。考虑到这个因素，董事会在设置非 CEO 高管薪酬分配时，往往会参照同行业的非 CEO 高管内薪酬分配。

综上所述，提出以下假设：

假设 4 –3：非 CEO 高管团队水平薪酬差异与任务相互依赖程度负相关。

假设 4 –4：非 CEO 高管团队水平薪酬差异与同行业的非 CEO 高管团队水平薪酬差异正相关。

（3）由于公司高管的薪酬决策由董事会参与制定，因此，公司治理结构往往对高管的薪酬制定和薪酬分配具有一定影响（Leventhal，1976）。一方面，董事长个人的权力会影响非 CEO 高管团队内的薪酬分配。委托代理理论认为，应将高管的薪酬与其业绩挂钩以激励高管的努力水平；分配公平理论也认为业绩是一个合理的薪酬依据，以业绩为依据而差异化的薪酬是公平和公正的。但对薪酬制定者而言，非 CEO 高管之间的个人绩效有时难以衡量和区分，且非 CEO 之间会相互比较，让他们感觉公平的“度”往往难以把握（Greenberg，1982）。由非 CEO 高管的不公平感带来的矛盾和不和谐对于整个高管团队的运行具有较大影响，因此对于权力较低的董事长来说，往往会选择给非 CEO 高管这样一个需要内部协调合作的团队较为平坦的薪酬差异配置，以减少非 CEO 高管感觉自身被不公平对待的可能性。另一方面，非 CEO 高管在董事会的参与程度也会影响他们的薪酬分配情况。当非 CEO 高管在董事会兼职的比例增加时，这些董事高管之间的交流和比较会增加（Lorsch，1989），相对没有担任董事的非 CEO 高管来说，他们自然形成了不同的类别和阵营。而且，管理层权力理论认为，对于同时在董事会任职的非 CEO 高管来说，他们虽然不直接参与非 CEO 高管薪酬的制定，但他们更易获得薪酬考核和评价等并不公开的信息，且更容易对自身薪酬进行议价和寻租。这样，在非 CEO 高管团队内部，当进入董事会的非 CEO 高管人数增加时，非 CEO 高管内部的薪酬差异会加大，但这并不是一个线性的关系。由于随着人数的增加，非 CEO 高管团队内部的分类界限越来越模糊，极端的情况是所有的非 CEO 高管都是董事会成员时，他们的薪酬差异将会重新减小（Fredrickson et al. , 2010）。

综上所述，提出以下假设：

假设 4-5：非 CEO 高管团队水平薪酬差异与董事长的权力正相关。

假设 4-6：非 CEO 高管团队水平薪酬差异与非 CEO 高管同时兼任董事会成员的比例呈倒“U”型关系。

4.3 研究设计

4.3.1 样本选择与数据来源

本章的研究样本为 2005～2015 年上市公司的高管团队，由于上市公司自 2005 年起被强制性要求披露每位高管的年度薪酬，因此样本区间自 2005 年开始①。本书将高管团队界定为担任具体管理职务的除董事、监事以外的公司管理层，包括总经理、副总经理、总工程师、总会计师、财务总监等，其中将职位名称是总经理、总裁以及 CEO 的界定为公司 CEO（廖理等，2009），其他职位的高管统称为非 CEO 高管。

样本筛选过程如下：首先在 2005～2015 年内披露的所有高管样本中筛选有效的高管团队。筛选的三个原则是：一是符合本章提出的关于高管的定义；二是高管每个报告年度末在任，即剔除了年度内离任的高管；三是不包括当年未披露薪酬或不在公司领取薪酬（零薪酬）的非 CEO 高管，最后得到有效的高管团队为 22 518 个，包括 36 050 位高管，139 880 个公司—高管—年观测值（其中 21 760 个 CEO 观测值，118 120 个非 CEO 高管观测值）。其次在这个有效高管团队的基础上，根据以下程序剔除不符合要求的公司观测值：一是不能计算非 CEO 高管团队内薪酬差异的共 1 594 个②观测值；二是金融、保险类公司 344 个观测值；三是其他控制变量缺失的 3 734 个观测值，最后得到 16 846 个有效公司观测值（包括 108 665 个公司—高管—年观测

---

① 考虑到 2007 年新会计准则的影响，本章同时采用 2007～2015 年的数据进行稳健性检验，结果保持一致。第 5 章和第 6 章同样有此考虑，不再赘述。

② 由于本章在计算非 CEO 高管的薪酬差异时，采用的是各非 CEO 高管之间薪酬的变异系数，当年新任的非 CEO 高管薪酬由于不是完整年度不能包括在内，因此要求至少在高管团队内有两名非新任的非 CEO 高管，这样一来就会造成部分公司非 CEO 高管的薪酬差异不能计算。

值，其中 16 846 个 CEO 观测值，91 819 个非 CEO 观测值）。需要注意的是，虽然本章有关非 CEO 高管的薪酬及其他个人特征变量精确到个人，但是本章的数据分析还是基于公司层面。高管个人薪酬数据来自 CSMAR 数据库，其中非 CEO 高管薪酬数据根据职位名称手工整理和筛选，其他公司特征、财务和治理变量数据均来自 CSMAR 数据库。

4.3.2　非 CEO 高管团队水平薪酬差异的衡量

本章采用了两个指标来衡量非 CEO 高管团队水平薪酬差异：薪酬水平差异（NCEOCV）、薪酬变动差异（NCEOCRCV）。参照阿里森（Allison，1978）采用变异系数（coefficient of variation）衡量不平等的方法，本章采用各公司非 CEO 高管薪酬的变异系数来衡量非 CEO 高管团队的薪酬差异。具体算法为：NCEOCV = 非 CEO 高管薪酬的标准差/非 CEO 高管的薪酬均值（Siegel and Hambrick，2005；Fredrickson et al.，2010），其中非 CEO 高管的薪酬是指年报内披露的薪酬总额。值得注意的是，非 CEO 高管中有部分（约 12%）是年中加入公司的，在当年度领取的薪酬不足一年，与其他非 CEO 高管的薪酬并不可比，在计算非 CEO 高管团队薪酬差异时，这部分新任的高管薪酬不计入在内。

此外，NCEOCV 计算的是非 CEO 高管每年度披露的静态的薪酬水平的差异，本章还计算了非 CEO 高管年度间动态的薪酬变动的差异。由于中国上市公司的高管薪酬主要由基本工资与绩效工资构成，而变动部分主要来源于绩效工资，因此非 CEO 高管的变动薪酬更能体现其受到的激励程度。具体地，本章采用非 CEO 高管薪酬增长率的标准差来衡量非 CEO 高管变动薪酬的差异，即 NCEOCRCV = 非 CEO 高管薪酬增长率的标准差。由于该指标的计算需要非 CEO 高管至少有连续两年的完整薪酬披露，因此采用上述样本计算的 NCEOCRCV 相对来说会有部分缺失。

4.3.3　计量模型与变量定义

参照现有文献（Fredrickson et al.，2010），本章采用以下模型检验非

CEO 高管团队薪酬差异的影响因素：

$$
\begin{aligned}
NCEODISPER_t &= \beta_0 + \beta_1 NCEODOCTOR_t + \beta_2 SDNCEOTENURE_t + \beta_3 SOE_t \\
&+ \beta_4 RDIN_t + \beta_5 MEDNCEODISPER_t + \beta_6 LNCHAIRTENURE_t \\
&+ \beta_7 NCEOBOARD_t + \beta_8 NCEOBOARDSQ_t + CONTROLs + \varepsilon_t
\end{aligned}
\tag{4-1}
$$

其中，被解释变量（NCEODISPER）是非 CEO 高管团队水平薪酬差异，采用两种衡量方式，即从静态与动态两个维度进行考量，具体模型中分别采用 NCEOCV 和 NCEOCRCV 进行回归。解释变量是非 CEO 高管团队水平薪酬差异的影响因素，包括经济因素与非经济因素。

经济因素是非 CEO 高管的人力资本差异。本章从非 CEO 高管的能力与经验两个维度来衡量人力资本。其中非 CEO 高管的能力差异采用非 CEO 高管团队中的最高学历是否为博士来衡量，当非 CEO 高管中有人获得博士学位时，NCEODOCTOR 取值为 1，否则为 0。数据显示，大部分的非 CEO 高管学历是本科或者硕士，若非 CEO 高管团队中最高学历是博士学位时，相对而言该团队内的能力差异较大①。非 CEO 高管的经验差异采用非 CEO 高管任期的差异来衡量，SDNCEOTENURE 表示样本中非 CEO 高管在任年数的标准差，若非 CEO 高管在其职位在任年数差异越大，那么其相关的经验差异便越大。根据假设 4－1，人力资本差异越大时，非 CEO 高管的薪酬差异越大，因此预计 NCEODOCTOR 和 SDNCEOTENURE 的系数显著为正。

非经济因素包括企业的产权属性、社会比较和公司治理相关的因素。

（1）企业的产权属性。本章采用上市公司最终控制人的性质来判断上市

① 由于现有上市公司中 2005～2015 年有 40% 左右的观测值没有披露非 CEO 高管的学历，若直接采用非 CEO 高管之间学历的标准差，大概会造成 40% 的样本缺失，因此，本章的主检验中仍然采用非 CEO 高管团队的最高学历是否为博士来衡量非 CEO 高管团队内的能力差异。NCEODOCTOR 这个指标和已披露的非 CEO 高管团队学历标准差之间是显著正相关关系。此外，本章在稳健性检验中同样采用已披露的非 CEO 高管团队学历标准差来衡量非 CEO 高管团队的能力差异。对学历 Education 的定义是：1＝中专及中专以下，2＝大专，3＝本科，4＝硕士研究生，5＝博士研究生，然后再计算非 CEO 高管团队内学历水平的标准差 SDEducation，作为能力差异的替代性指标，虽然造成了 40% 的样本观测值缺失，但 SDEducation 的系数仍然显著为正，表明非 CEO 高管团队内能力差异与薪酬差异显著正相关。

公司的产权情况。如果公司最终控制人为国企集团或国有资产管理机构，那么上市公司被定义为国有企业，即SOE=1；如果公司最终控制人为个人、外资企业等非国有机构，那么上市公司被定义为非国有企业，即SOE=0。根据假设4-2，预计SOE的系数应当显著为负。

（2）社会比较相关的因素。具体包括非CEO高管的任务相互依赖程度和比较对象的选择。非CEO高管的任务相互依赖程度方面，参考现有文献，采用公司的R&D投入情况来衡量非CEO高管之间的任务相互依赖程度。对于R&D投入越多的公司，越需要高管之间的信息共享、交流以及彼此的配合，越大的高管间薪酬差异对R&D投入较多的公司越不利（Gomez-Mejia and Balkin，1992；Siegel and Hambrick，2005）。本章采用公司当年的研发支出占销售收入的比重（RDIN）来衡量R&D的投入情况，该比例越高，非CEO高管的任务相互依赖程度越高。根据假设4-3，RDIN的系数显著为负。非CEO高管的同行比较方面，根据证监会2012年的行业分类，本章采取与公司处于同一行业的其他公司的非CEO高管团队薪酬差异的中值（MEDNCEODISPER）作为非CEO高管与同行比较时的标准，被解释变量NCEOCV和NCEOCRCV，分别在模型中对应MEDNCEOCV和MEDNCEOCRCV。根据假设4-4，若同行业公司的非CEO高管团队薪酬差异的中值水平越高，该公司的非CEO高管更能接受较大的薪酬差异水平，因此预计MEDNCEODISPER的系数应该显著为正。

（3）公司治理结构。本章采用董事长的任期LNCHAIRTENURE作为董事长权力的衡量，董事长在公司任职时间越长，其权力相对越强，根据假设4-5，预计LNCHAIRTENURE的系数显著为正。当非CEO高管同时在董事会任职时，可以获取更多信息并对自身薪酬有一定影响，本章采用同时兼任董事会成员的非CEO高管人数占董事会总人数的比例（NCEOBOARD）来衡量非CEO高管的权力，根据假设4-6，NCEOBOARD与非CEO高管团队薪酬差异呈倒“U”型关系，即NCEOBOARD的系数显著为正，NCEOBOARDSQ的系数显著为负。

（4）其他控制变量。模型（4-1）主要包括了两组控制变量。第一组控制变量是公司特征变量。布鲁姆和迈克尔（2002）和亨德森和弗雷德里克森（Henderson and Fredrickson，2001）发现公司规模与高管团队的薪酬差异正相关，因此，模型（4－1）控制了公司的规模（SIZE），采用公司总资产的对数衡量公司规模。现有文献认为高成长性的公司会采用较高的薪酬来吸引高人力资本的人才（Siegel and Hambrick，2005），因此，模型（4－1）控制了企业的成长性（GROWTH），本章采用营业收入的增长率来衡量企业的成长性。已有文献证明高度多元化的公司如企业集团，高管各自有效地运营较为独立的分部业务，彼此之间合作与交流较少（Michel and Hambrick，1992；Hill，Hitt and Hoskisson，1992），因此多元化水平越高，任务相互依赖程度越低。参照弗雷德里克森等（2010）的研究，本章采用 DIVERSIFY = $\sum[P_i \ln(1/P_i)]$ 计算公司的多元化水平，其中 P_i 采用的是披露高管薪酬的公司前五名的营业收入额所占的比例。模型（4－1）还控制了公司的负债水平（LEV）以及公司所处地区的市场化程度（MKR）。除此之外，模型（4－1）还控制了其他会影响高管薪酬契约的公司治理变量，包括董事会的规模（BOARD）、董事会中的独立董事比例（RATIO）、第一大股东的持股比例（TOP1）。

第二组控制变量是高管团队特征相关的变量。包括了团队规模（NUM），现有研究认为高管团队规模越大意味着公司越多元化，分工越细致越会带来较大的薪酬差异（Siegel and Hambrick，2005）。模型（4－1）还控制了高管团队的平均薪酬水平（LNTMTCOMP），普费弗和戴维斯布莱克（1990）的研究表明当可用来分配的薪酬越多时薪酬差异会越大。此外，普费弗和朗顿（1988）、普费弗和戴维斯布莱克（1990）发现性别差异、种族差异等人口特征差异也会影响薪酬差异，因此模型（4－1）还控制了非 CEO 高管内的性别比例（NCEOSEX），采用非 CEO 高管中的女性比例进行衡量；同时还进一步控制了非 CEO 高管团队的年龄差异（SDNCEOAGE）。高阶理论认为 CEO 的个人特征也会影响非 CEO 高管的薪酬设定，因此模型（4－1）还控制了 CEO 的年龄（LNCEOAGE）以及任期（LNCEOTENURE）。各变量具体的定义见表 4－1。最后，模型（4－1）还控制了年度和行业的固定效应。

表 4－1　　　　　　　　　　　　变量定义

变量	定义
非 CEO 高管团队水平薪酬差异	
NCEOCV	非 CEO 高管团队静态薪酬差异。NCEOCV = 非 CEO 高管薪酬的标准差/非 CEO 高管的薪酬均值
NCEOCRCV	非 CEO 高管团队动态薪酬差异。NCEOCRCV = 非 CEO 高管薪酬增长率的标准差
非 CEO 高管人力资本差异	
NCEODOCTOR	非 CEO 高管学历差异。当非 CEO 高管团队的最高学历是博士时，NCEODOCTOR 取值为 1，否则为 0
SDNCEOTENURE	非 CEO 高管任期差异。SDNCEOTENURE = 非 CEO 高管在任的年数的标准差
非 CEO 高管任务依赖程度	
RDIN	公司的 R&D 投入水平。RDIN = 当年的研发支出占销售收入的比重
同行的非 CEO 高管团队水平薪酬差异	
MEDNCEOCV	与公司处于同一行业的公司同一年度的非 CEO 高管团队静态薪酬差异的中值
MEDNCEOCRCV	与公司处于同一行业的公司同一年度的非 CEO 高管团队动态薪酬差异的中值
公司治理结构	
LNCHAIRTENURE	董事长的权力。LNCHAIRTENURE = 董事长在任的月数的对数
NCEOBOARD	非 CEO 高管参与董事会的比例。NCEOBOARD = 同时兼任董事会成员的非 CEO 高管人数占董事会总人数的比例
公司特征变量	
SOE	产权。如果公司最终控制人为国企集团或国有资产管理机构，那么上市公司被定义为国有企业，即 SOE = 1；如果公司最终控制人为个人、外资企业等非国有机构，那么上市公司被定义为非国有企业，即 SOE = 0
SIZE	公司规模。SIZE = 公司总资产的对数
GROWTH	公司成长性。GROWTH = 营业收入的增长率
DIVERSIFY	公司的多元化水平。$DIVERSIFY = \sum[P_i \ln(1/P_i)]$，其中 P_i 采用的是披露高管薪酬的公司前五名的营业收入额所占的比例。
LEV	公司负债率。LEV = 负债总额/资产总额
MKR	市场化程度。按照樊纲和王小鲁（2013）定义的中国各地区的市场化指数，将市场化指数在中值以上的地区定义为市场化进程较高的区域，MKR 取值为 1，将市场化指数在中值以下的地区定义为市场化进程较低的区域，MKR 取值为 0

续表

变量	定义
公司特征变量	
BOARD	董事会规模。BOARD = 董事会人数的对数
RATIO	独立董事比例。RATIO = 独立董事人数/董事会人数
TOP1	大股东持股比例。TOP1 = 公司第一大股东持股比例
高管团队特征变量	
NUM	高管团队规模。NUM = 按照文中高管定义和样本筛选后的有效高管人数
TMTCOMP	高管团队薪酬水平。TMTCOMP = 按照文中高管定义和样本筛选后的高管的总薪酬水平
NCEOSEX	非 CEO 高管中的女性高管比例。NCEOSEX = 女性非 CEO 高管人数/非 CEO 高管人数
SDNCEOAGE	非 CEO 高管年龄差异。SDNCEOAGE = 非 CEO 高管年龄的对数的标准差
LNCEOAGE	CEO 的年龄。LNCEOAGE = CEO 年龄的对数
LNCEOTENURE	CEO 的任期。LNCEOTENURE = CEO 在任的月数的对数

4.4 实证结果

4.4.1 描述性统计

表 4 - 2 是主要变量的描述性统计。分别采用 NCEOCV 和 NCEOCRCV 衡量非 CEO 高管团队静态和动态两个维度的薪酬差异。NCEOCV 的均值（中值）与 NCEOCRCV 的均值（中值）分别是 0.1984（0.1561）、0.1355（0.0642）。非 CEO 高管团队薪酬的静态差异相比动态差异均值更大，但在横截面上，非 CEO 高管团队薪酬的动态差异分布更为分散。NCEODOCTOR 和 SDNCEOTENURE 用来衡量非 CEO 高管之间的人力资本的差异。其中 NCEODOCTOR 的均值为 0.0896，样本中约 9% 的非 CEO 高管团队中最高学历是博士；SDNCEOTENURE 的均值（中值）是 2.5673（2.3750），表明样本中非 CEO 高管任期的差异在横截面上分布较为均匀。产权变量 SOE 的均

值是 0.4958，样本中约有一半的公司为国有企业。RDIN 用来衡量非 CEO 高管任务的互相依赖程度，表示公司 R&D 投入占销售收入的比例，至少有 25% 的公司并没有 R&D 的投入，且样本公司 R&D 投入比例平均只有 2.11%。MEDNCEOCV 和 MEDNCEOCRCV 是行业的非 CEO 高管团队薪酬差异指标，其在样本横截面上的分布较为均匀。CHAIRTENURE 和 NCEO-BOARD 是衡量公司治理结构的两个指标。CHAIRTENURE 的均值（中值）是 5.0377（4.5000），表明样本公司中董事长的平均任期是 5 年左右；NCEOBOARD 的均值（中值）是 0.1391（0.1111），表明平均来说，样本公司的董事会中有 14% 的董事成员同时是非 CEO 高管。

表 4-2　主要变量的描述性统计

变量名	观测值	均值	中位数	标准差	1/4 分位数	3/4 分位数
NCEOCV	16 846	0.1984	0.1561	0.1762	0.0659	0.2856
NCEOCRCV	14 468	0.1355	0.0642	0.2194	0.0140	0.1615
NCEODOCTOR	16 846	0.0896	0.0000	0.2857	0.0000	0.0000
SDNCEOTENURE	16 846	2.5673	2.3750	1.6456	1.4247	3.6060
SOE	16 846	0.4958	0.0000	0.5000	0.0000	1.0000
RDIN	16 846	2.1162	0.3692	3.4773	0.0000	3.2788
MEDNCEOCV	16 846	0.1582	0.1593	0.0279	0.1451	0.1750
MEDNCEOCRCV	16 547	0.0652	0.0652	0.0198	0.0572	0.0716
CHAIRTENURE	16 846	5.0377	4.5000	3.4924	2.3333	7.0833
NCEOBOARD	16 846	0.1391	0.1111	0.1194	0.0000	0.2222
SIZE	16 846	21.7946	21.6505	1.2295	20.9331	22.4843
GROWTH	16 846	0.1865	0.1157	0.5013	-0.0277	0.2820
DIVERSIFY	16 846	0.3568	0.1508	0.4090	0.0083	0.6642
LEV	16 846	0.4698	0.4698	0.2338	0.2975	0.6252
MKR	16 846	0.7803	1.0000	0.4141	1.0000	1.0000
BOARD	16 846	8.9974	9.0000	1.8192	8.0000	9.0000
RATIO	16 846	0.3663	0.3333	0.0531	0.3333	0.4000

续表

变量名	观测值	均值	中位数	标准差	1/4 分位数	3/4 分位数
TOP1	16 846	0. 3586	0. 3381	0. 1516	0. 2377	0. 4694
NUM	16 846	6. 4505	6. 0000	2. 3434	5. 0000	8. 0000
TMTCOMP（millions）	16 846	2. 7540	1. 9200	3. 1000	1. 0820	3. 2393
NCEOSEX	16 846	0. 1624	0. 1429	0. 1871	0. 0000	0. 2500
SDNCEOAGE	16 846	0. 1279	0. 1213	0. 0586	0. 0870	0. 1610
CEOAGE	16 846	47. 9678	48. 0000	6. 3889	44. 0000	52. 0000
CEOTENURE	16 846	4. 3635	3. 6667	3. 2911	1. 7500	6. 1667

在公司特征相关变量中，样本公司的资产规模对数 SIZE 的均值为 21. 7946，中位数为 21. 6505，分布比较均匀。公司成长性 GROWTH 的均值为 0. 1865，表明样本公司的销售增长率平均为 18. 7%。DIVERSIFY 表示公司多元化的程度，其均值（中值）是 0. 3568（0. 1508），表明样本中的公司多元化分布差异较大。LEV 的均值为 0. 4698，表明样本公司的平均资产负债率约为 47%。市场化水平 MKR 的均值为 0. 7803，表明样本中约有 78% 的公司处于市场化进程较高的地区，与之前文献的结果一致。公司治理相关的变量中，BOARD 的均值为 8. 9974，表明样本公司董事会的规模平均约为 9 人；独立董事比例 RATIO 的均值为 0. 3663，表明样本公司的独立董事比例约为 36. 6%；TOP1 的均值为 0. 3586，表明样本公司平均第一大股东持股比例约为 35. 9%。在高管团队相关变量中，NUM 的均值为 6. 4505，表明样本公司高管团队平均人数是 6 人左右；TMTCOMP 的均值为 2. 7540，表明平均来说，样本公司高管团队的薪酬约为 275 万元；NCEOSEX 的均值为 0. 1624，表明样本公司中平均有 16% 的非 CEO 高管为女性。SDNCEOAGE 的均值（中值）是 0. 1279（0. 1213）。最后是 CEO 的个人特征，CEO 的平均年龄为 48 岁，平均任期为 4. 36 年。

表 4 - 3 是主要变量的相关系数。NCEOCV 与 NCEOCRCV 之间的相关系数为 0. 285（1% 水平显著），表明衡量非 CEO 高管团队薪酬差异的两个指标存在一定的相关性。非 CEO 高管人力资本差异的两个指标 NCEODOCTOR 和 SDNCEOTENURE 与 NCEOCV（NCEOCRCV）基本呈现显著的正相关关系。

产权（SOE）变量与非 CEO 高管团队静态薪酬差异（NCEOCV）显著负相关，和非 CEO 高管团队动态薪酬差异（NCEOCRCV）的负相关关系不显著。非 CEO 高管的任务依赖程度 R&D 投入指标（RDIN）和非 CEO 高管团队的动态薪酬差异负相关，但却和非 CEO 高管团队的静态薪酬差异正相关。同行比较方面，非 CEO 高管团队薪酬差异的两个指标与其对应的同行中值水平都呈现显著的正相关关系。公司治理结构上，董事长的任期与非 CEO 高管团队的静态薪酬差异呈现正相关关系，但却与非 CEO 高管团队的动态薪酬差异呈现负相关关系；非 CEO 高管在董事会的任职情况则仅与非 CEO 高管团队的静态薪酬差异呈现显著的正相关关系。综上所述，表 4 – 3 部分地支持了上文的假设，仍需进行多元回归以做深入的分析。

表 4 – 3　　　　主要变量的相关系数

变量	(1)	(2)	(3)	(4)	(5)	(6)	(7)	(8)	(9)	(10)
(1) NCEOCV	1									
(2) NCEOCRCV	0.285 ***	1								
(3) NCEODOCTOR	0.043 ***	0.034 ***	1							
(4) SDNCEOTENURE	-0.009	0.020 **	0.000	1						
(5) RDIN	0.041 ***	-0.019 **	0.145 ***	-0.112 ***	1					
(6) MEDNCEOCV	0.131 ***	0.020 **	0.025 ***	0.034 ***	0.256 ***	1				
(7) MEDNCEOCRCV	0.059 ***	0.078 ***	0.033 ***	-0.040 ***	0.202 ***	0.407 ***	1			
(8) LNCHAIRTENURE	0.077 ***	-0.017 *	0.020 **	0.044 ***	0.110 ***	0.103 ***	0.040 ***	1		
(9) NCEOBOARD	0.102 ***	0.009	0.042 ***	-0.071 ***	0.136 ***	0.120 ***	0.074 ***	0.124 ***	1	
(10) SOE	-0.170 ***	-0.009	-0.012	0.218 ***	-0.287 ***	-0.213 ***	-0.124 ***	-0.130 ***	-0.282 ***	1

注：***、**、* 分别表示在 1%、5% 和 10% 的水平上显著。

4.4.2　多元回归分析

本章分析中国上市公司中影响非 CEO 高管团队水平薪酬差异的因素。采用模型（4 – 1）对前面假设中的影响因素进行回归的结果如表 4 – 4 所示。第（1）列是非 CEO 高管团队的静态薪酬差异影响因素的回归结果，第（2）

列是非 CEO 高管团队的动态薪酬差异影响因素的回归结果。

表 4-4　　非 CEO 高管团队水平薪酬差异影响因素的回归结果

VARIABLES	(1)	(2)
	NCEOCV	NCEOCRCV
NCEODOCTOR	0.00897** (2.704)	0.00652* (1.741)
SDNCEOTENURE	0.00132 (0.707)	0.00318*** (3.535)
SOE	-0.0522*** (-10.001)	-0.0182*** (-4.183)
RDIN	-0.00126*** (-3.106)	-0.00167* (-1.756)
MEDNCEOCV	0.604*** (12.849)	
MEDNCEOCRCV		0.893*** (7.624)
LNCHAIRTENURE	0.00587*** (4.683)	-0.00309** (-2.259)
NCEOBOARD	0.201*** (5.856)	0.0563* (1.858)
NCEOBOARDSQ	-0.426*** (-4.116)	-0.176* (-1.993)
SIZE	0.00490*** (2.931)	-0.00729*** (-3.885)
GROWTH	0.00155 (0.335)	0.00884** (2.420)
DIVERSIFY	0.00737* (1.805)	0.00941** (2.321)
LEV	0.00674 (0.815)	0.0373*** (10.225)

续表

VARIABLES	(1)	(2)
	NCEOCV	NCEOCRCV
MKR	0.0124 * (1.779)	-0.00575 (-0.875)
BOARD	-0.0411 *** (-6.118)	-0.0165 * (-1.805)
RATIO	-0.0581 (-1.344)	0.0863 ** (2.438)
TOP1	-0.00713 (-0.806)	-0.0252 (-1.661)
NUM	-0.000575 (-0.423)	0.00196 (1.584)
LNTMTCOMP	0.0391 *** (16.919)	0.0503 *** (18.195)
NCEOSEX	0.0498 *** (5.679)	0.0155 (1.591)
SDNCEOAGE	0.332 *** (13.037)	0.116 *** (6.653)
LNCEOAGE	-0.0185 (-1.076)	-0.0191 ** (-2.323)
LNCEOTENURE	-0.00388 ** (-2.359)	-0.00930 *** (-5.168)
CONSTANT	-0.405 *** (-4.107)	-0.279 *** (-4.080)
Industry/Year	Yes	Yes
Observations	16 846	14 468
Adjusted R - squared	0.092	0.042

注：(1) ***、**、* 分别表示在 1%、5% 和 10% 的水平上显著；(2) 括号中数值为 t - value。

在第（1）列中，非 CEO 高管的人力资本差异 NCEODOCTOR 的系数在 5% 水平上显著为正，SDNCEOTENURE 的系数为正但是并不显著；而在第（2）列中，NCEODOCTOR 和 SDNCEOTENURE 的系数都显著为正。该结果表明非 CEO 高管人力资本的差异会带来非 CEO 高管之间薪酬的差异，支持了假设 4 - 1；且相对非 CEO 高管静态的薪酬差异，非 CEO 高管人力资本的差异对非 CEO 高管动态的薪酬差异影响更为显著。

在第（1）列和第（2）列的结果中，产权属性 SOE 的系数在两列结果中都显著为负，表明国有企业的非 CEO 薪酬差异显著低于非国有企业，支持了假设 4 - 2。非 CEO 高管任务相互依赖程度 R&D 投入（RDIN）的系数都显著为负，表明非 CEO 高管的任务相互依赖程度会影响非 CEO 高管的薪酬差异，支持了假设 4 - 3。同行业的非 CEO 高管团队薪酬差异水平都显著为正，表明非 CEO 高管团队薪酬差异会受同行的薪酬差异影响，支持了假设 4 - 4。

公司治理指标中，董事长的任期的系数在第（1）列中显著为正，但在第（2）列中却显著为负，表明董事长权力越大时，会加大非 CEO 高管之间静态的薪酬水平差异，但是会减少非 CEO 高管之间动态的薪酬变动差异，该结果部分地支持了假设 4 - 5。另一个公司治理指标，非 CEO 高管参与董事会的比例，在第（1）、（2）列结果中都体现了较为显著的倒“U”型关系，即 NCEOBOARD 的系数显著为正，NCEOBOARDSQ 的系数显著为负，表明适当比例的非 CEO 高管参与董事会可以影响非 CEO 高管之间的薪酬分配，该结果支持了假设 4 - 6。

综上所述，前面的假设基本得到了验证，即非 CEO 高管团队薪酬差异同时受经济因素与非经济因素影响。经济因素方面，非 CEO 高管团队薪酬差异与人力资本差异正相关。非经济因素方面，非 CEO 高管团队薪酬差异受产权属性、R&D 投入、同行水平、董事长权力以及非 CEO 高管参与董事会程度影响。

4.5 稳健性检验

4.5.1 考虑非 CEO 高管分工的稳健性检验

非 CEO 高管间的水平薪酬差异与非 CEO 高管和 CEO 之间的垂直薪酬差

异的不同之处在于，非 CEO 高管同处于公司中仅次于 CEO 的层级，他们之间没有严格的层级划分，但是有不同职责的分工。西蒙（Simon，1957）和马奥尼（Mahoney，1979）指出层级间的薪酬差异可以用来体现层级的权力以及权威。同层级间的薪酬差异往往与他们各自的职责相关，而对于公司的高级管理团队来说，他们的职责又是个人相关变量的函数（Gomez - Mejia and Balkin，1992），分析非 CEO 高管薪酬差异影响因素中的个人资本差异、任务属性等因素一定程度上已经将分工的影响囊括在内。在本部分中，仍然尽量地控制非 CEO 高管的职责分工以进行稳健性检验。

首先，为体现公司对高级管理人员分工的细化程度，参照弗雷德里克森等（2010）的方法，本章在模型（4 - 1）中控制除了高管团队中的常规职位（包括副总经理、财务总监以及董事会秘书）之外的其他工作职位个数（RANK）；其次，为控制不能观测到的非 CEO 高管的职责分工，考虑到高管团队中非 CEO 高管的分工相对来说较为固定，因此控制了模型（4 - 1）中公司的固定效应；最后，由于非 CEO 高管处于同一层级，由职责分工带来的薪酬差异更多的是固定薪酬的差异，而 NCEOCRCV 衡量的是非 CEO 高管变动薪酬的差异，因此相对来说，非 CEO 高管的分工因素对非 CEO 高管团队的动态薪酬差异的影响较小。

综上所述，在模型（4 - 1）中控制了非常规的非 CEO 高管职位数 RANK，并同时控制公司的固定效应得到的回归结果如表 4 - 5 所示。第（1）、（2）列是模型（4 - 1）加入了 RANK 后的回归结果，前面假设中的影响因素的结果与表 4 - 4 基本保持一致，且 RANK 的系数仅在第（1）列中显著为正，表明非 CEO 高管之间职位的细分程度仅会影响非 CEO 高管团队的静态薪酬差异，而对非 CEO 高管的薪酬变动影响并不显著。第（3）、（4）列是模型（4 - 1）加入 RANK 后又控制公司固定效应后的回归结果，除与同行之间的参照和公司治理结构相关变量之外，其他影响因素的显著性略有下降。表明对于中国上市公司的非 CEO 高管团队而言，影响他们之间薪酬差异的主要因素还是与同行的比较以及公司内部的治理结构安排。

表 4－5　非 CEO 高管团队水平薪酬差异的影响因素稳健性检验——控制分工

VARIABLES	(1)	(2)	(3)	(4)
	OLS		Fixed－firm－effects	
	NCEOCV	NCEOCRCV	NCEOCV	NCEOCRCV
NCEODOCTOR	0.00890 ** (2.704)	0.00654 * (1.745)	0.00563 (0.923)	0.00382 (0.362)
SDNCEOTENURE	0.00131 (0.692)	0.00317 *** (3.491)	0.00106 (0.977)	0.00337 * (1.713)
SOE	−0.0526 *** (−10.183)	−0.0181 *** (−4.097)	−0.0244 *** (−3.161)	−0.00908 (−0.595)
RDIN	−0.00106 ** (−2.710)	−0.00172 * (−1.751)	2.20e−05 (0.035)	−0.000960 (−0.911)
MEDNCEOCV	0.593 *** (12.344)		0.536 *** (8.369)	
MEDNCEOCRCV		0.897 *** (7.464)		0.832 *** (5.447)
LNCHAIRTENURE	0.00575 *** (4.506)	−0.00307 ** (−2.268)	0.00406 *** (2.853)	−0.00240 (−0.978)
NCEOBOARD	0.206 *** (5.960)	0.0553 * (1.856)	0.206 *** (5.673)	0.121 * (1.906)
NCEOBOARDSQ	−0.440 *** (−4.258)	−0.173 * (−1.995)	−0.460 *** (−4.668)	−0.188 (−1.113)
RANK	0.00903 *** (5.198)	−0.00205 (−0.761)	0.0106 *** (6.007)	−0.000536 (−0.174)
CONSTANT	−0.408 *** (−4.142)	−0.278 *** (−4.119)	−0.257 *** (−2.922)	−0.664 *** (−3.814)
CONTROLs	Yes	Yes	Yes	Yes
Industry/Year	Yes	Yes	Yes	Yes
Firm			Yes	Yes
Observations	16 846	14 468	16 846	14 468
Adjusted R－squared	0.095	0.042	−0.130	−0.158

注：(1) ***、**、* 分别表示在 1%、5% 和 10% 的水平上显著；(2) 括号中数值为 t－value。

4.5.2　仅考虑非 CEO 高管职位为副总经理的样本的稳健性检验

在前面的分析中，是将整个非 CEO 高管视为仅次于 CEO 的同一层级的高级管理人员。但对于部分组织架构较垂直的公司来说，在非 CEO 高管内部可能就存在较多的层级划分。因此，本部分单独筛选出职位为副总经理的非 CEO 高管样本，对其进行分析，并分别对模型（4－1）采取 OLS 以及控制公司固定效应的方式，回归结果如表 4－6 所示。

表 4－6　　非 CEO 高管团队水平薪酬差异的影响因素稳健性检验——职位为副总经理样本

VARIABLES	(1)	(2)	(3)	(4)
	OLS		Fixed－firm－effects	
	NCEOCV	NCEOCRCV	NCEOCV	NCEOCRCV
NCEODOCTOR	0.0239*** (4.112)	0.0131** (2.324)	0.0166** (2.414)	0.0210* (1.845)
SDNCEOTENURE	0.00273* (1.998)	0.00334*** (3.073)	0.00222** (2.135)	0.00321* (1.760)
SOE	－0.0638*** (－12.863)	－0.0303*** (－8.734)	－0.0358*** (－3.965)	－0.0311* (－1.855)
RDIN	－0.000372 (－0.455)	－0.00144 (－1.188)	1.65e－05 (0.024)	－0.00135 (－1.240)
MEDNCEOCV	0.672*** (9.691)		0.591*** (7.756)	
MEDNCEOCRCV		1.068*** (8.816)		0.929*** (5.729)
LNCHAIRTENURE	0.00467*** (3.059)	－0.00192 (－1.333)	0.00269* (1.704)	－0.00640** (－2.459)
NCEOBOARD	0.180*** (3.590)	0.0159 (0.417)	0.186*** (4.380)	0.0331 (0.476)

续表

VARIABLES	(1)	(2)	(3)	(4)
	OLS		Fixed - firm - effects	
	NCEOCV	NCEOCRCV	NCEOCV	NCEOCRCV
NCEOBOARDSQ	-0.665*** (-4.159)	-0.334*** (-3.560)	-0.589*** (-4.550)	-0.371* (-1.789)
CONSTANT	-0.219** (-2.788)	-0.292*** (-5.079)	0.00949 (0.094)	-0.827*** (-4.357)
CONTROLs	Yes	Yes	Yes	Yes
Year/Industry	Yes	Yes	Yes	Yes
Firm			Yes	Yes
Observations	14 117	11 348	14 117	11 348
Adjusted R - squared	0.092	0.046	0.0678	0.0359

注：（1） ***、**、* 分别表示在 1%、5% 和 10% 的水平上显著；（2）括号中数值为 t - value。

第（1）、（2）列是模型（4-1）在职位为副总的样本中的回归结果，各影响因素的结果与表 4-4 基本一致。值得注意的是，非 CEO 高管团队的人力资本差异带来的薪酬差异在职位为副总的样本中更为显著，而公司的 R&D 投入情况对职位为副总的非 CEO 高管之间的薪酬差异并无显著影响。进一步地，控制副总经理的分工等固定因素后的结果如第（3）、（4）列所示。结果和第（1）、（2）列基本一致。

4.5.3 加入职能背景差异变量后的稳健性检验

虽然公司报表中并未对非 CEO 高管的分工进行披露，但是非 CEO 高管的职能背景能大致反映出该高管在团队中担任的角色。职能背景是指高管在不同行业、不同企业或同一企业不同职能部门的工作经历（Waller et al.，1995）。本部分根据 CSMAR 数据库披露的高管个人职能背景，选取高管最新的职能背景作为其现任职位分工的体现，并按照汉布里克和梅森（1984）的三部门分类法，将非 CEO 高管按照职能背景分成三类：产出型、生产型和外围型。具体而言，产出型高管是指从事市场营销、销售、产品研发等工作的高管；生产型高管是指从事过程管理、设备管理以及会计等工作的高管，包括具有生产、人力资源、金融、财务和管理等职能背景的高管；外围型高管是指从事不涉及公司核心活动的支持性工作的高管，如具有法律等职能背景的高管。参照现有文献（王雪莉等，2013）采用 Herfindal – Hirschma 系数计算职能背景多样化的程度，具体计算公式为：

$$\text{HETERFUNCTION} = 1 - \sum_{i=1}^{n} p_i^2$$

其中，P_i 是指非 CEO 高管中第 i 类职能背景的成员所占的百分比，n 等于职能背景的类别数。HETERFUNCTION 的值界于 0 ~ 1 之间，值越大，说明非 CEO 高管职能背景异质性程度越高。将这个指标加入模型（4 – 1）中以期部分控制非 CEO 高管的分工带来的影响，并重新进行 OLS 和控制公司固定效应的回归，结果如表 4 – 7 所示。回归结果和表 4 – 5 控制 RANK 的结果基本一致，不再赘述。

表 4 – 7　　非 CEO 高管团队水平薪酬差异的影响因素稳健性检验——控制职能背景

VARIABLES	(1)	(2)	(3)	(4)
	OLS		Fixed – firm – effects	
	NCEOCV	NCEOCRCV	NCEOCV	NCEOCRCV
NCEODOCTOR	0.00828 ** (2.411)	0.00641 (1.713)	0.00611 (1.005)	0.00503 (0.478)
SDNCEOTENURE	0.00154 (0.788)	0.00328 *** (3.778)	0.00108 (0.993)	0.00331 * (1.685)
SOE	–0.0536 *** (–10.512)	–0.0189 *** (–4.383)	–0.0185 ** (–2.293)	–0.00398 (–0.255)
RDIN	–0.00137 *** (–3.333)	–0.00167 * (–1.777)	–0.000129 (–0.206)	–0.00110 (–1.048)
MEDNCEOCV	0.615 *** (11.426)		0.555 *** (8.668)	

续表

VARIABLES	(1)	(2)	(3)	(4)
	OLS		Fixed - firm - effects	
	NCEOCV	NCEOCRCV	NCEOCV	NCEOCRCV
MEDNCEOCRCV		0.893*** (7.453)		0.823*** (5.415)
LNCHAIRTENURE	0.00571*** (4.406)	-0.00306** (-2.283)	0.00471*** (3.317)	-0.00255 (-1.044)
NCEOBOARD	0.202*** (6.332)	0.0618** (2.139)	0.210*** (5.781)	0.120* (1.897)
NCEOBOARDSQ	-0.425*** (-4.374)	-0.194** (-2.286)	-0.450*** (-4.568)	-0.197 (-1.170)
HETERFUNCTION	0.0200* (1.901)	0.00478 (0.871)	0.00498 (0.671)	-0.0248* (-1.800)
CONSTANT	-0.437*** (-4.249)	-0.284*** (-3.967)	-0.298*** (-3.305)	-0.807*** (-4.596)
CONTROLs	Yes	Yes	Yes	Yes
Industry/Year	Yes	Yes	Yes	Yes
Firm			Yes	Yes
Observations	16 714	14 425	16 714	14 425
Adjusted R - squared	0.095	0.042	-0.134	-0.155

注：（1） ***、**、*分别表示在1%、5%和10%的水平上显著；（2）括号中数值为t - value。

4.6 进一步研究

4.6.1 产权对非 CEO 高管薪酬差异的影响

由于不同产权属性下的上市公司在人力资本、组织特征以及治理方式上都有显著差异，因此不同产权性质的公司在高管薪酬决定机制上也应具有显著区别。虽然上面的结果显示，国有企业的非 CEO 高管团队薪酬差异显著低于非国有企业，但对于各所有制类型企业内非 CEO 高管团队薪酬差异影响因素的结果尚未明确。因此，本部分进一步分析国有企业和非国有企业中影响非 CEO 高管团队薪酬差异的因素。将模型（4－1）分别在国有企业和非国有企业中进行回归，不同的是，考虑到国有企业的非 CEO 高管团队薪酬差异较低的主要原因是受政府管制影响，因此在模型（4－1）中加入了企业是否处于管制行业的变量 REGULATE，当公司处于管制行业时定义为 1，否则为 0，管制行业的定义参考柯等（Ke et al.，2017）的定义（具体参见附录）。不同产权下的非 CEO 高管团队薪酬差异影响因素回归结果如表 4－8 所示。

表 4－8　非 CEO 高管团队水平薪酬差异影响因素回归结果——分产权

VARIABLES	(1)	(2)	(3)	(4)
	NCEOCV		NCEOCRCV	
	国有企业	非国有企业	国有企业	非国有企业
NCEODOCTOR	0.00568 (0.597)	0.0118* (1.895)	0.00898 (0.316)	0.00849*** (3.043)
SDNCEOTENURE	−0.000362 (−0.137)	0.00356** (2.143)	0.00551 (1.135)	0.00277* (1.809)
REGULATE	−0.0149*** (−3.148)	−0.00218 (−0.559)	−0.0291*** (−3.072)	−0.0106*** (−2.986)
RDIN	−0.000837** (−2.153)	−0.00185*** (−4.125)	−0.00457*** (−5.853)	−0.00178** (−2.165)
MEDNCEOCV	0.569*** (7.715)	0.568*** (5.198)		
MEDNCEOCRCV			0.762* (2.097)	0.876*** (4.179)
LNCHAIRTENURE	0.00625*** (3.716)	0.00346 (1.529)	0.00455 (1.087)	−0.00744*** (−5.013)
NCEOBOARD	0.243*** (6.248)	0.131** (2.590)	0.178 (1.067)	−0.0205 (−0.564)

续表

VARIABLES	(1)	(2)	(3)	(4)
	NCEOCV		NCEOCRCV	
	国有企业	非国有企业	国有企业	非国有企业
NCEOBOARDSQ	-0.515 *** (-4.260)	-0.296 * (-1.823)	-0.303 (-0.735)	-0.0790 (-0.954)
CONSTANT	-0.366 *** (-5.166)	-0.549 ** (-2.375)	-1.001 *** (-4.364)	-0.270 *** (-3.241)
CONTROLs	Yes	Yes	Yes	Yes
Industry/Year	Yes	Yes	Yes	Yes
Observations	8 352	8 494	7 067	7 401
Adjusted R-squared	0.080	0.068	0.009	0.047

注：(1) ***、**、* 分别表示在1%、5%和10%的水平上显著；(2) 括号中数值为 t-value。

表4-8中，第（1）、（2）列是不同产权性质下各因素影响非 CEO 高管团队静态薪酬差异的结果，第（3）、（4）列是不同产权性质下各因素影响非 CEO 高管团队动态薪酬差异的结果。结果显示，在经济因素方面，非 CEO 高管团队的人力资本差异仅对非国有企业的非 CEO 高管团队薪酬差异具有显著影响。非经济因素方面，国有企业的非 CEO 高管团队薪酬差异更容易受到管制的影响，即政府管制更为显著地降低了国有企业内的非 CEO 高管团队薪酬差异。两种所有制类型企业的非 CEO 高管团队薪酬差异都会受 R&D 投入情况、同行水平以及公司治理结构影响。

4.6.2 不同职能背景高管的薪酬差异影响因素

非 CEO 高管按照其职能背景分成三类：生产型、产出型和外围型高管。生产型职能背景的高管主要负责的是公司内部的管理工作，致力于生产效率的提升，如人力资源管理、成本管理、会计等；产出型职能背景的高管则主要负责扩大市场份额、开发新产品以满足顾客需求等工作，如市场营销、销售、产品研发等；而外围型职能高管不涉及企业的核心运营活动，仅提供支持性工作，如法律顾问等（王雪莉等，2013）。由于外围型高管占比较低，本部分主要讨论生产型职能背景与产出型职能背景的非 CEO 高管的薪酬差异的影响因素。按照前面计算 NCEOCV（NCEOCRCV）的方式，分别在生产型职能背景与产出型职能背景的非 CEO 高管类别内，计算生产型职能背景的非 CEO 高管团队水平薪酬差异（SNCEOCV/SNCEOCRCV）以及产出型职能背景的非 CEO 高管团队水平薪酬差异（CNCEOCV/CNCEOCRCV）。然后按照模型（4－1）分别对这四个薪酬差异指标进行回归，结果如表 4－9 所示。

表 4－9 中，第（1）、（2）列是产出型职能背景的非 CEO 高管团队薪酬差异的影响因素回归结果，第（3）、（4）列是生产型职能背景的非 CEO 高管团队薪酬差异的影响因素回归结果。结果显示，在经济因素方面，产出型职能背景高管的薪酬差异更受个人能力差异影响，而生产型职能背景高管的薪酬差异更受个人经验差异影响。在非经济因素方面，生产型职能背景高管的薪酬差异更容易受 R&D 投入影响，即生产型职能背景的高管更关注彼此间的相互依赖程度。在治理结构方面，管理层的权力更容易影响产出型职能背景高管的动态薪酬差异以及生产型职能背景高管的静态薪酬差异。最后，两种职能类型的高管薪酬差异都受公司产权属性以及同行参照的影响。

表 4－9　　非 CEO 高管团队水平薪酬差异影响因素回归结果——分不同职能背景

VARIABLES	(1)	(2)	(3)	(4)
	产出型职能背景高管薪酬差异		生产型职能背景高管薪酬差异	
	CNCEOCV	CNCEOCRCV	SNCEOCV	SNCEOCRCV
NCEODOCTOR	0.0130* (2.006)	0.0158** (2.451)	−8.67e−05 (−0.012)	0.000726 (0.158)
SDNCEOTENURE	0.00239 (1.260)	0.00183 (1.358)	0.00284** (2.190)	0.00409*** (4.436)
SOE	−0.0541*** (−8.291)	−0.0266** (−2.452)	−0.0453*** (−5.876)	−0.0145** (−2.552)

续表

VARIABLES	(1)	(2)	(3)	(4)
	产出型职能背景高管薪酬差异		生产型职能背景高管薪酬差异	
	CNCEOCV	CNCEOCRCV	SNCEOCV	SNCEOCRCV
RDIN	-0.000400 (-0.437)	-0.00115 (-1.519)	-0.00219 *** (-3.546)	-0.00143 ** (-2.755)
MEDNCEOCV	0.425 *** (4.202)		0.516 *** (6.336)	
MEDNCEOCRCV		0.654 ** (2.437)		0.805 *** (6.184)
LNCHAIRTENURE	0.000168 (0.032)	-0.00487 *** (-3.055)	0.00412 ** (2.228)	-0.00439 *** (-3.297)
NCEOBOARD	0.116 (1.692)	0.103 ** (2.147)	0.160 *** (3.063)	0.0731 ** (2.276)
NCEOBOARDSQ	-0.266 (-1.285)	-0.357 *** (-3.683)	-0.321 ** (-2.153)	-0.162 (-1.632)
CONSTANT	-0.178 (-0.974)	-0.0464 (-0.349)	-0.413 *** (-3.457)	-0.438 *** (-7.234)
CONTROLs	Yes	Yes	Yes	Yes
Industry/Year	Yes	Yes	Yes	Yes
Observations	5 951	4 639	14 631	12 080
Adjusted R - squared	0.078	0.042	0.070	0.035

注：(1) ***、**、* 分别表示在 1%、5% 和 10% 的水平上显著；(2) 括号中数值为 t - value。

4.7 本章小结

主流理论对非 CEO 高管之间的薪酬分配具有不同的观点。经济学家认为，应当按照各非 CEO 高管的边际生产率给付薪酬，将非 CEO 高管的薪酬差异化。而社会学家和管理学家则提出了许多理论上影响非 CEO 高管团队薪酬分配的非经济因素。社会比较理论认为，非CEO高管团队内部更容易进行相互比较的行为，且非CEO高管团队也是更需要互相合作和协作的群体，因此，不适宜对非CEO高管团队内部设置过大的薪酬差异。管理学家则更多从个人特征或者管理层的权力角度分析影响非CEO高管团队内薪酬分配的因素。然而，实践中，限于非CEO高管薪酬数据的可得性①，分析非CEO高管团队薪酬差异影响因素的经验证据很少。

中国上市公司自2005年起被强制性要求披露所有高管的薪酬数据，且能观测到每位高管年度间的薪酬变化。基于这个契机，本章采用中国上市公司2005~2015年披露的非CEO高管的薪酬数据，分析了影响非CEO高管团队静态与动态薪酬差异的因素。结果发现：

（1）人力资本差异，包括能力差异以及经验差异，是中国上市公司非CEO高管团队水平薪酬差异的重要来源之一，且相对非CEO高管团队静态薪酬差异，人力资本差异对非CEO高管团队动态薪酬差异的影响更大。

（2）非经济因素是中国上市公司非CEO高管团队水平薪酬差异的大部分来源。当企业是国有控股或非CEO高管团队更需要合作时，会减少非CEO高管团队的水平薪酬差异，而管理层权力会增加非CEO高管团队的水平薪酬差异（如董事长的权力较大时或者适当比例的非CEO高管参与董事会）。最后，公司会参照同行水平设置非CEO高管团队的薪酬差异。

（3）对不同产权属性的上市公司非CEO高管团队薪酬差异影响因素进行分析，发现人力资本差异的影响在非国有企业中更为显著，而国有企业更容易受到政府管制的影响。

（4）对不同职能背景的非CEO高管团队水平薪酬差异影响因素进行分析，发现人力资源或财务等生产型职能背景高管的薪酬差异来源于个人经验的差异以及团队内对合作的需求程度；而销售或研发等产出型职能背景高管的薪酬差异来源于个人能力的差异。因此，管理层权力更容易影响生产型职能背景高管的静态薪酬差异和产出型职能背景高管的动态薪酬差异。

综上所述，本章的研究丰富了非CEO高管团队薪酬差异的影响因素相

---

① 现有的研究往往局限于公司披露的前五名高管薪酬的数据，或通过调研得到所有非CEO高管的数据。

关文献。从经济因素与非经济因素两个方面，探讨了在转型经济背景下中国上市公司非 CEO 高管团队薪酬差异的来源，为本书后续章节中对非 CEO 高管团队薪酬差异带来的经济后果的分析提供了理论和经验基础。需要注意的是，由于造成非 CEO 高管团队薪酬差异的影响因素众多，本书并非意在做一个全面的、详尽的影响因素探讨，而是在主流理论的观点以及中国制度背景下，选取具有代表性的因素进行探索性的分析。

第5章

非CEO高管团队水平薪酬差异、代理成本和高管离职

5.1 引言

在第4章分析非CEO高管团队水平薪酬差异影响因素的基础上，本章讨论非CEO高管团队水平薪酬差异可能带来的经济后果。理论上，非CEO高管对其薪酬分配可能会有积极或消极的反应，并直接反映在其行为上，然后再对企业整体绩效产生综合的效果。现有文献很少直接研究非CEO高管团队薪酬差异对高管行为的影响，大多是直接分析非CEO高管团队薪酬差异对企业绩效的综合影响，这部分内容会在第6章具体分析，本章旨在探讨非CEO高管团队水平薪酬差异对高管行为的影响。

理论上，一方面，委托代理理论认为将高管的薪酬与其业绩挂钩可以提升经理人的努力程度，减少股东与高管之间的代理成本（Jenson and Murphy，1990），因此，在高管团队内应当按照非CEO高管各自的产出和贡献来对其进行差异化激励，以最大限度激励他们的努力水平，带来降低整个管理层与股东之间的代理成本的积极效应。期望理论则在此基础上补充了“让员工感知到绩效是差异化激励的依据”的重要性，即绩效—报酬期望。组织分配理论也赞同上述观点，并认为按照能力、生产率或绩效进行的差异化激励正是分配公平的体现。另一方面，虽然差异化激励是对不同人力资本定价和分配

公平的体现，但现实中薪酬差异的合理性往往难以把握。尤其是对于高管团队内部来说，他们的工作更加相互依赖，贡献有时难以区分，且彼此间容易进行相互比较。社会比较理论认为较大的非 CEO 高管团队水平薪酬差异会加强各非 CEO 高管个人的利益冲突，造成他们之间关系的不和谐，同时也会破坏他们之间的合作，带来离职等一系列的消极反应。锦标赛理论也提出了彼此作为竞争对手的同层级成员之间薪酬差异太大可能会造成恶性竞争的观点。

经验研究上，一方面，直接研究非 CEO 高管团队薪酬差异对高管的积极影响的较少。由于很难直接观测非 CEO 高管的努力水平，以及非 CEO 高管个人的产出有时难以计量和区分，数据上也难以获得，使得研究非 CEO 高管团队薪酬差异对其努力水平的提升或个人产出的提升很难进行。只有少部分学者采用实验或者问卷调查的方法探讨了同层级的员工之间基于业绩的薪酬差异带来的积极效果。如肖恩等（2002）发现使用正式规范的个人激励系统程度越高的公司，其卡车司机之间的薪酬差异与卡车司机的车祸率、报废率都负相关。但正如委托代理理论所预测的，若非 CEO 高管团队的薪酬契约设定是有效的，那么应当能够降低整个管理层的代理成本。因此，本章借助中国上市公司披露所有高管的薪酬数据这个契机，检验现有的非 CEO 高管的薪酬激励是否起到了降低股东与管理层之间代理成本的积极效应。

另一方面，有部分文献探讨了非 CEO 高管团队薪酬差异对高管的消极影响。除了不配合、消极怠工等只能通过企业综合绩效体现的消极反应外，高管最直接的消极反应便是“以脚投票”离开企业。从组织层面的离职率和个人层面的离职两个维度，现有分析非 CEO 高管团队薪酬差异消极反应的文献集中讨论非 CEO 高管的离职情况。如布鲁姆和迈克尔（2002）以及梅瑟史密斯等（2011）发现高管团队中薪酬差异越大时，高管的平均任期越短、团队的离职率越高。但这些对非 CEO 高管的研究只是针对部分管理层（如薪酬排名前五的非 CEO 高管）或者使用来源于小样本的调研数据，借助中国上市公司披露的所有高管的在任离任情况，可以清楚地看到非 CEO 高管团队内的离职情况。因此，本章探讨非 CEO 高管间薪酬差异对其离职率的消极反应。

和第 4 章一样，本章采用 2005 ~ 2015 年中国上市公司披露的非 CEO 高管薪酬数据作为大样本检验的基础，分析非 CEO 高管团队静态与动态的薪酬差异对高管带来的直接的积极与消极的影响。具体地，首先分析非 CEO 高管团队薪酬差异对管理层与股东之间代理成本的影响，发现非 CEO 高管团队薪酬差异可以降低管理层的代理成本，且在公司治理较好或高管团队薪酬水平相对于同行薪酬水平较高时更为显著。其次分析非 CEO 高管团队薪酬差异对非 CEO 高管离职率的影响，发现非 CEO 高管团队薪酬差异会增加非 CEO 高管的离职率，且在薪酬水平相对于同行业薪酬水平较低或团队内部 CEO 与非 CEO 高管垂直薪酬差异较大时更为显著。进一步地，考虑不同产权下的非 CEO 高管团队薪酬差异对高管行为的影响时发现：一是国有企业中非 CEO 高管团队薪酬差异降低代理成本的积极反应与增加离职率的消极反应都更为显著，且在地方国企或者非管制行业中更甚。这表明要在国有企业中发挥非 CEO 高管薪酬激励的积极效应需要减少政府的管制和干预，但同时也需要注意长期平均分配的文化价值观下提升薪酬差异可能带来的离职率增加等消极效应。二是非国有企业的非 CEO 高管团队薪酬差异对降低代理成本的作用有限，仅在机构持股比例较高时能发挥一定作用；非国有企业的非 CEO 高管团队薪酬差异也会增加高管的离职率，但仅在非 CEO 高管的平均薪酬低于同行业平均水平时，离职的消极效应才更为显著。这表明非国有企业对非 CEO 高管进行薪酬激励时要注意对内提升治理水平，对外提升薪酬竞争力。

本章的其他部分安排如下：第 5. 2 部分是理论分析与研究假设，第 5. 3 部分是研究设计，第 5. 4 部分是实证结果，第 5. 5 部分是稳健性检验，第 5. 6 部分是进一步研究，第 5. 7 部分是本章小结。

5. 2 理论分析与研究假设

理论上，非 CEO 高管团队水平薪酬差异对高管行为的影响有积极和消极两派观点。本书将分别从非 CEO 高管团队水平薪酬差异对代理成本以及非 CEO 高管离职率的影响来分析非 CEO 高管团队薪酬差异带来的积极和消极的影响。

5.2.1 非 CEO 高管团队水平薪酬差异与代理成本

对同层级内员工的薪酬差异的经济后果持积极观点的主要支持者是经济学家。古典经济学理论认为按照边际生产率给付薪酬最能激励雇员的努力水平。在此经济学理论框架下，委托代理理论为解释企业所有者与经理人之间的委托代理关系提供了更深入的分析。标准的委托代理理论认为，由于信息不对称的存在，为减少经理人的道德风险，最大限度激励经理人的努力水平，应使经理人的边际报酬等于其边际产出。基于此结论，现有许多研究考察经理人的薪酬与业绩之间的关系（Jenson and Murphy，1990），即将经理人的业绩与薪酬挂钩以提升经理人的努力程度，减少代理成本。但现实中，往往存在多个代理人，如企业的高级管理团队中除 CEO 之外，其他的非 CEO 高管与企业所有者之间同样也存在着委托代理关系。和单代理人情境下的委托代理问题不同的是，多代理人情境下不仅要考虑各个经理人的代理问题，同时还要考虑经理人之间的相互影响，包括共谋、互相监督等。本章认为，多个非 CEO 高管之间较大的薪酬差异有助于降低高管团队与股东之间的代理成本，主要有以下几个原因。

首先，非 CEO 高管之间较大的薪酬差异代表了薪酬与业绩挂钩的激励文化。中国在过去四十多年从计划经济向市场经济的转轨过程中，企业的薪酬模式从极端的平均分配逐渐转向与个人业绩相挂钩的工资体系（Ding et al. ,2009；辛清泉和谭伟强，2009），企业高管尤其是国有企业高管的薪酬业绩敏感度逐年上升（辛清泉和谭伟强，2009），高管之间的薪酬差距也逐渐拉大（Xu et al. , 2016）。非 CEO 高管之间差异化的激励意味着，不同程度的努力付出、不同的业绩表现可以得到不同的薪酬。对个人激励的重视能够提高高管个人的努力水平，减少偷懒的行为，缓解高管的代理问题，降低企业的代理成本。

其次，委托代理理论指出，由于信息不对称使得委托人难以观测到经理人的努力水平，进而带来较高的监督成本，但该现象在多代理人情境下有所缓解。对于同层级的非 CEO 高管而言，彼此之间更为了解，且观察相互之间行为的信息成本相对委托人较低，因此，可以利用非 CEO 高管之间的互相监督来降低委托人的监督成本，从而减少代理成本（Lazear and Rosen，1981）。

再次，非 CEO 高管之间过于平均的薪酬分配不仅会使高能力的非 CEO 高管感觉没有得到应有的报酬，从而削弱了高能力的非 CEO 高管的努力水平，还会促使低能力的非 CEO 高管的“搭便车”行为。而企业要维持较为均等的薪酬分配，同时又要留住高能力的非 CEO 高管并激励他们努力工作，就不得不对低能力者有同样程度的激励，从而最终增加企业的代理成本（Frank and Cook，1995；Siegel and Hambrick，2005）。

最后，组织正义理论（Sheppard，Lewicki and Minton，1992）也认为，采用个人激励带来的薪酬差异大有裨益，这种将个人激励、薪酬差异与组织想要达到的目标相联系的方式体现了组织对公平的考虑，尤其是程序公平。进一步地，采用薪酬与业绩挂钩的个人激励系统更能让高管感觉到对结果的控制，这种控制观念是组织公正的基本组成部分（Folger and Greenberg，1985）。因此，在非 CEO 高管感知到分配公平时，会减少偷懒、不合作等道德风险行为，从而降低企业的代理成本。

综上所述，无论是委托代理理论还是组织分配理论的观点，其实质都强调了个人绩效或贡献作为薪酬差异依据的合理性（legitimate）。由于个人绩效或贡献在理论与实践中被广泛接受和认可，因此，来源于个人绩效或贡献差异的薪酬差异会提高非 CEO 高管对薪酬分配公平的感知，进而减少非 CEO 高管的道德风险行为，在一定程度上能够降低股东与管理层之间的代理成本。进一步地，除了薪酬分配依据的合理性，非 CEO 高管同时也会从企业内部以及外部获取信息来判断他们之间薪酬分配的合理性。

首先，激励机制的有效运行需要内部控制系统的配合，如现有许多研究发现公司治理结构会影响高管薪酬（Bebchuk and Fried，2003）以及高管团队薪酬分配（Xu and Liu，2017）。在一个良性的公司治理结构下，与业绩挂钩的薪酬激励机制能够得到更有效的运行，包括非 CEO 高管之间薪酬分配依据的合理性，以及分配流程的公正都能得到更高程度的保证。因此，在公司治理水平较高时，非 CEO 高管对薪酬差异合理性的感知较高，更能接受现有的薪酬差异是公平分配的结果。非 CEO 高管会对公平的激励机制做出反应，减少道德风险行为，提高自身努力水平，从而降低企业的代理成本。其次，非 CEO 高管对其薪酬分配公平性的感知亦会受外部同行的影响（Trevor and Wazeter，2006）。公平理论认为个人会与一系列的参照对象进行社会比较来评价薪酬分配的公平性（Kulik and Ambrose，1992；Cowherd and Levine，1992），而企业外部同行业的其他非 CEO 高管的薪酬情况是非 CEO 高管对自身薪酬公平与否的一个重要评判标准。若非 CEO 高管薪酬水平相对于同行业其他公司非 CEO 高管的薪酬水平较高，非 CEO 高管更能接受内部的薪酬分配以及薪酬差异；反之，若非 CEO 高管发现自身薪酬低于同行业水平，对内部薪酬分配的不公平感越高，越容易产生消极的反应。因此，相对于同行业较高的薪酬水平能提升非 CEO 高管对内部薪酬分配的合理性及公平性的感知，有助于提升激励机制实施的有效性，减少非 CEO 高管的道德风险行为，并进一步降低企业的代理成本。

根据以上分析，本章提出以下假设：

假设 5 -1a：非 CEO 高管团队薪酬差异与管理层的代理成本负相关。

假设 5 -1b：非 CEO 高管团队薪酬差异与管理层的代理成本的负相关关系在公司治理越好时越显著。

假设 5 -1c：非 CEO 高管团队薪酬差异与管理层的代理成本的负相关关系在高管团队的薪酬水平相比同行业水平更高时更为显著。

5.2.2 非 CEO 高管团队水平薪酬差异与离职率

对同层级内员工的薪酬差异的经济后果持消极观点的主要是社会学家与管理学学者。公平理论认为现实中对薪酬差异依据的合理性以及薪酬分配公平的度往往难以把握；社会比较理论认为同层级的雇员因为有着更为相似的能力、个人特征以及职位水平，因此更容易选择彼此并相互比较，在投入无法观测，而产出又由于任务相互依赖而无法准确区分衡量时，较大的层级内薪酬差异容易带来不公平感和薪酬不满意度（Pfeffer and Langton，1993），彼此间嫉妒感增强（Barnard，1938），进而可能会选择降低自身的投入或减少合作，花费更多的精力进行寻租，甚至是离开组织（Fredrickson et al.，2010）。现有文献主要从组织和个人两个层面研究同层级内薪酬差异对雇员离职的影响。从组织层面，布鲁姆和迈克尔（2002）以及梅瑟史密斯等（2011）发现高管团队中薪酬差异越大时，高管的平均任期越短、团队的离职率越高。从个人层面，学者们分析个人在同层级薪酬分配中所处的地位对其是否留在组织内决策的影响。如普费弗和戴维斯布莱克（1992）认为个人在同层级薪酬分配中所处的地位会影响薪酬差异带来的公平感知，并进一步影响个人的行为。他们发现美国大学里的行政人员之间的薪酬差异会降低薪酬较高的人员的离职率，并提升薪酬较低的人员的离职率。特雷弗和瓦泽特（2006）、梅瑟史密斯等（2011）、凯尔等（2014）也得出同样的结论。

基于以上研究理论与经验，本章旨在分析高管团队中非 CEO 高管团队水平薪酬差异对非 CEO 高管离职率的影响。

首先，基于社会比较理论，非 CEO 高管之间更容易进行薪酬的比较。相对于其他的同层级的社会成员，非 CEO 高管在工作经历、教育、观点和气质上都很相似（March and March，1977）。此外，高层管理人员之所以能够达到这一层级，部分原因在于他们具有很强的竞争力，这使得他们特别容易对薪酬进行社会比较（Lazear，1989）。

其次，公平理论认为人们会与自己选择的参照对象比较投入（如努力水平）以及产出（如薪酬水平），加之社会心理学的相关证据表明人们往往会高估自身的能力与贡献（Moore and Small，2007），且这种高估的倾向在个人贡献与业绩难以区分衡量时如在高管团队中更为明显（Chatterjee and Hambrick，2007；Hayward and Hambrick，1997；Hiller and Hambrick，2005）。由于非 CEO 高管之间更容易进行比较，且高管团队内相互依赖与合作的程度较高导致各非 CEO 高管的绩效和贡献有时难以准确区分，因此非 CEO 高管倾向于认为他们至少与其他的高管一样对公司有相同的贡献，对于他们之间薪酬分配以及薪酬的差异会特别敏感。较大的薪酬差异会让他们觉得自己没有得到公正的对待，为表示不满他们会减少投入和付出，即消极怠工，产生嫉妒，不愿意与其他高管进行合作，甚至是离开公司从而带来较高的离职率。

最后，组织政治学理论也为非 CEO 高管团队薪酬差异带来的消极影响提供了解释。过大的非 CEO 高管团队薪酬差异会加剧非 CEO 高管的政治行为，带来恶性竞争等问题（Lazear，1989；Milgrom and Roberts，1990）。虽然恶性竞争主要是在探讨非 CEO 高管与 CEO 之间的薪酬差异时才涉及，但由于非 CEO 高管同为 CEO 职位的竞争者，他们在关注自身利益的同时还有可能会对竞争对手的产出进行破坏，以增加自身晋升到更高层级的概率，这种行为不利于团队的和谐，有可能会带来内部的冲突，造成人员的流失与离职（Lazear，1989；Lazear 1995；Rosen，1986）。

综上所述，非 CEO 高管团队水平薪酬差异过大时，会增强非 CEO 高管的薪酬不公平感和不满意度，非 CEO 高管很有可能“用脚投票”来表达不满，从而造成较高的离职率。进一步地，非 CEO 高管同时也会从企业的内部和外部选择比较的对象来获取关于薪酬是否公平分配的信息，从而影响其是否离职的决策。首先，非 CEO 高管除了会彼此之间相互比较，还会参照 CEO 的薪酬以及与 CEO 之间的薪酬差异来判断其薪酬的公平性。虽然说 CEO 与非 CEO 高管处于不同的层级，存在一定薪酬差异是合理的；而且，锦标赛理论认为较大的 CEO 与非 CEO 高管团队薪酬差异可以看成非 CEO 高管竞争 CEO 职位成功的奖金，对非 CEO 高管具有一定程度的激励作用（Main et al.，1993）。但若 CEO 与非 CEO 高管团队薪酬差异较大，即晋升奖励较大时，非 CEO 高管之间同样也设置较为差异化的薪酬分配可能会加剧高管团队内的竞争气氛，甚至发生恶性竞争如寻租或破坏竞争对手的产出等行为，导致部分非 CEO 高管离职。其次，非 CEO 高管还会参照外部同行的薪酬水平来感知内部薪酬分配的公平性。在非 CEO 高管的薪酬高于同行业的其他非 CEO 高管薪酬时，非 CEO 高管更容易接受内部的差异化薪酬分配，外部的劳动力市场降低了非 CEO 高管跳槽到其他薪酬更高企业的预期。反之，在非 CEO 高管的薪酬低于同行业的其他非 CEO 高管薪酬时，非 CEO 高管面对内部差异化的薪酬分配的不公平感知更为强烈，提高了其跳槽到其他更高薪酬水平的企业中的概率。

根据以上分析，本章提出以下假设：

假设 5 -2a：非 CEO 高管团队薪酬差异与高管团队离职率正相关。

假设 5 -2b：非 CEO 高管团队薪酬差异与高管团队离职率的正相关关系在高管团队的薪酬水平相比同行业薪酬水平更低时更为显著。

假设 5 -2c：非 CEO 高管团队薪酬差异与高管团队离职率的正相关关系在高管团队内的垂直薪酬差异更大时更为显著。

5.3　研究设计

5.3.1　样本选择与数据来源

本章的研究样本包括 2005 ~2015 年的上市公司非 CEO 高管，非 CEO 高管的定义与第 4 章一致，此处不再赘述。

样本的筛选过程如下：首先，按照第 4 章中筛选原则对样本进行筛选，得到有效的高管团队 22 518 个，包括 36 050 位高管，139 880 个公司—高管—年观测值（其中 21 760 个 CEO 观测值，118 120 个非 CEO 高管观测值）。其次，根据以下程序剔除不符合要求的公司观测值：一是金融、保险类公司 368 个观测值；二是不能计算企业上一年度的非 CEO 高管团队薪酬差异的观测值 4 381 个①，得到 17 769 个有效公司观测值（包括 112 885 个公司—高管—年观测值，其中 17 327 个 CEO 观测值，95 558 个非 CEO 观测值）②。本章的数据分析仍然基于公司层面。高管个人薪酬数据来自 CSMAR 数据库，其中非 CEO 高管薪酬数据根据职位名称手工整理和筛选，其他公司特征、财务和治理变量数据均来自 CSMAR 数据库或 Wind 数据库。

① 由于本章的检验模型采用的是非 CEO 高管团队薪酬差异的滞后一期，所以要求样本公司都能计算上一期的非 CEO 高管团队薪酬差异。

② 该样本是本章的基本数据样本，暂时没有剔除其他控制变量缺失的样本，具体的样本大小根据不同的模型有所变化。

5.3.2 非 CEO 高管团队水平薪酬差异的衡量

与第 4 章一样，本章同样采用了两个指标来衡量非 CEO 高管的薪酬差异，即薪酬水平差异（NCEOCV）和薪酬变动差异（NCEOCRCV），算法与第 4 章一致，此处不再赘述。

5.3.3 代理成本的衡量

本章借鉴洪等（Ang et al.，2000）的方法，采用管理费用率即管理费用占营业收入的比重衡量股东与管理层的代理成本。但考虑到部分管理费用（EXPENCE）是企业的正常成本消耗，因此，参考徐等（Xu et al.，2014）计算超额在职消费的方法，用企业的超额管理费用对本章所说的代理成本（AGENCYCOST）进行衡量。具体算法如下。

按照模型（5－1）计算企业的正常管理费用：

$$EXPENCE_t = \beta_0 + \beta_1 LNTOTALCOMP_t + \beta_2 LNASSET_t + \beta_3 LNINCPERCAP_t + \varepsilon_t \quad (5-1)$$

其中，EXPENCE 是管理费用率，是企业的年度管理费用占年度营业收入的比重；LNTOTALCOMP 是公司所有员工薪酬的自然对数；LNASSET 是总资产账面价值的自然对数；LNINCPERCAP 是企业所处省份的人均收入总额的自然对数。再用企业实际的管理费用率与模型（5－1）估计的正常管理费用率之差即模型（5－1）的残差项对本章所说的代理成本进行衡量。

5.3.4 非 CEO 高管离职率的衡量

参考凯尔等（2009）的方法，本章分析非 CEO 高管间的薪酬差异对非 CEO 高管整体离职率的影响，因此，非 CEO 高管的离职率是当年离开公司的非 CEO 高管人数占年初时非 CEO 高管总人数的比重。具体地，由于本章样本中的非 CEO 高管都是年度末仍在任的高管，即不包含当年离任的高管，因而根据样本中每年度末非 CEO 高管的名单来判断非 CEO 高管是否在下一年离任，以此得到每一年度离任的非 CEO 高管人数，再结合年初时非 CEO 高管总人数，得到非 CEO 高管当年的离职率（NCEOTURNOVER）。值得注意的是，由于本章探讨的是企业非 CEO 高管整体的离职情况，并没有对每位非 CEO 高管具体的离职原因进行细分，NCEOTURNOVER 这个指标一定程度上能反映高管团队的稳定性。

5.3.5　计量模型与变量定义

首先是非 CEO 高管团队薪酬差异对管理层代理成本的影响。参照现有研究（Ang et al.，2000；李寿喜，2007；姜付秀等，2009）加入了公司治理以及公司特征等控制变量，采用模型（5－2）对非 CEO 高管团队薪酬差异与代理成本之间的关系进行检验。

$$\begin{aligned} AGENCYCOST_t = & \beta_0 + \beta_1 NCEODISPER_{t-1} + \beta_2 TOP1_t + \beta_3 BOARD_t + \beta_4 RATIO_t \\ & + \beta_5 SUPERVISE_t + \beta_6 DUAL_t + \beta_7 HOLD_t \\ & + \beta_8 LNMEANTMTCOMP_t + \beta_9 SIZE_t + \beta_{10} SOE_t \\ & + \beta_{11} LEV_t + \beta_{12} FCF_t + \beta_{13} GROWTH_t + \beta_{14} MKR_t + \varepsilon_t \end{aligned} \quad (5-2)$$

其中，代理成本以及非 CEO 高管团队薪酬差异（NCEODISPER 分别指 NCEOCV 与 NCEOCRCV）的衡量如前所述。参照基尼和威廉姆斯（2012）的做法，并考虑高管薪酬在期初制定，从而对当期高管行为产生影响，因此，非 CEO 高管团队薪酬差异采用期初数①。控制变量主要包括公司治理与公司特征两组变量。其中公司治理变量包括股权结构、董事会、监事会以及高管激励。股权结构变量包括公司的第一大股东持股比例（TOP1）；董事会变量包括董事会的规模（BOARD）、独立董事的比例（RATIO）以及董事长与总经理是否两职合一（DUAL）；监事会指监事会的规模（SUPERVISE）；高管激励变量包括高管团队的平均薪酬水平，采用其对数的形式（LN-

① 本章同样采用非 CEO 高管团队薪酬差异的当期值进行稳健性检验，结果基本一致。

MEANTMTCOMP）以及高管团队的持股比例（HOLD）来衡量。公司特征变量包括公司的规模（SIZE）、公司的产权（SOE）、公司的资产负债率（LEV）、自由现金流（FCF）、公司的成长性（GROWTH）以及公司所处地区的市场化程度（MKR），各变量具体的定义见表 5 - 1。除此之外，模型（5 - 2）还控制了年度与行业的固定效应。

表 5 - 1　　　　变量定义

变量	定义
非 CEO 高管团队薪酬差异	
NCEOCV	非 CEO 高管团队静态薪酬差异。NCEOCV = 非 CEO 高管薪酬的标准差/非 CEO 高管的薪酬均值
NCEOCRCV	非 CEO 高管团队动态薪酬差异。NCEOCRCV = 非 CEO 高管薪酬增长率的标准差
代理成本	
AGENCYCOST	超额管理费用，具体算法参见文中叙述
非 CEO 高管离职率	
NCEOTURNOVER	当年离开公司的非 CEO 高管人数占年初时非 CEO 高管团队总人数的比例
公司治理	
TOP1	大股东持股比例。TOP1 = 公司第一大股东持股比例
BOARD	董事会规模。BOARD = 董事会人数的对数
RATIO	独立董事比例。RATIO = 独立董事人数/董事会人数
SUPERVISE	监事会规模。SUPERVISE = 监事会人数的对数
DUAL	董事长与总经理是否两职合一，如果是，则取值为 1，否则为 0
HOLD	高管团队的平均持股比例
FUNDRATIO	机构投资者的平均持股比例，来源于 CSMAR 数据库
公司特征变量	
SOE	产权。如果公司最终控制人为国企集团或国有资产管理机构，那么上市公司被定义为国有企业，即 SOE = 1；如果公司最终控制人为个人、外资企业等非国有机构，那么上市公司被定义为非国有企业，即 SOE = 0
SIZE	公司规模。SIZE = 公司总资产的对数
LEV	公司负债率。LEV = 负债总额/资产总额

续表

变量	定义
公司特征变量	
FCF	自由现金流。（经营活动产生的现金流量净额 - 净营运资金变化 - 购建固定资产、无形资产和其他长期资产所支付的现金）/总资产
GROWTH	公司成长性。GROWTH = 营业收入的增长率
MKR	市场化程度。按照樊纲和王小鲁（2013）定义的中国各地区的市场化指数，将市场化指数在中值以上的地区定义为市场化进程较高的区域，MKR 取值为 1，将市场化指数在中值以下的地区定义为市场化进程较低的区域，MKR 取值为 0
ROA	资产收益率。ROA = 净利润/总资产
高管团队特征变量	
NUM	高管团队规模。NUM = 按照文中高管定义和样本筛选后的有效高管人数
MEANTMTCOMP	高管团队平均薪酬水平。TMTCOMP = 按照文中高管定义和样本筛选后的高管的总薪酬水平/高管团队人数
VGAP	高管团队内部垂直薪酬差异。VGAP = CEO 的薪酬 - 非 CEO 高管平均薪酬
CEOAGE	CEO 的年龄
CEOHOLD	CEO 的持股比例
CEOTENURE	CEO 的任期。LNCEOTENURE = CEO 在任的月数的对数
NEWCEO	CEO 是否新任，若在年度内 CEO 新任，则取值为 1，否则为 0
MEDNCEOAGE	非 CEO 高管的年龄中值
MEDNCEOHOLD	非 CEO 高管的持股比例的中值
NCEOBOARD	非 CEO 高管参与董事会的比例。NCEOBOARD = 同时兼任董事会成员的非 CEO 高管人数占董事会总人数的比例

根据假设 5 - 1a，非 CEO 高管的薪酬差异可以降低企业的代理成本，因此预计 $NCEOCV_{t-1}$ 与 $NCEOCRCV_{t-1}$ 的系数显著为负。进一步地，考虑非 CEO 高管会从内外部获取信息判断薪酬差异的合理性，将模型（5 - 2）分别在公司治理水平高低以及相对于同行业薪酬水平高低进行检验。根据假设 5 - 1b 与假设 5 - 1c，预计 $NCEOCV_{t-1}$ 与 $NCEOCRCV_{t-1}$ 的系数在公司治理水平较高以及相对于同行业薪酬水平较高时更为显著。本章所说的公司治理水平用机构投资者持股比例的高低进行区分，若公司的机构投资者的持股比例

（FUNDRATIO）高于同年度同行业的中值，则定义为公司治理水平较高组；反之，低于同年度同行业中值的则定义为公司治理水平较低组。相对于同行业薪酬水平高低用相对同年度同行业的高管团队平均薪酬的中值进行区分，高于同行业年度中值水平的则定义为相对于同行业薪酬较高组；反之，低于同行业年度中值水平的则定义为相对于同行业薪酬较低组。

其次是非 CEO 高管团队薪酬差异对非 CEO 高管离职率的影响。参照现有的研究（张兴亮和夏成才，2016；Kale et al.，2014）加入了公司治理、公司特征、高管特征三组控制变量，并采用模型（5－3）对非 CEO 高管团队薪酬差异与离职率之间的关系进行检验。

$$\begin{aligned}NCEOTURNOVER_t = {} & \beta_0 + \beta_1 NCEODISPER_{t-1} + \beta_2 FUNDRATIO_t + \beta_3 TOP1_t \\ & + \beta_4 BOARD_t + \beta_5 RATIO_t + \beta_6 DUAL_t + \beta_7 ROA_{t-1} \\ & + \beta_8 SOE_t + \beta_9 SIZE_t + \beta_{10} LEV_t + \beta_{11} GROWTH_t + \beta_{12} MKR_t \\ & + \beta_{13} NUM_t + \beta_{14} LNMEANTMTCOMP_t + \beta_{15} LNCEOAGE_t \\ & + \beta_{16} CEOHOLD_t + \beta_{17} LNCEOTENURE_t + \beta_{18} NEWCEO_t \\ & + \beta_{19} LNMEDNCEOAGE_t + \beta_{20} MEDNCEOHOLD_t \\ & + \beta_{21} NCEOBAORD_t + \varepsilon_t \end{aligned} \tag{5-3}$$

其中，非 CEO 高管的离职率（NCEOTURNOVER）以及非 CEO 高管团队薪酬差异（NCEODISPER 分别指 NCEOCV 与 NCEOCRCV）的衡量如前所述。参考基尼和威廉姆斯（2012）的做法，且考虑到非 CEO 高管在当期是否离职是受到期初设定的薪酬差异影响，因此，非 CEO 高管团队薪酬差异采用期初数①。控制变量主要包括公司治理、公司特征以及高管特征三组。其中公司治理变量包括股权结构以及董事会两个层面，股权结构变量包括机构投资者的持股比例以及第一大股东的持股比例。董事会变量包括董事会的规模、独立董事的比例以及董事长与总经理是否两职合一。公司特征相关变量包括公司上一期的业绩表现②（ROA）、公司的产权、公司的规模、公司的

① 本章同样采用非 CEO 高管团队薪酬差异的当期值进行稳健性检验，结果基本一致。

② 由于当年公司的年度业绩是当年的综合情况，难以成为非 CEO 当年离职的主要原因。公司业绩的好坏对高管离职的影响具有一定的滞后性。

资产负债率、公司的成长性以及公司所处地区的市场化程度。高管特征变量包括团队整体特征、CEO 特征以及非 CEO 高管的特征。具体来说，团队整体特征变量包括团队的规模，即高管团队的人数（NUM）以及高管团队的平均薪酬水平（LNMEANTMTCOMP）；CEO 的特征变量包括年龄（LNCEO-AGE）、持股比例（CEOHOLD）、任期（LNCEOTENURE）以及 CEO 是否当年新任（NEWCEO），哈耶斯等（Hayes et al.，2005）指出如果当年 CEO 发生离任，其他非 CEO 高管离职的概率也会增加。非 CEO 高管的特征变量包括非 CEO 高管的年龄的中位数（LNMEDNCEOAGE）、持股的中位数（MEDNCEOHOLD）以及非 CEO 高管在董事会的任职情况（NCEOBAORD）。各变量具体的定义参见表 5 –1。除此之外，模型（5 –3）还控制了年度与行业的固定效应。

根据假设 5 –2a，非 CEO 高管团队水平薪酬差异会增加非 CEO 高管的离职率，因而预计 $NCEOCV_{t-1}$与 $NCEOCRCV_{t-1}$的系数显著为正。进一步地，考虑非 CEO 高管选择内外部的比较对象来感知他们之间薪酬差异的公平性，分别将模型（5 –3）在内部薪酬差距高低组以及相对于同行业薪酬高低组进行检验，根据假设 5 –2b 与假设 5 –2c，预计 $NCEOCV_{t-1}$与 $NCEOCRCV_{t-1}$的系数在内部薪酬差距较高以及相对于同行业薪酬越低时显著为正。本章对内部薪酬差距高低用 CEO 与非 CEO 高管薪酬均值差异的高低来区分，若 CEO 与非 CEO 高管平均薪酬水平高于同行业年度中值水平则定义为内部薪酬差距越大；反之，若低于同行业年度中值水平则定义为内部薪酬差距较小。相对于同行业薪酬水平高低的衡量方式与上述一致，不再赘述。

5.4　实证结果

5.4.1　描述性统计

表 5 –2 是主要变量的描述性统计。本章同样采用 NCEOCV 和 NCEOCRCV 衡量非 CEO 高管团队静态和动态两个维度的薪酬差异。NCEOCV 的均值（中

值）与 NCEOCRCV 的均值（中值）分别是 0.197（0.155）、0.136（0.064）。非 CEO 高管团队动态薪酬差异相对静态薪酬差异分布更加离散。AGENCY-COST 用来衡量管理层的代理成本，用企业超额的管理费用率来衡量，该变量在样本中的分布较为均匀，均值和中值分别是 0.104 和 0.083。NCEOTURNOVER 用来衡量非 CEO 高管的离职率，样本中非 CEO 高管的平均离职率为 14.5%（均值为 0.145），但 50% 以上的样本公司中没有发生非 CEO 高管的离职（中位数为 0.000）。

表 5-2　　　主要变量的描述性统计

变量名	观测值	均值	中位数	标准差	1/4 分位数	3/4 分位数
NCEOCV	16 959	0.197	0.155	0.176	0.065	0.284
NCEOCRCV	16 320	0.136	0.064	0.221	0.014	0.160
AGENCYCOST	17 531	0.104	0.083	0.156	0.006	0.173
NCEOTURNOVER	17 538	0.145	0.000	0.194	0.000	0.250
TOP1	17 766	0.358	0.338	0.152	0.235	0.469
BOARD	17 701	8.968	9.000	1.833	8.000	9.000
RATIO	17 701	0.368	0.333	0.052	0.333	0.400
SUPERVISE	17 747	3.794	3.000	1.240	3.000	5.000
DUAL	17 393	0.212	0.000	0.409	0.000	0.000
HOLD	16 788	0.047	0.000	0.118	0.000	0.009
FUNDRATIO	17 769	0.026	0.009	0.037	0.000	0.038
SIZE	17 767	21.843	21.699	1.265	20.953	22.563
SOE	17 619	0.497	0.000	0.500	0.000	1.000
LEV	17 765	0.477	0.475	0.239	0.301	0.634
FCF	17 758	-0.028	-0.009	0.150	-0.083	0.051
GROWTH	17 740	0.197	0.110	0.568	-0.035	0.278
MKR	17 662	0.780	1.000	0.414	1.000	1.000
ROA	17 763	0.034	0.033	0.064	0.012	0.063
NUM	17 769	6.353	6.000	2.418	5.000	8.000
MEANTMTCOMP（万）	17 621	40.637	32.370	31.889	20.000	51.161
VGAP（万）	17 112	16.277	10.020	29.878	3.600	21.190

续表

变量名	观测值	均值	中位数	标准差	1/4 分位数	3/4 分位数
CEOAGE	17 308	48.087	48.000	6.348	44.000	52.000
CEOHOLD	16 144	0.033	0.000	0.094	0.000	0.001
CEOTENURE	17 113	4.313	3.667	3.376	1.667	6.167
NEWCEO	17 327	0.161	0.000	0.367	0.000	0.000
MEDNCEOAGE	17 724	45.461	45.500	4.499	42.500	48.500
MEDNCEOHOLD	16 675	0.001	0.000	0.004	0.000	0.000
NCEOBOARD	17 679	0.135	0.111	0.119	0.000	0.222

公司治理相关变量中，TOP1 的均值为 0.358，表明样本公司平均第一大股东持股比例约为 35.8%；BOARD 的均值为 8.968，表明样本公司中董事会的规模平均约为 9 人；独立董事比例 RATIO 的均值为 0.368，表明样本公司中的独立董事比例约为 36.8%；SUPERVISE 的均值为 3.794，表明样本公司中的监事会的规模平均约为 4 人；DUAL 的均值为 0.212，样本公司中总经理和董事长两职合一的情况占 21% 左右；HOLD 的均值为 0.047，表明样本公司中高管团队的平均持股比例为 4.7%，且 50% 以上的公司不存在高管层持股的情况；最后，机构持股 FUNDRATIO 的均值为 0.026，表明样本公司中机构投资者的平均持股比例为 2.6%。公司特征相关变量中，样本公司资产规模的对数 SIZE 的均值为 21.843，中位数为 21.699，分布比较均匀。产权变量 SOE 的均值是 0.497，样本中约有一半的公司为国有企业；LEV 的均值为 0.477，表明样本公司的平均资产负债率约为 48%；自由现金流 FCF 的均值为 -0.028，中值为 -0.009；公司成长性 GROWTH 的均值为 0.197，表明样本公司的销售增长率平均为 19.7%。市场化水平 MKR 的均值为 0.780，表明样本中约有 78% 的公司处于市场化进程较高的地区，与之前文献的结果一致；最后，企业的总资产收益率 ROA 的均值为 0.034，中值为 0.033，分布较为均匀。高管团队特征中，团队规模 NUM 均值为 6.353，表明样本公司中的高管团队规模平均大概 6 人；高管团队的平均薪酬水平 MEANTMTCOMP（未取自然对数）均值为 40.637，表明样本公司中高管团队的平均薪酬水平大概是 40 万元，而 VGAP（未取自然对数）的均值为

16.277，表明样本公司中 CEO 与非 CEO 高管平均薪酬水平的差异大致是 16 万元。CEO 相关特征变量中，CEO 的平均年龄是 48 岁，平均持股比例为 3.3%，平均任期是 4.3 年。NEWCEO 的均值是 0.161，表明样本公司中，有 16% 在当年度发生了 CEO 的变更。非 CEO 高管的相关变量中，非 CEO 高管的年龄中值是 45 岁，持股比例的中值是 1% 左右；NCEOBOARD 的均值（中值）是 0.135（0.111），表明平均来说，样本公司的董事会中有 13.5% 的董事成员同时是非 CEO 高管。

表 5 –3 是主要变量的相关系数表，列示了本章中的主要解释变量以及被解释变量之间的相关系数关系。表 5 –3 表明，非 CEO 高管团队薪酬差异的两个指标之间具有显著的正相关关系，而非 CEO 高管团队薪酬差异与代理成本显著负相关，与非 CEO 高管离职率显著正相关，与前面的假设预期一致，其他变量的相关系数参照第 4 章，本章不再赘述。

表 5 –3　　　　主要变量的相关系数

VARIABLES	(1)	(2)	(3)	(4)	(5)	(6)
(1) NCEOCV	1					
(2) NCEOCRCV	0.287 ***	1				
(3) LNCEOCV	0.627 ***	0.365 ***	1			
(4) LNCEOCRCV	0.180 ***	0.180 ***	0.283 ***	1		
(5) AGENCYCOST	–0.100 ***	–0.063 ***	–0.094 ***	–0.044 ***	1	
(6) NCEOTURNOVER	0.015 **	0.019 **	0.061 ***	0.048 ***	0.068 ***	1

注：(1) ***、**、* 分别表示在 1%、5% 和 10% 的水平上显著。

表 5 –4 是不同非 CEO 高管团队薪酬差异水平下本章所涉及主要变量的单变量检验。其中 Panel A 是不同程度的非 CEO 高管团队静态薪酬差异，Panel B 是不同程度的非 CEO 高管团队动态薪酬差异。非 CEO 高管团队薪酬差异的高低程度按照样本中同行业同年度的中值进行区分，若该年度该公司的非 CEO 高管团队薪酬差异高于行业中值，则为高薪酬差异组；反之，若低于行业中值，则为低薪酬差异组。从表 5 –4 可以看出，两个非 CEO 高管团队薪酬差异指标具有一致性；且非 CEO 高管团队薪酬差异高组的平均代理成本要显著低于非 CEO 高管团队薪酬差异低组，非 CEO 高管团队薪酬差

异高组的平均离职率要显著高于非 CEO 高管团队薪酬差异低组。

表 5－4　不同非 CEO 高管团队水平薪酬差异下各变量的单变量检验

Panel A 变量名	低静态薪酬差异		高静态薪酬差异		MeanDiff
	样本量	均值	样本量	均值	
LNCEOCRCV	7 106	0.092	6 901	0.184	－0.092***
AGENCYCOST	8 813	0.116	8 718	0.091	0.025***
NCEOTURNOVER	8 801	0.136	8 737	0.154	－0.018***
TOP1	8 931	0.360	8 835	0.355	0.005**
BOARD	8 890	9.007	8 811	8.929	0.079***
RATIO	8 890	0.368	8 811	0.369	－0.001
SUPERVISE	8 923	3.851	8 824	3.736	0.115***
DUAL	8 727	0.192	8 666	0.232	－0.039***
HOLD	8 369	0.041	8 419	0.053	－0.012***
FUNDRATIO	8 934	0.026	8 835	0.026	－0.001
SIZE	8 934	21.802	8 833	21.885	－0.084***
SOE	8 856	0.561	8 763	0.431	0.129***
LEV	8 931	0.484	8 834	0.469	0.014***
FCF	8 930	－0.029	8 828	－0.026	－0.003
GROWTH	8 918	0.197	8 822	0.196	0.001
MKR	8 880	0.747	8 782	0.813	－0.066***
ROA	8 930	0.033	8 833	0.040	－0.007***
NUM	8 934	6.199	8 835	6.509	－0.310***
MEANTMTCOMP（万）	8 849	36.913	8 772	44.393	－7.480***
VGAP（万）	8 573	11.819	8 539	20.751	－8.932***
CEOAGE	8 680	48.144	8 628	48.030	0.114
CEOHOLD	8 020	0.029	8 124	0.037	－0.008***
CEOTENURE	8 591	4.255	8 522	4.370	－0.115**
NEWCEO	8 694	0.165	8 633	0.156	0.009
MEDNCEOAGE	8 901	45.675	8 823	45.245	0.429***

续表

Panel A 变量名	低静态薪酬差异		高静态薪酬差异		MeanDiff
	样本量	均值	样本量	均值	
MEDNCEOHOLD	8 312	0. 001	8 363	0. 001	0. 000
NCEOBOARD	8 873	0. 128	8 806	0. 143	-0. 015 ***

Panel B 变量名	低动态薪酬差异		高动态薪酬差异		MeanDiff
	样本量	均值	样本量	均值	
LNCEOCV	7 056	0. 145	6 951	0. 246	-0. 100 ***
AGENCYCOST	6 963	0. 113	6 863	0. 088	0. 025 ***
NCEOTURNOVER	6 964	0. 135	6 873	0. 154	-0. 018 ***
TOP1	7 054	0. 356	6 951	0. 353	0. 004
BOARD	7 029	8. 967	6 930	8. 995	-0. 028
RATIO	7 029	0. 369	6 930	0. 369	0. 000
SUPERVISE	7 048	3. 814	6 941	3. 813	0. 001
DUAL	6 953	0. 199	6 835	0. 212	-0. 013 *
HOLD	6 641	0. 038	6 612	0. 046	-0. 007 ***
FUNDRATIO	7 056	0. 027	6 951	0. 028	-0. 001 *
SIZE	7 054	21. 895	6 951	22. 028	-0. 134 ***
SOE	7 000	0. 530	6 897	0. 497	0. 033 ***
LEV	7 053	0. 478	6 951	0. 486	-0. 008 **
FCF	7 053	-0. 026	6 949	-0. 023	-0. 003
GROWTH	7 047	0. 189	6 946	0. 190	-0. 002
MKR	7 027	0. 768	6 926	0. 792	-0. 024 ***
ROA	7 053	0. 035	6 950	0. 038	-0. 003 ***
NUM	7 056	6. 208	6 951	6. 780	-0. 572 ***
MEANTMTCOMP（万）	6 997	39. 274	6 898	47. 034	-7. 760 ***
VGAP（万）	6 799	14. 304	6 698	19. 864	-5. 561 ***
CEOAGE	6 877	48. 457	6 769	48. 339	0. 118
CEOHOLD	6 396	0. 026	6 343	0. 033	-0. 007 ***
CEOTENURE	6 808	4. 641	6 708	4. 546	0. 094

续表

Panel B 变量名	低动态薪酬差异		高动态薪酬差异		MeanDiff
	样本量	均值	样本量	均值	
NEWCEO	6 884	0.162	6 773	0.162	0.000
MEDNCEOAGE	7 038	46.011	6 940	45.738	0.273 ***
MEDNCEOHOLD	6 601	0.001	6 572	0.001	0.000
NCEOBOARD	7 020	0.133	6 923	0.139	-0.007 ***

注：(1) ***、**、*分别表示在1%、5%和10%的水平上显著。

在公司治理特征方面，非CEO高管团队薪酬差异较高时，存在越多的两职合一情况且高管持股比例也越高。具体而言，非CEO高管团队静态薪酬差异越高时，第一大股东持股比例、董事会规模和监事会规模越小；非CEO高管团队动态薪酬差异越高时，机构持股比例越高。在公司特征方面，非CEO高管团队薪酬差异越高时，企业规模越大，非国有企业占比越多，市场化程度越高，企业绩效越好；其他指标如负债率、自由现金流以及成长性并没有显著的差别。在高管团队特征方面，非CEO高管团队薪酬差异越高时，团队的规模越大，团队平均薪酬水平越高，同时团队内CEO与非CEO高管团队薪酬差异也越高。在CEO特征方面，CEO的年龄以及CEO是否新任并没有显著差异；非CEO高管团队薪酬差异越大时，CEO的持股比例越高；非CEO高管团队静态薪酬差异越大时，CEO的任期越长。在非CEO高管特征方面，非CEO高管团队薪酬差异越大时，非CEO高管的年龄越小，参与董事会的比例越多；而非CEO高管持股水平并没有显著差异。

5.4.2　多元回归分析

5.4.2.1　非CEO高管团队薪酬差异对代理成本的影响

采用模型（5-2）对前面有关非CEO高管团队薪酬差异与代理成本之间关系的预测进行检验的回归结果如表5-5至表5-7所示[①]。其中表5-5

① 表5-5的样本量是在基础样本的基础上剔除了其他控制变量缺失样本后的情况。

是对假设 5 -1a 的检验结果。

表 5 -5 中，第（1）、（2）列分别是非 CEO 高管团队静态薪酬差异与动态薪酬差异的回归结果。非 CEO 高管之间的静态薪酬差异（$NCEOCV_{t-1}$）的系数为 -0.0146，且在 1% 的水平上显著，表明非 CEO 高管之间的静态薪酬差异增加一个标准差会带来代理成本相对其均值降低 2.6%[①]左右；非 CEO 高管之间的动态薪酬差异（$NCEOCRCV_{t-1}$）的系数为 -0.00932，且在 10% 的水平上显著，表明非 CEO 高管之间的动态薪酬差异增加一个标准差会带来代理成本相对其均值降低 2.1% 左右。该结果显示非 CEO 高管团队水平薪酬差异对企业的代理成本具有经济意义与统计意义上的显著降低作用。

表 5 -5　非 CEO 高管团队水平薪酬差异与企业代理成本关系检验基本结果

VARIABLES	(1)	(2)
	AGENCYCOST	AGENCYCOST
$NCEOCV_{t-1}$	-0.0146*** (-2.699)	
$NCEOCRCV_{t-1}$		-0.00932* (-1.879)
$TOP1_t$	-0.0410*** (-6.892)	-0.0389*** (-6.132)
$BOARD_t$	-0.0255*** (-4.604)	-0.0238*** (-3.944)
$RATIO_t$	0.0625*** (3.397)	0.0708*** (3.523)
$SUPERVISE_t$	-0.0204*** (-5.951)	-0.0183*** (-4.976)
$DUAL_t$	0.0125*** (4.822)	0.00966*** (3.481)
$HOLD_t$	-0.0538*** (-6.159)	-0.0422*** (-4.050)

① 经济显著性（2.6%）= 非 CEO 高管团队薪酬差异的标准差 × 非 CEO 高管团队薪酬差异的系数 ÷ 代理成本的均值 ×100%。

续表

VARIABLES	(1)	(2)
	AGENCYCOST	AGENCYCOST
$LNTMTCOMP_t$	-0.120*** (-68.930)	-0.120*** (-62.649)
$SIZE_t$	0.0640*** (37.210)	0.0660*** (34.091)
SOE_t	9.61e-05 (0.041)	-0.00132 (-0.517)
LEV_t	0.0557*** (5.512)	0.0354*** (3.146)
FCF_t	-0.00213 (-0.205)	-0.0129 (-0.998)
$GROWTH_t$	-0.0261*** (-8.741)	-0.0268*** (-7.697)
MKR_t	-0.0317*** (-12.885)	-0.0323*** (-12.290)
CONSTANT	0.313*** (9.727)	0.338*** (3.830)
Industry/Year	Yes	Yes
Observations	16 009	12 746
Adjusted R-squared	0.422	0.421

注：(1) ***、* 分别表示在 1% 和 10% 的水平上显著；(2) 括号中数值为 t-value。

表 5-6 是对假设 5-1b 的检验，分别将模型（5-2）在高机构持股比例和低机构持股比例的公司中进行检验。第（1）、（3）列的结果显示，非 CEO 高管团队薪酬差异（包括静态与动态）的系数仅在高机构持股比例的组别中显著为负（显著性水平为 1%）；而在低机构持股比例的组别中，虽然非 CEO 高管团队薪酬差异（包括静态与动态）的系数为负但并不显著。该结果表明，相对公司治理水平较低的情况，非 CEO 高管团队水平薪酬差异对企业代理成本的降低作用在公司治理水平较高时更为显著。

表 5-6　　非 CEO 高管团队水平薪酬差异与企业代理成本（分机构持股）关系检验结果

VARIABLES	(1)	(2)	(3)	(4)
	高机构持股	低机构持股	高机构持股	低机构持股
$NCEOCV_{t-1}$	-0.0248*** (-4.37)	-0.00309 (-0.34)		
$NCEOCRCV_{t-1}$			-0.0131*** (-3.18)	-0.00497 (-0.56)
$TOP1_t$	-0.00316 (-0.51)	-0.0841*** (-8.07)	-0.000449 (-0.07)	-0.0833*** (-7.40)
$BOARD_t$	-0.0387*** (-6.42)	-0.0155* (-1.66)	-0.0363*** (-5.75)	-0.0148 (-1.43)
$RATIO_t$	0.0759*** (3.84)	0.0188 (0.57)	0.0821*** (3.80)	0.0382 (1.06)
$SUPERVISE_t$	-0.0167*** (-4.89)	-0.0294*** (-4.84)	-0.0160*** (-4.18)	-0.0265*** (-4.09)
$DUAL_t$	0.00672*** (2.61)	0.0149*** (3.33)	0.00315 (1.16)	0.0132*** (2.68)
$HOLD_t$	-0.0421*** (-4.54)	-0.0475*** (-3.17)	-0.0330*** (-3.11)	-0.0342* (-1.85)
$LNTMTCOMP_t$	-0.116*** (-61.20)	-0.124*** (-41.10)	-0.116*** (-56.54)	-0.123*** (-37.02)
$SIZE_t$	0.0773*** (35.21)	0.0567*** (21.35)	0.0780*** (31.61)	0.0594*** (20.19)
SOE_t	0.00215 (0.93)	-5.87e-05 (-0.01)	0.00169 (0.69)	-0.00339 (-0.76)
LEV_t	-0.0137 (-0.99)	0.0833*** (6.17)	-0.0210 (-1.38)	0.0586*** (3.84)
FCF_t	0.0265*** (2.79)	-0.0271 (-1.58)	0.0291** (2.48)	-0.0492** (-2.28)
$GROWTH_t$	-0.0203*** (-7.57)	-0.0310*** (-6.40)	-0.0207*** (-6.95)	-0.0318*** (-5.50)

续表

VARIABLES	(1) 高机构持股	(2) 低机构持股	(3) 高机构持股	(4) 低机构持股
MKR_t	-0.0330*** (-12.21)	-0.0304*** (-7.25)	-0.0335*** (-11.54)	-0.0319*** (-7.13)
CONSTANT	-0.0102 (-0.27)	0.548*** (10.10)	-0.0631 (-1.16)	0.623*** (4.40)
Industry/Year	Yes	Yes	Yes	Yes
Observations	8 336	7 673	6 771	5 975
Adjusted R - squared	0.572	0.352	0.578	0.343

注：(1) ***、**、*分别表示在1%、5%和10%的水平上显著；(2) 括号中数值为t-value。

表5-7是对假设5-1c的检验，分别将模型（5-2）在高于同行业薪酬水平和低于同行业薪酬水平的公司中进行检验。第（1）、（3）列的结果显示，非CEO高管团队薪酬差异（包括静态与动态）的系数仅在高于同行业薪酬水平的组别中显著为负（显著性水平为1%）；而在低于同行业薪酬水平的组别中，虽然非CEO高管团队薪酬差异（包括静态与动态）的系数为负但并不显著。该结果表明，相对低于同行业薪酬水平时的情况，非CEO高管团队水平薪酬差异对企业代理成本的降低作用在高管团队平均薪酬高于同行业薪酬水平时更为显著。

表5-7　非CEO高管团队水平薪酬差异与企业代理成本（分行业基准）关系检验结果

VARIABLES	(1) 高于同行业水平	(2) 低于同行业水平	(3) 高于同行业水平	(4) 低于同行业水平
$NCEOCV_{t-1}$	-0.0224*** (-3.86)	-0.00677 (-0.72)		
$NCEOCRCV_{t-1}$			-0.0108*** (-2.85)	-0.00980 (-0.92)
$TOP1_t$	-0.0149** (-2.31)	-0.0696*** (-6.55)	-0.0104 (-1.55)	-0.0696*** (-6.00)

续表

VARIABLES	(1)	(2)	(3)	(4)
	高于同行业水平	低于同行业水平	高于同行业水平	低于同行业水平
$BOARD_t$	-0.0281 *** (-4.96)	-0.0262 *** (-2.71)	-0.0296 *** (-4.66)	-0.0203 * (-1.91)
$RATIO_t$	0.0316 * (1.75)	0.0425 (1.25)	0.0275 (1.41)	0.0695 * (1.83)
$SUPERVISE_t$	-0.0179 *** (-4.88)	-0.0260 *** (-4.25)	-0.0177 *** (-4.41)	-0.0220 *** (-3.31)
$DUAL_t$	0.0102 *** (3.60)	0.0157 *** (3.70)	0.00886 *** (2.86)	0.0119 *** (2.60)
$HOLD_t$	-0.0170 (-1.49)	-0.0747 *** (-5.74)	-0.00207 (-0.15)	-0.0710 *** (-4.62)
$LNTMTCOMP_t$	-0.117 *** (-52.54)	-0.128 *** (-25.25)	-0.118 *** (-47.98)	-0.124 *** (-21.83)
$SIZE_t$	0.0802 *** (45.27)	0.0492 *** (17.59)	0.0811 *** (40.41)	0.0512 *** (16.00)
SOE_t	0.000332 (0.14)	-0.000566 (-0.14)	0.000218 (0.08)	-0.00398 (-0.86)
LEV_t	-0.0328 *** (-3.18)	0.104 *** (7.38)	-0.0387 *** (-3.19)	0.0813 *** (5.01)
FCF_t	0.0108 (0.97)	-0.0182 (-1.15)	0.0112 (0.79)	-0.0391 ** (-1.98)
$GROWTH_t$	-0.0175 *** (-4.39)	-0.0300 *** (-7.37)	-0.0225 *** (-5.96)	-0.0283 *** (-5.81)
MKR_t	-0.0318 *** (-10.87)	-0.0330 *** (-9.08)	-0.0328 *** (-10.29)	-0.0332 *** (-8.53)
CONSTANT	-0.0319 (-0.86)	0.728 *** (10.02)	0.0551 (0.45)	0.649 *** (5.05)
Industry/Year	Yes	Yes	Yes	Yes
Observations	8 257	7 752	6 693	6 053
Adjusted R - squared	0.539	0.318	0.545	0.299
F	295.1	82.30	258.9	62.04

注：(1) ***、**、* 分别表示在 1%、5% 和 10% 的水平上显著；(2) 括号中数值为 t - value。

综上所述，表5-5至表5-7的结果支持了假设5-1，即非CEO高管团队薪酬差异会降低企业的代理成本，且在公司治理水平较高以及高管团队平均薪酬水平高于同行业水平时更为显著。

5.4.2.2　非CEO高管团队薪酬差异对非CEO高管离职率的影响

采用模型（5-3）对前面有关非CEO高管团队薪酬差异与非CEO高管离职率之间关系的预测进行检验的回归结果如表5-8至表5-10所示①。其中表5-8是对假设5-2a的检验，第（1）、（2）列分别是非CEO高管薪酬静态差异与动态差异的结果。非CEO高管之间的静态薪酬差异的系数为0.0362，且在1%的水平上显著，表明非CEO高管之间的静态薪酬差异增加一个标准差会带来离职率相对其均值②增加2.57%③左右；非CEO高管之间的动态薪酬差异的系数为0.0281，且在1%的水平上显著，表明非CEO高管之间的动态薪酬差异增加一个标准差会带来离职率相对其均值增加1.99%左右。该结果显示非CEO高管团队水平薪酬差异对企业的非CEO高管离职率具有经济意义与统计意义上的显著增加作用。

表5-8　非CEO高管团队水平薪酬差异与非CEO高管离职率关系检验的基本结果

VARIABLES	(1)	(2)
	NCEOTURNOVER	NCEOTURNOVER
$NCEOCV_{t-1}$	0.0362*** (4.413)	

① 表5-6的结果是在上述基础样本中剔除了其他控制变量缺失的样本，并在非CEO高管离职率不为零的情况下的结果。由于非CEO高管离职率为0的情况占据了样本中的54%（8 099/14 993×100%=54%），将所有没发生非CEO高管离职的公司的观测值加入模型中可能会带来估计偏误，因此在表5-6中先对发生了非CEO高管离职的情况进行检验。在下面的稳健性检验中，本章同样对全样本即包括了没有非CEO高管离职情况的公司的观测值进行了检验，结果基本一致。

② 在存在非CEO高管离职的样本中，非CEO高管离职率的均值为0.25。即平均来说，发生了非CEO高管离职的公司，非CEO高管离职的比例约为25%。

③ 经济显著性（3.09%）=非CEO高管团队薪酬差异的标准差×非CEO高管团队薪酬差异的系数÷非CEO高管离职率的均值×100%，在表5-6的样本中，(0.1776×0.0362)÷0.25×100%=2.57%。

续表

VARIABLES	(1)	(2)
	NCEOTURNOVER	NCEOTURNOVER
$NCEOCRCV_{t-1}$		0.0218 *** (3.025)
$FUNDRATIO_t$	-0.0235 (-0.377)	-0.0511 (-0.789)
$TOP1_t$	0.0121 (1.353)	0.00563 (0.604)
$BOARD_t$	0.00755 (0.543)	0.00228 (0.154)
$RATIO_t$	0.0480 (0.931)	0.0370 (0.777)
$DUAL_t$	0.00860 (1.234)	0.0129 * (2.024)
ROA_{t-1}	-0.184 *** (-5.508)	-0.182 *** (-4.705)
SOE_t	-0.0104 ** (-2.803)	-0.00959 ** (-2.331)
$SIZE_t$	0.00651 *** (4.037)	0.00661 *** (3.884)
LEV_t	0.0219 *** (3.507)	0.0277 ** (2.768)
$GROWTH_t$	0.0208 *** (4.486)	0.0230 *** (4.278)
MKR_t	-0.00486 (-0.943)	-0.00532 (-0.972)
NUM_t	-0.0248 *** (-26.100)	-0.0246 *** (-24.919)
$LNMEANTMTCOMP_t$	-0.0185 *** (-4.492)	-0.0158 *** (-3.219)

续表

VARIABLES	(1)	(2)
	NCEOTURNOVER	NCEOTURNOVER
$LNCEOAGE_t$	0.00213 (0.270)	0.0130 (1.217)
$CEOHOLD_t$	-0.000468 (-0.034)	-0.0272 * (-1.841)
$LNCEOTENURE_t$	-0.00410 ** (-2.267)	-0.00357 (-1.441)
$NEWCEO_t$	0.0759 *** (11.429)	0.0787 *** (10.294)
$LNMEDCEOAGE_t$	-0.191 *** (-7.801)	-0.198 *** (-6.647)
$MEDNCEOHOLD_t$	-1.594 *** (-3.407)	-1.338 ** (-2.414)
$NCEOBOARD_t$	-0.0907 *** (-5.886)	-0.0949 *** (-6.011)
CONSTANT	1.212 *** (14.405)	1.151 *** (6.615)
Industry/Year	Yes	Yes
Observations	6 894	5 607
Adjusted R - squared	0.265	0.267

注：(1) ***、**、* 分别表示在1%、5%和10%的水平上显著；(2) 括号中数值为t - value。

表5 - 9是对假设5 - 1b的检验，分别将模型（5 - 2）在存在非CEO高管离职的样本，并区分高内部垂直薪酬差异和低内部垂直薪酬差异的公司中进行检验。第（1）、（3）列的结果显示，非CEO高管团队薪酬差异（包括静态与动态）的系数仅在高内部垂直薪酬差异的组别中显著为正（显著性水平为5%和10%）；而在低内部垂直薪酬差异的组别中，虽然非CEO高管团队薪酬差异（包括静态与动态）的系数为正但并不显著。该结果表明，相对垂直薪酬差异较小的情况，非CEO高管团队水平薪酬差异对企业非CEO高管离职的影响在团队内部垂直薪酬差异越高时更为显著。

表 5－9　非 CEO 高管团队水平薪酬差异与非 CEO 高管离职率（分垂直薪酬差异高低）关系检验结果

VARIABLES	(1)	(2)	(3)	(4)
	高垂直薪酬差异	低垂直薪酬差异	高垂直薪酬差异	低垂直薪酬差异
$NCEOCV_{t-1}$	0.0420** (2.251)	0.0263 (1.389)		
$NCEOCRCV_{t-1}$			0.0194* (2.000)	0.0189 (1.312)
$FUNDRATIO_t$	−0.00800 (−0.097)	−0.0428 (−0.608)	−0.0685 (−1.086)	−0.0691 (−0.750)
$TOP1_t$	−0.00651 (−0.502)	0.0262 (1.425)	−0.00908 (−1.108)	0.00939 (0.494)
$BOARD_t$	0.00306 (0.122)	0.0258** (2.541)	−0.00160 (−0.057)	0.0184 (1.390)
$RATIO_t$	0.0621 (0.656)	0.0228 (0.406)	0.0283 (0.290)	0.0296 (0.478)
$DUAL_t$	0.00988 (0.989)	0.0133* (1.869)	0.0138 (1.356)	0.0186*** (3.190)
ROA_{t-1}	−0.162 (−1.535)	−0.183*** (−5.669)	−0.150 (−1.221)	−0.202*** (−5.649)
SOE_t	−0.0133* (−2.030)	−0.00758 (−0.923)	−0.0113 (−1.601)	−0.00562 (−1.062)
$SIZE_t$	0.00652* (1.962)	0.00404 (1.606)	0.00599 (1.696)	0.00626** (2.757)
LEV_t	0.0205 (1.461)	0.0301*** (4.476)	0.0203 (0.966)	0.0224** (2.147)
$GROWTH_t$	0.0259*** (4.164)	0.0184 (1.709)	0.0315*** (5.682)	0.0183 (1.539)
MKR_t	−0.0149** (−2.256)	−0.000847 (−0.110)	−0.0123 (−1.502)	−0.00340 (−0.563)

续表

VARIABLES	(1)	(2)	(3)	(4)
	高垂直薪酬差异	低垂直薪酬差异	高垂直薪酬差异	低垂直薪酬差异
NUM_t	-0.0227*** (-16.402)	-0.0255*** (-21.768)	-0.0219*** (-14.806)	-0.0257*** (-22.736)
$LNMEANTMTCOMP_t$	-0.0219** (-2.700)	-0.0185*** (-3.129)	-0.0188* (-2.042)	-0.0187** (-2.310)
$LNCEOAGE_t$	0.0117 (0.623)	-0.0138 (-0.930)	0.0162 (0.705)	0.00763 (0.471)
$CEOHOLD_t$	-0.0156 (-0.782)	0.00385 (0.157)	-0.0632** (-2.441)	-0.0189 (-1.161)
$LNCEOTENURE_t$	-0.0101*** (-3.183)	-0.00556** (-2.647)	-0.00906** (-2.388)	-0.00683** (-2.494)
$NEWCEO_t$	0.0764*** (4.919)	0.0675*** (8.975)	0.0798*** (5.364)	0.0663*** (8.121)
$LNMEDCEOAGE_t$	-0.172*** (-3.783)	-0.190*** (-5.553)	-0.169** (-2.769)	-0.197*** (-6.094)
$MEDNCEOHOLD_t$	-1.239 (-1.715)	-1.433** (-2.719)	-0.747 (-0.739)	-1.432* (-1.829)
$NCEOBOARD_t$	-0.0978*** (-5.103)	-0.113*** (-5.483)	-0.0947*** (-4.978)	-0.120*** (-4.965)
CONSTANT	1.185*** (7.636)	1.315*** (13.410)	1.242*** (4.669)	1.151*** (11.044)
Industry/Year	Yes	Yes	Yes	Yes
Observations	2 828	3 025	2 301	2 460
Adjusted R - squared	0.277	0.235	0.275	0.243

注：(1) ***、**、*分别表示在1%、5%和10%的水平上显著；(2) 括号中数值为t - value。

表5-10是对假设5-1c的检验，分别将模型（2）在存在非CEO高管离职的样本，并区分高于同行薪酬水平和低于同行薪酬水平的公司中进行检验，第（2）、(4) 列的结果显示，非CEO高管团队薪酬差异（包括静态与动态）的系数仅在低于同行业薪酬水平的组别中显著为正（显著性水平为

1%和5%）；而在高于同行业薪酬的组别中，虽然非 CEO 高管团队薪酬差异（包括静态与动态）的系数为正但并不显著。该结果表明，相对高于同行业薪酬水平时的情况，非 CEO 高管团队水平薪酬差异对企业非 CEO 高管离职的影响在高管团队平均薪酬低于同行业薪酬水平时更为显著。

表 5－10　　非 CEO 高管团队水平薪酬差异与非 CEO 高管离职率（分相对于同行业薪酬高低）关系检验结果

VARIABLES	(1)	(2)	(3)	(4)
	高于同行业水平	低于同行业水平	高于同行业水平	低于同行业水平
$NCEOCV_{t-1}$	0.0218 (1.489)	0.0413*** (2.769)		
$NCEOCRCV_{t-1}$			0.0118 (0.986)	0.0286** (2.235)
$FUNDRATIO_t$	0.0370 (0.540)	−0.0861 (−1.096)	0.000725 (0.010)	−0.111 (−1.367)
$TOP1_t$	0.00525 (0.304)	0.0171 (0.906)	0.000318 (0.017)	0.00904 (0.428)
$BOARD_t$	0.0159 (1.074)	0.00397 (0.240)	0.00976 (0.592)	0.000143 (0.008)
$RATIO_t$	0.0629 (1.158)	0.0164 (0.278)	0.0473 (0.805)	0.00243 (0.038)
$DUAL_t$	0.0161** (2.238)	0.000258 (0.036)	0.0125 (1.560)	0.0109 (1.344)
ROA_{t-1}	−0.209*** (−3.122)	−0.164*** (−3.064)	−0.237*** (−3.060)	−0.154** (−2.393)
SOE_t	−0.0260*** (−4.049)	0.00492 (0.735)	−0.0255*** (−3.701)	0.00542 (0.723)
$SIZE_t$	0.00756** (2.479)	0.00561* (1.821)	0.00631* (1.908)	0.00693** (1.994)
LEV_t	0.0179 (1.088)	0.0143 (1.068)	0.0218 (1.161)	0.0209 (1.276)
$GROWTH_t$	0.0287*** (3.356)	0.0169*** (3.232)	0.0350*** (3.584)	0.0171*** (2.991)

续表

VARIABLES	(1)	(2)	(3)	(4)
	高于同行业水平	低于同行业水平	高于同行业水平	低于同行业水平
MKR_t	0.000564 (0.085)	−0.00592 (−0.922)	−0.00343 (−0.466)	−0.00514 (−0.737)
NUM_t	−0.0220*** (−16.364)	−0.0294*** (−22.508)	−0.0209*** (−14.654)	−0.0304*** (−21.382)
$LNMEANTMTCOMP_t$	−0.00987 (−1.342)	−0.0305*** (−4.195)	−0.00699 (−0.876)	−0.0307*** (−3.676)
$LNCEOAGE_t$	0.0126 (0.604)	−0.00716 (−0.354)	0.0189 (0.807)	0.00431 (0.192)
$CEOHOLD_t$	0.0230 (0.694)	0.00264 (0.097)	0.0136 (0.354)	−0.0380 (−1.260)
$LNCEOTENURE_t$	−0.00617 (−1.520)	−0.00312 (−0.762)	−0.00680 (−1.542)	−0.00165 (−0.364)
$NEWCEO_t$	0.0630*** (5.476)	0.0830*** (7.360)	0.0598*** (4.675)	0.0894*** (7.184)
$LNMEDCEOAGE_t$	−0.186*** (−6.075)	−0.187*** (−6.815)	−0.181*** (−5.236)	−0.203*** (−6.492)
$MEDNCEOHOLD_t$	−1.220* (−1.709)	−1.969*** (−3.869)	−0.436 (−0.462)	−2.076*** (−3.675)
$NCEOBOARD_t$	−0.105*** (−4.580)	−0.0696*** (−2.866)	−0.108*** (−4.244)	−0.0727*** (−2.677)
CONSTANT	1.000*** (6.396)	1.418*** (9.685)	1.044*** (5.532)	1.316*** (7.535)
Industry/Year	Yes	Yes	Yes	Yes
Observations	3 240	3 654	2 688	2 919
Adjusted R−squared	0.245	0.264	0.241	0.278

注：(1) ***、**、*分别表示在1%、5%和10%的水平上显著；(2) 括号中数值为t−value。

综上所述，表5−8至表5−10的结果支持了假设5−2，即非CEO高管团队薪酬差异会增加企业非CEO高管的离职率，且在团队内CEO与非CEO高管间垂直薪酬差异较高以及高管团队平均薪酬水平低于同行业水平时更为显著。

5.5 稳健性检验

5.5.1 其他代理成本的指标

前面管理层代理成本的衡量采用的是根据模型（5－1）计算的超额管理费用，参照现有文献（蔡贵龙等，2018；Xu et al.，2014；Gul et al.，2011），本部分同样采用超额的销售管理费用重新衡量管理层的代理成本。

超额销售管理费用的计算方法与超额管理费用的计算方法一致，不再赘述。将超额销售管理费用作为衡量代理成本的指标重新放入模型（5－2）进行回归，结果如表5－11 所示。其中 Panel A 是全样本的回归结果，Panel B 和 Panel C 分别是在公司治理水平高低以及相对于同行业薪酬水平高低中的回归结果。其结果与表5－5 至表5－7 基本一致，非 CEO 高管团队静态薪酬差异的系数在5%水平显著为负，非 CEO 高管团队动态薪酬差异的系数为负但并不显著。进一步地，非 CEO 高管团队薪酬差异（包括静态和动态）的系数在高机构持股以及高于同行薪酬水平时更为显著。综上所述，表5－11 的结果支持了假设5－1，即非 CEO 高管团队薪酬差异会降低企业的代理成本，且在公司治理水平较高以及高管团队平均薪酬高于同行业水平时更为显著。

表5－11　非 CEO 高管团队水平薪酬差异与企业代理成本关系的稳健性检验

Panel A　全样本

VARIABLES	(1)	(2)
	AGENCYCOST	AGENCYCOST
$NCEOCV_{t-1}$	－0.0173** (－2.419)	
$NCEOCRCV_{t-1}$		－0.00812 (－1.243)
CONSTANT	0.276*** (7.166)	0.323*** (3.438)

续表

Panel A　全样本

VARIABLES	(1)	(2)
	AGENCYCOST	AGENCYCOST
CONTORLs	Yes	Yes
Industry/Year	Yes	Yes
Observations	16 009	12 746
Adjusted R – squared	0. 379	0. 368

Panel B　分公司治理水平

VARIABLES	(1)	(2)	(3)	(4)
	高机构持股	低机构持股	高机构持股	低机构持股
$NCEOCV_{t-1}$	–0. 0270 *** (–3. 24)	–0. 00278 (–0. 24)		
$NCEOCRCV_{t-1}$			–0. 0125 * (–1. 88)	–0. 00160 (–0. 14)
CONSTANT	–0. 0850 * (–1. 80)	0. 581 *** (9. 13)	–0. 102 (–1. 60)	0. 673 *** (4. 49)
CONTROLs	Yes	Yes	Yes	Yes
Industry/Year	Yes	Yes	Yes	Yes
Observations	8 336	7 673	6 771	5 975
Adjusted R – squared	0. 474	0. 342	0. 468	0. 323

Panel C　是否高于同行业薪酬

VARIABLES	(1)	(2)	(3)	(4)
	高于同行业水平	低于同行业水平	高于同行业水平	低于同行业水平
$NCEOCV_{t-1}$	–0. 0331 *** (–3. 91)	–0. 000551 (–0. 05)		
$NCEOCRCV_{t-1}$			–0. 0119 ** (–1. 97)	–0. 00619 (–0. 47)
CONSTANT	–0. 219 *** (–4. 30)	0. 764 *** (9. 03)	–0. 155 (–1. 17)	0. 733 *** (5. 28)
CONTROLs	Yes	Yes	Yes	Yes

续表

Panel C 是否高于同行业薪酬

VARIABLES	(1)	(2)	(3)	(4)
	高于同行业水平	低于同行业水平	高于同行业水平	低于同行业水平
Industry/Year	Yes	Yes	Yes	Yes
Observations	8 257	7 752	6 693	6 053
Adjusted R - squared	0.443	0.307	0.443	0.280

注：(1) ***、**、*分别表示在1%、5%和10%的水平上显著；(2) 括号中数值为 t - value。

5.5.2 非 CEO 高管离职的样本以及衡量

首先，正如前面描述，表 5 - 8 至表 5 - 10 对假设 5 - 2 的检验是基于发生了非 CEO 高管离职的样本。在本部分中采用全样本，即包括未发生非 CEO 高管离职的公司的观测值重新对假设 5 - 2 进行检验，结果如表 5 - 12 所示。其中 Panel A 是全样本下模型（5 - 3）的基本回归结果，非 CEO 高管团队薪酬差异的系数显著为正，与表 5 - 8 中结果一致；Panel B 是全样本下在模型（5 - 3）中加入非 CEO 高管团队薪酬差异与内部垂直薪酬差异高低以及相对于同行业薪酬水平高低分组变量的交乘项后的结果[①]。第（1）、（3）列的结果显示，非 CEO 高管团队薪酬差异（$NCEOCV_{t-1}$/$NCEOCRCV_{t-1}$）与内部垂直薪酬差异高低（$VGAP_t$）的交乘项显著为正，表明相对垂直薪酬差异较高时，会增加非 CEO 高管团队水平薪酬差异与离职率之间的正相关关系；第（2）、（4）列的结果显示，非 CEO 高管团队薪酬差异与相对于同行业薪酬水平高低（$DLNMEANTMTCOMP_t$）的交乘项显著为负，表明相对于同行业薪酬水平较高时，会减少非 CEO 高管团队水平薪酬差异与离职率之间的正相关关系。该结果与从表 5 - 8 至表 5 - 10 中得出的结论一致，同样支持

① 本部分同样将表 5 - 8 中变量按照表 5 - 6 标准分组进行检验，非 CEO 高管团队薪酬差异的系数在各组下系数均显著，但是组间系数差异是显著的，表示不同的内部垂直薪酬差异以及相对于同行业薪酬水平下，非 CEO 高管团队薪酬差异对非 CEO 高管离职率的影响存在显著区别。为了更直观观测到组间的差异，表 5 - 8 采用交乘项的形式列出。

了假设5－2。

表5－12　非CEO高管团队水平薪酬差异与非CEO高管离职率关系的稳健性检验

Panel A　全样本中分别采用OLS与Tobit模型

NCEOTURNOVER	(1)	(2)	(3)	(5)
	OLS	OLS	Tobit	Tobit
$NCEOCV_{t-1}$	0.0845*** (13.447)		0.185*** (15.825)	
$NCEOCRCV_{t-1}$		0.0505*** (6.619)		0.104*** (6.570)
CONSTANT	0.970*** (10.850)	1.071*** (7.727)	1.468*** (8.014)	1.683*** (7.416)
Industry/Year	Yes	Yes	Yes	Yes
Observations	14 993	11 981	14 993	11 981
R^2/Pseudo R^2	0.167	0.180	0.1251	0.1386

Panel B　不同内外部薪酬激励的影响

NCEOTURNOVER	(1)	(2)	(3)	(4)
$NCEOCV_{t-1}$	0.0884*** (7.365)	0.0981*** (14.911)		
$NCEOCV_{t-1} \times DVGAP_t$	－0.00806 (－0.432)			
$NCEOCV_{t-1} \times$ $DLNMEANTMTCOMP_t$		－0.0321*** (－3.497)		
$NCEOCRCV_{t-1}$			0.00120 (0.368)	0.0833*** (7.127)
$NCEOCRCV_{t-1} \times DVGAP_t$			0.0506*** (4.784)	
$NCEOCRCV_{t-1} \times$ $DLNMEANTMTCOMP_t$				－0.0583*** (－4.717)
$DVGAP_t$	0.00576 (1.240)		0.00101 (0.222)	
$DLNMEANTMTCOMP_t$		－0.0128*** (－4.110)		－0.0101** (－2.793)

续表

Panel B 不同内外部薪酬激励的影响				
NCEOTURNOVER	(1)	(2)	(3)	(4)
CONSTANT	0.918 *** (10.407)	0.794 *** (5.849)	0.996 *** (7.363)	0.915 *** (6.579)
CONTROLs	Yes	Yes	Yes	Yes
Industry/Year	Yes	Yes	Yes	Yes
Observations	13 188	14 993	10 540	11 981
Adjusted R－squared	0.157	0.163	0.168	0.177

注：(1) ***、** 分别表示在 1%、5% 的水平上显著；(2) 括号中数值为 t－value。

其次，参照布鲁姆和迈克尔（2002）的做法，采用非 CEO 高管的平均任期来衡量非 CEO 高管的离任情况。非 CEO 高管离职率越高，非 CEO 高管的平均任期越短。将非 CEO 高管的平均任期作为被解释变量重新对模型（5－3）进行回归，非 CEO 高管薪酬差异的系数显著为负，表明非 CEO 高管团队水平薪酬差异越大，他们的平均任期越短，离职的概率和程度越高。同样地，分别在内部垂直薪酬差异高低以及相对于外部同行业薪酬高低的情况下进行检验，结果和表 5－8 至表 5－10 基本一致，非 CEO 高管团队薪酬差异的系数在内部垂直薪酬差异高以及相对于外部同行业薪酬越低时更显著为负。非 CEO 高管的平均任期的结果支持了假设 5－2，限于篇幅，结果未列出。

5.5.3 非 CEO 高管团队薪酬差异的内生性

模型（5－2）与模型（5－3）中，非 CEO 高管团队薪酬差异采用的是滞后一期，部分程度减轻了非 CEO 高管团队薪酬差异的内生性。除此之外，参照现有文献（Kale et al.，2009），本部分还选取了两个工具变量并对非 CEO 高管团队薪酬差异与代理成本、非 CEO 高管离职率的关系进行二阶段回归。这两个工具变量①分别是滞后两期的非 CEO 高管团队薪酬差异

① 工具变量均通过不可识别检验、弱识别检验和 Sargan 检验。

（$NCEOCV_{t-2}$/$NCEOCRCV_{t-2}$）以及滞后一期的同行业的非 CEO 高管团队薪酬差异中值（$MEDNCEOCV_{t-1}$/$MEDNCEOCRCV_{t-1}$）。工具变量回归的结果如表 5－13 和表 5－14 所示。

表 5－13　　非 CEO 高管团队水平薪酬差异与企业代理成本的关系使用工具变量的稳健性检验结果

Panel A　非 CEO 高管团队静态薪酬差异

VARIABLES	(1)	(2)	(3)	(4)	(5)
	全样本	高机构持股比例	低机构持股比例	高于同行业水平	低于同行业水平
$NCEOCV_{t-1}$	-0.0145 (-1.40)	-0.0289*** (-2.97)	0.00350 (0.19)	-0.0237** (-2.11)	-0.00632 (-0.33)
CONSTANT	0.303*** (8.43)	0.0284 (0.66)	0.502*** (8.25)	-0.00496 (-0.11)	0.676*** (8.24)
CONTROLs	Yes	Yes	Yes	Yes	Yes
Industry/Year	Yes	Yes	Yes	Yes	Yes
Observations	13 200	6 986	6 214	6 894	6306
Adjusted R – squared	0.420	0.574	0.343	0.543	0.299

Panel B　非 CEO 高管团队动态薪酬差异

VARIABLES	(1)	(2)	(3)	(4)	(5)
	全样本	高机构持股比例	低机构持股比例	高于同行业水平	低于同行业水平
$NCEOCRCV_{t-1}$	-0.0872*** (-2.81)	-0.104*** (-3.53)	-0.0661 (-1.18)	-0.0806*** (-2.99)	-0.105 (-1.62)
CONSTANT	0.254*** (5.72)	-0.0151 (-0.31)	0.476*** (6.22)	-0.0389 (-0.68)	0.643*** (6.46)
CONTROLs	Yes	Yes	Yes	Yes	Yes
Industry/Year	Yes	Yes	Yes	Yes	Yes
Observations	10 050	5 379	4 671	5 344	4706
Adjusted R – squared	0.414	0.550	0.342	0.552	0.271

注：（1）***、** 分别表示在 1%、5% 的水平上显著；（2）括号中数值为 t－value。

限于篇幅，仅列示了第二阶段的回归结果，并省去了控制变量的报告。其中，表 5 - 13 是对非 CEO 高管团队薪酬差异与企业代理成本的关系采用二阶段工具变量的回归结果，Panel A 显示的是非 CEO 高管团队静态薪酬差异，Panel B 显示的是非 CEO 高管团队动态薪酬差异。回归结果与表 5 - 5 显示结果一致，即非 CEO 高管团队薪酬差异会降低企业的代理成本，且在公司治理水平较高以及高管团队平均薪酬水平高于同行业水平时更为显著。

表 5 - 14 是对非 CEO 高管团队薪酬差异与非 CEO 高管离职率的关系采用二阶段工具变量的回归结果，Panel A 显示的是非 CEO 高管团队静态薪酬差异，Panel B 显示的是非 CEO 高管团队动态薪酬差异。回归结果与表 5 - 5 显示结果一致，即非 CEO 高管团队薪酬差异会增加企业非 CEO 高管的离职率，且在团队内 CEO 与非 CEO 高管间垂直薪酬差异较高以及高管团队平均薪酬水平低于同行业水平时更为显著。

表 5 - 14　非 CEO 高管团队水平薪酬差异与非 CEO 高管离职率的关系使用工具变量的稳健性检验结果

Panel A　非 CEO 高管团队静态薪酬差异

VARIABLES	(1)	(2)	(3)	(4)	(5)
	全样本	高垂直薪酬	低垂直薪酬	高于同行业水平	低于同行业水平
$NCEOCV_{t-1}$	0.0379** (1.985)	0.0386* (1.791)	0.0240 (0.700)	0.0452* (1.683)	0.0187 (0.972)
CONSTANT	1.283*** (12.058)	1.269*** (9.575)	1.287*** (20.326)	1.094*** (11.417)	1.532*** (12.044)
CONTROLs	Yes	Yes	Yes	Yes	Yes
Industry/Year	Yes	Yes	Yes	Yes	Yes
Observations	5 785	2 370	2 533	2 764	3021
Adjusted R - squared	0.268	0.279	0.243	0.244	0.275

续表

Panel B　非 CEO 高管团队动态薪酬差异

VARIABLES	(1)	(2)	(3)	(4)	(5)
	全样本	高垂直薪酬	低垂直薪酬	高于同行业水平	低于同行业水平
$NCEOCRCV_{t-1}$	0. 129 * (1. 768)	0. 130 * (1. 740)	0. 110 (1. 276)	0. 139 (1. 132)	0. 0908 (0. 980)
CONSTANT	1. 305 *** (10. 028)	1. 196 *** (5. 329)	1. 442 *** (6. 930)	0. 980 *** (4. 527)	1. 699 *** (10. 707)
CONTROLs	Yes	Yes	Yes	Yes	Yes
Industry/Year	Yes	Yes	Yes	Yes	Yes
Observations	4 462	1 832	1 955	2 176	2286
Adjusted R – squared	0. 250	0. 253	0. 237	0. 206	0. 276

注：(1) ***、**、* 分别表示在 1%、5% 和 10% 的水平上显著；(2) 括号中数值为 t – value。

5.6　进一步研究

5.6.1　不同产权下的非 CEO 高管团队薪酬差异与企业代理成本

与大部分西方资本市场不同的是，虽然市场化改革在持续推进，但国有企业在我国国民经济中仍然占有很大的比例。相对来说，国有企业比非国有企业的代理成本要更高（李寿喜，2007）。首先，国有企业的代理关系较为复杂，由于其初始委托人是高度分散的全体人民，其缺乏实施直接监督和控制的行为能力；而代为监管国有企业的政府部门虽然拥有决策控制权，但缺乏监督的动力，因为他们并不享受监督经理人而带来的收益。而非国有企业的代理关系则较为简单，委托人往往是企业的所有者，他们既有动力也有能力对经理人进行监督。其次，国有企业设置了较多的监督机构和内部控制程序，治理结构远远比非国有企业复杂，使得国有企业监督起来较为困难，监督成本较高，且拥有较高的担保成本。最后，由于国有企业高管的薪酬与个人努力并不挂钩，因此“搭便车”的问题较为严重，使得整个管理层的代理成本显著增加。按照西方的委托代理理论，在监督较难时，建立薪酬与业绩挂钩的激励机制能够缓解代理问题。

但正如第 4 章所指出的，由于历史原因，国有企业的高管薪酬长期以来实行平均主义的“大锅饭”制度，国企高管的薪酬与业绩表现相关程度不高，且高管之间的薪酬差异很小甚至为零。且国企有多重企业目标，业绩并不是国企高管唯一的目的，相对于货币薪酬收益，他们更在意的是体制内的晋升，因此，更能接受团队间较小的薪酬差异。随着国有企业市场化改革的推进，国企高管薪酬与业绩的挂钩程度逐渐增加（辛清泉和谭伟强，2009），高管之间的薪酬差异虽然也逐渐拉开，但相对非国有企业高管间的薪酬差异仍然显著更低。由于非国有企业的委托人往往就是所有者本身，因此更加有动力设置激励机制以减少高管的道德风险，激励他们努力工作。在非国有企业逐渐发展的进程中，薪酬与业绩挂钩的观念较为普遍。非国企的高管更能接受差异化的薪酬分配是对不同能力、人力资本的合理公平匹配。因而非国企高管之间的薪酬差异对代理成本带来的积极作用可能很有限；但国有企业的高管从薪酬完全无差异到逐渐以业绩来差异化激励这个过程，会大大提升高管的个人努力水平，降低企业的代理成本。因此，非 CEO 高管团队薪酬差异对企业代理成本降低的积极效应，可能在国有企业中更为明显。

将模型（5－2）分别在国有企业与非国有企业中进行检验。本部分对产权的定义与前面一致，即根据最终控制人为国企集团或国有资产管理机构判断是否为国有企业。回归结果如表 5－15 Panel A 所示，非 CEO 高管团队薪酬差异的系数在国有企业样本中显著为负，而在非国有企业样本中虽为负但并不显著。表明非 CEO 高管团队薪酬差异降低代理成本的积极效应在国有企业中更为明显。进一步地，本部分在国有企业中区分是否为中央控股以及是否为管制行业，发现非 CEO 高管团队薪酬差异降低代理成本的积极效应仅在地方国企以及非管制行业中存在，结果如表 5－15 Panel B 所示，表明要发挥国有企业中的非 CEO 高管团队薪酬差异降低代理成本的积极效应需要减少政府的管制和干预。在非国有企业中区分公司治理的水平，发现非国有企业中非 CEO 高管团队薪酬差异降低代理成本的积极效应仅在高机构持股企业中显著，结果如表 5 – 15 Panel C 所示。这再次证明非 CEO 高管团队薪酬差异的合理性的重要性，在较高公司治理水平下的非 CEO 高管团队薪酬差异让非 CEO 高管更觉得公平，因此，能发挥一定程度的积极效应。

表 5 – 15　　非 CEO 高管团队水平薪酬差异与企业代理成本（分产权）关系的检验结果

Panel A　分产权性质

VARIABLES	(1)	(2)	(3)	(4)
	国有企业	非国有企业	国有企业	非国有企业
$NCEOCV_{t-1}$	−0.0254 *** (−3.87)	−0.00720 (−0.93)		
$NCEOCRCV_{t-1}$			−0.0191 *** (−4.57)	−0.00105 (−0.11)
CONSTANT	0.149 *** (3.98)	0.635 *** (10.93)	0.145 (1.53)	0.841 *** (4.66)
CONTROLs	Yes	Yes	Yes	Yes
Industry/Year	Yes	Yes	Yes	Yes
Observations	7 707	8 302	6 355	6 391
Adjusted R – squared	0.537	0.327	0.545	0.319

Panel B　非 CEO 高管团队静态薪酬差异与产权细分

VARIABLES	(1)	(2)	(3)	(4)	(5)	(6)
	国有企业				非国有企业	
	地方国企	中央国企	管制行业	非管制行业	高机构持股	低机构持股
$NCEOCV_{t-1}$	−0.0228 *** (−2.82)	−0.0184 (−1.62)	−0.00680 (−0.55)	−0.0356 *** (−4.57)	−0.0290 *** (−3.49)	0.0157 (1.26)
CONSTANT	0.206 *** (4.23)	0.0799 (1.24)	0.0613 (0.95)	0.209 *** (4.45)	0.261 *** (3.15)	0.846 *** (9.48)
CONTROLs	Yes	Yes	Yes	Yes	Yes	Yes
Industry/Year	Yes	Yes	Yes	Yes	Yes	Yes

续表

Panel B 非 CEO 高管团队静态薪酬差异与产权细分						
VARIABLES	(1)	(2)	(3)	(4)	(5)	(6)
	国有企业				非国有企业	
	地方国企	中央国企	管制行业	非管制行业	高机构持股	低机构持股
Observations	5 087	2 390	2 757	4 950	4 120	4 182
Adjusted R - squared	0.531	0.614	0.518	0.518	0.394	0.315

Panel C 非 CEO 高管团队动态薪酬差异与产权细分						
VARIABLES	(1)	(2)	(3)	(4)	(5)	(6)
	国有企业				非国有企业	
	地方国企	中央国企	管制行业	非管制行业	高机构持股	低机构持股
$NCEOCRCV_{t-1}$	-0.0188 *** (-3.79)	-0.0126 (-1.51)	-0.00400 (-0.56)	-0.0253 *** (-4.96)	-0.0153 ** (-2.15)	0.0135 (0.87)
CONSTANT	0.191 * (1.65)	0.0554 (0.62)	0.0608 (0.84)	0.212 (1.26)	0.280 *** (3.18)	1.110 *** (4.49)
CONTROLs	Yes	Yes	Yes	Yes	Yes	Yes
Industry/Year	Yes	Yes	Yes	Yes	Yes	Yes
Observations	4 178	1 989	2 304	4 051	3 255	3 136
Adjusted R - squared	0.548	0.613	0.491	0.537	0.399	0.303

注：(1) ***、**、* 分别表示在1%、5%和10%的水平上显著；(2) 括号中数值为 t - value。

5.6.2 不同产权下的非 CEO 高管团队薪酬差异与高管离职率

虽然随着国有企业薪酬市场化改革的推进，国企高管之间的薪酬差异逐渐拉大并带来了相对较高的边际积极效应，但是拉大薪酬差异的同时带来的公平分配问题不可忽视。此外，差异化激励虽然可以激励个人的努力水平并提高国有企业的整体效率，但在可操作性上尤其是如何做到真正公正方面遇到了许多难题。首先，中国自古以来奉行集体主义文化，改革开放初期的国有企业内平均分配的“大锅饭”制度根深蒂固，国有企业的员工对于薪酬分配的公平性尤为敏感；其次，国企的多重目标属性使得难以对国企高管实行

“激励相容”的薪酬制度，国企高管除了需要完成企业的盈利目标，还被赋予了其他的政治或社会的目标，如维持社会稳定、减少失业率等。因此，在国有企业中评价并区分高管的个人贡献较为困难，而国企高管对薪酬分配又比较敏感；若薪酬差异把握不当，很容易让高管感觉到自己没有得到公正的对待，进而消极怠工，不配合工作甚至是离开企业。尽管如此，由于在国有企业的高管为了能够留在体制内实现晋升的目的，有时会愿意接受较少的货币薪酬。但是对于这些非 CEO 高管而言，他们彼此是晋升的竞争对手，而且薪酬分配体现的是地位，甚至是晋升的概率。如果继续留在国企内部的政治晋升希望并不大，而且外部劳动力市场机会又较多时，这些感受到不公正待遇的非 CEO 高管仍然会选择离开企业。

对非国有企业而言，薪酬与业绩挂钩的理念较为普遍，且非国有企业的代理关系也不像国企那么复杂，更多处于市场竞争环境，更能接受差异化的薪酬分配是对不同人力资本的合理公平匹配。因此，非国有企业现有的薪酬分配格局可能已经是市场化的结果，非 CEO 高管间的薪酬分配对于他们选择是否继续留任公司的决策影响可能并不大。综上所述，由于非 CEO 高管的薪酬差异带来的增加非 CEO 高管离职的消极作用，可能在国有企业中更为显著。

同样地，将模型（5－3）分别在国有企业与非国有企业中进行检验，产权定义与前面一致。回归结果如表 5－16 Panel A 所示，非 CEO 高管团队静态薪酬差异系数在国有企业与非国有企业都显著为正，但国有企业的系数显著大于非国有企业；且非 CEO 高管团队动态薪酬差异系数仅在国有企业中显著为正，表明非 CEO 高管团队薪酬差异增加非 CEO 高管离职的消极效应在国有企业中更为明显。进一步地，本部分在国有企业中区分是否为中央控股以及是否为管制行业，发现非 CEO 高管团队薪酬差异增加非 CEO 高管离职的消极效应仅在地方国企以及非管制行业中存在，结果如表 5－16 Panel B 所示，表明国有企业的高管对薪酬分配更为敏感，相对非国有企业而言，更在意内部薪酬分配中的公平性。在非国有企业中区分高管团队相对于同行业的薪酬水平时发现，非国有企业中非 CEO 高管团队薪酬差异增加非 CEO 高管离职的消极反应仅在高管感知到他们的薪酬相对于同行业的薪酬更低时才显著，结果如表 5－16 Panel C 所示，这表明非国有企业高管离职与否更要看重其薪酬的外部竞争力。

表 5-16　非 CEO 高管团队水平薪酬差异与非 CEO 高管离职率（分产权）关系的检验结果

Panel A　分产权

VARIABLES	(1)	(2)	(3)	(4)
	国有企业	非国有企业	国有企业	非国有企业
$NCEOCV_{t-1}$	0.0571 *** (5.474)	0.0168 ** (2.155)		
$NCEOCRCV_{t-1}$			0.0189 ** (2.590)	0.0198 (1.195)
CONSTANT	1.249 *** (11.422)	1.268 *** (8.039)	1.230 *** (7.378)	1.199 *** (5.550)
CONTROLs	Yes	Yes	Yes	Yes
Industry/Year	Yes	Yes	Yes	Yes
Observations	3 347	3 547	2 842	2 765
Adjusted R-squared	0.275	0.262	0.276	0.268

Panel B　非 CEO 高管团队静态薪酬差异与产权细分

VARIABLES	(1)	(2)	(3)	(4)	(5)	(6)
	国有企业				非国有企业	
	地方国企	地方国企	地方国企	地方国企	高于同行业水平	低于同行业水平
$NCEOCV_{t-1}$	0.0776 *** (4.429)	-0.000257 (-0.011)	0.0193 (0.608)	0.0685 *** (4.055)	0.00324 (0.186)	0.0221 * (1.777)
CONSTANT	1.085 *** (8.897)	1.432 *** (4.517)	1.371 *** (5.684)	1.214 *** (7.673)	1.118 *** (6.491)	1.394 *** (8.654)
CONTROLs	Yes	Yes	Yes	Yes	Yes	Yes
Industry/Year	Yes	Yes	Yes	Yes	Yes	Yes
Observations	2 200	1 054	1 241	2 106	1555	1757
Adjusted R-squared	0.300	0.233	0.279	0.275	0.259	0.275

续表

Panel C　非 CEO 高管团队动态薪酬差异与产权细分

VARIABLES	(1)	(2)	(3)	(4)	(5)	(6)
	国有企业				非国有企业	
	地方国企	地方国企	地方国企	地方国企	高于同行业水平	低于同行业水平
$NCEOCRCV_{t-1}$	0.0199 * (2.017)	0.0154 (1.451)	0.00460 (0.260)	0.0262 *** (3.919)	0.00952 (0.477)	0.0275 * (1.752)
CONSTANT	1.085 *** (7.329)	1.528 *** (6.584)	1.297 *** (4.757)	1.305 *** (8.012)	1.055 *** (4.950)	1.353 *** (9.160)
CONTROLs	Yes	Yes	Yes	Yes	Yes	Yes
Industry/Year	Yes	Yes	Yes	Yes	Yes	Yes
Observations	1 865	899	1 082	1 760	1 241	1 524
Adjusted R – squared	0.296	0.249	0.287	0.278	0.252	0.278

注：(1) ***、**、* 分别表示在 1%、5% 和 10% 的水平上显著；(2) 括号中数值为 t – value。

5.7　本章小结

在分析非 CEO 高管团队薪酬差异对企业绩效的综合影响之前，本章先分析非 CEO 高管团队薪酬差异对高管行为的影响。非 CEO 高管团队薪酬差异具有两面性，包括积极效应（如降低代理成本）和消极效应（如增加高管离职率）。一方面，委托代理理论认为将高管的薪酬与业绩挂钩可以减少高管的偷懒行为，激励他们努力工作并进一步降低代理成本，那么对高管团队而言，将各高管的薪酬与其个人产出或贡献挂钩并进行差异化激励能最大限度激励各高管的努力水平，从而降低整个管理层的代理成本。另一方面，虽然差异化激励是对不同人力资本定价和分配公平的体现，但现实中薪酬差异的合理性往往难以把握。尤其对高管团队内部来说，非 CEO 高管的工作更加互相依赖，贡献有时难以区分，且彼此间容易进行相互比较。较大的非

CEO 高管团队薪酬差异会增加他们之间的利益冲突，造成团队内的不和谐、破坏合作、产生恶性竞争，甚至是离职等一系列消极反应。基于我国披露的所有上市公司高管的薪酬、在任以及离任时间的数据，本章具体分析了非 CEO 高管团队薪酬差异对管理层代理成本以及管理层离职率的影响。结果发现：

（1）非 CEO 高管的薪酬差异能够对降低管理层代理成本发挥积极效应，且在公司治理水平越高、高管团队平均薪酬相对于同行业水平薪酬更高时该积极效应更为显著。

（2）非 CEO 高管的薪酬差异会产生增加管理层离职率的消极效应，且在高管团队平均薪酬相对于同行业更低、高管团队内 CEO 与非 CEO 高管之间垂直薪酬差异越大时该消极效应更为显著。

（3）相比于非国有企业，国有企业中非 CEO 高管的薪酬差异降低管理层代理成本的积极效应更为显著。由于国有企业代理成本较高，在市场化改革逐步推进下，国有企业高管薪酬与业绩逐渐挂钩的激励制度使得非 CEO 高管团队薪酬差异降低代理成本的边际效应较高。因此，本章的研究也发现国有企业中非 CEO 高管团队薪酬差异降低代理成本的积极效应在政府干预较少的地方的国企和非管制行业的国企中更为显著。在非国有企业中，薪酬与业绩挂钩的激励观念更为广泛，非 CEO 高管团队薪酬差异能带来的降低代理成本的边际效应很有限；但本章的研究也发现，若提高非国有企业的公司治理水平，即加强非 CEO 高管团队薪酬差异的公正合理性，非 CEO 高管团队薪酬差异仍然能够发挥一定程度的降低代理成本的积极效应。

（4）相比于非国有企业，国有企业中非 CEO 高管的薪酬差异增加管理层离职率的消极效应也更为显著。由于国有企业受集体主义文化影响较深，国企高管更在意薪酬分配的公平性；且多重目标的属性等原因，使得与业绩挂钩的薪酬激励在实践中难以操作。尽管国企高管具有“体制内的晋升通道”这个激励，但是在该晋升吸引力不够强或者企业外部就业机会较多时，面临不公平薪酬分配的国有企业的高管也会愿意跳出体制，寻求其他的发展机会，从而带来较高的离职率。因此，本章的研究也发现国有企业中非 CEO 高管团队薪酬差异增加高管离职率的消极效应在政府干预较少的地方的国企和非管制行业的国企中更为显著。在非国有企业中，高管遵循更为市场化的薪酬机制，他们更能接受现有的薪酬差异是市场化的结果，由薪酬差异带来的离职效果不明显；但本章的研究发现，非国企的高管发现自身的薪酬水平低于同行业水平时，同样会选择离开企业另谋他职。

综上所述，本章的研究丰富了非 CEO 高管团队薪酬差异产生的经济后果的相关文献，从代理成本与离职率两个角度分析非 CEO 高管团队薪酬差异对高管行为的直接影响。进一步提供了中国制度背景下不同产权带来的差异，为下一步分析非 CEO 高管对企业绩效的综合影响提供了基础。需要注意的是，代理成本与离职率并不是非 CEO 高管团队薪酬差异对高管行为影响的唯一途径，本章只是选取了这两个较具代表性的方面，从直观的角度进行了初步的分析。

| 第 6 章 |

非 CEO 高管团队水平薪酬差异与企业绩效

6.1 引言

在第 5 章分析了非 CEO 高管团队薪酬差异对高管行为影响的基础上，本章分析非 CEO 高管团队薪酬差异对企业整体绩效产生的综合影响。

理论上，非 CEO 高管团队薪酬差异对企业绩效既有积极影响也有消极影响。一方面，以经济学家为主的学者们认为非 CEO 高管间具有一定的薪酬差异是按照业绩给付薪酬的表现，即按照非 CEO 高管各自的产出和贡献来对其进行差异化激励，这样不但可以最大限度激励高管的努力水平，带来降低整个管理层的代理成本的积极效应，而且可以减少高边际生产率的非 CEO 高管的流失，最终有利于企业绩效的提升。另一方面，以社会学家为主的学者们则认为现实中薪酬差异的合理性往往难以把握，尤其对高管团队内部来说，他们的工作更加相互依赖，贡献有时难以区分，且彼此间容易进行相互比较。较大的非 CEO 高管团队薪酬差异会加大非 CEO 高管个人的利益冲突，造成他们之间关系的不和谐；同时也会破坏他们之间的合作，带来离职等一系列的消极反应，最终不利于企业绩效。由于理论上对非 CEO 高管团队薪酬差异的影响没有一致的预期，且实务上也几乎不存在一个对所有公司都适用的、最优的非 CEO 高管团队薪酬差异配置，因此我国上市公司的非 CEO 高管团队薪酬差异对企业绩效的影响，需要大样本的经验数据的验证。

此外，学者们并不局限于在不同的样本中探讨非 CEO 高管团队薪酬差异对企业绩效的影响究竟是积极效应抑或消极效应更为占优。由于薪酬分配对组织及个人的影响取决于许多因素，如任务的属性（Jacobs，1981）、组织和个人的特征等，因此，部分学者将两种理论融合起来，探讨不同的情境因素如何影响非 CEO 高管团队薪酬差异的积极与消极效应之间的制衡。虽然理论上的情境因素较为丰富，但来自经验上的证据仍然非常有限。例如，在理论上，任务依赖度是影响非 CEO 高管团队薪酬差异的一个重要情境因素。西格尔和汉布里克（2005）认为技术密集型企业有更高的任务依赖度，他们发现，相对于非高科技行业，高科技行业的企业拥有更高技术密集性，需要高管团队内更多的协调和配合；因此，高管团队内的水平薪酬差异越大，对高科技企业的绩效越不利。

在此基础上，本章进一步探讨两个问题：首先，从非 CEO 高管团队薪酬差异会带来消极效应的角度，探讨高科技行业的公司是否比非高科技行业的公司更容易表现出薪酬差异的不利影响。由于任务的互相依赖度越高时更需要非 CEO 高管之间的合作，较大的薪酬差异更容易带来消极反应从而可能抵消了积极效应，最终呈现出对企业绩效的不利影响。其次，从非 CEO 高管团队薪酬差异会带来积极效应的角度，探讨治理较差的公司是否比治理较好的公司更容易表现出薪酬差异的不利影响。由于薪酬差异的合理性是其能发挥积极效应的重要前提，而公司治理水平便是能够体现薪酬差异合理性程度的其中一种机制。好的公司治理虽然加大了薪酬差异带来积极效应的可能性，但也无法预测薪酬差异对企业绩效最终的影响效果；但差的公司治理下薪酬差异的合理性大大降低，积极效应难以发挥，此时消极效应更易占优，从而薪酬差异呈现对企业绩效的不利影响。

本章研究中采用的数据和第 4 章以及第 5 章一致，以 2005 ~ 2015 年中国上市公司披露的非 CEO 高管薪酬数据作为大样本检验的基础，分析非 CEO 高管静态与动态的薪酬差异对企业绩效的综合影响。具体而言，首先分析非 CEO 高管团队薪酬差异对企业绩效的影响，发现整体来说，非 CEO 高管团队薪酬差异对企业绩效不利，且在高科技行业的公司或者公司治理较差的公司中不利影响更为显著。其次分析非 CEO 高管团队薪酬差异对企业绩效负向影响的可能路径，即非 CEO 高管团队薪酬差异较大时会带来较多的高管离职，导致高管团队的不稳定以及人才流失，最终对企业绩效产生负面影响。最后分析非 CEO 高管团队薪酬差异对企业绩效的影响在不同职能背景和产权性质下的差异：一是非 CEO 高管职能背景异质性越小，或非 CEO 高管更多集中在生产型职能背景时，非 CEO 高管团队薪酬差异对企业绩效的不利影响更为显著；且相对于产出型职能背景的高管来说，生产型职能背景的高管间薪酬差异越大，对企业绩效越不利。二是在政府干预较少的地方的国企以及非管制行业的国企中，虽然非 CEO 高管团队薪酬差异对企业绩效不利，但仅在市场化程度较低时才显著；同样地，在非国有企业中，虽然非 CEO 高管团队薪酬差异对企业绩效不利，但仅在机构持股比例较低时才更为显著。

本章的其他部分安排如下：第 6.2 部分是理论分析与研究假设，第 6.3 部分是研究设计，第 6.4 部分是实证结果，第 6.5 部分是稳健性检验，第 6.6 部分是进一步研究，第 6.7 部分是本章小结。

6.2 理论分析与研究假设

6.2.1 非 CEO 高管团队薪酬差异对企业绩效的影响

遵循第 5 章的逻辑，非 CEO 高管间薪酬差异产生的经济后果，主要有积极影响与消极影响两派观点。

对同层级内员工的薪酬差异产生的经济后果持积极观点的主要支持者是经济学家。古典经济学理论认为应当按照雇员的边际生产率给付薪酬。边际生产率的差异难以解释层级间较大的薪酬差异，但却是同层级内的员工薪酬差异的主要来源。基于边际生产率差异的非 CEO 高管团队薪酬差异对企业绩效的积极作用主要体现在：激励了非 CEO 高管个人更高的努力水平以及减少了高边际生产率非 CEO 高管的流失（Freeman，1977；Bishop，1987；

Shaw et al. , 2002）。首先，非 CEO 高管间的薪酬差异可以提高非 CEO 高管的努力水平。委托代理理论认为，将经理人的业绩与薪酬挂钩可以提升经理人的努力程度并减少代理成本，而非 CEO 高管之间较大的薪酬差异代表了将非 CEO 高管的薪酬与其业绩挂钩的差异化激励文化，有利于提高高管的个人努力水平，减少他们的偷懒行为，降低企业代理成本，最后有利于企业绩效的提升。期望理论也为薪酬与业绩挂钩的个人激励系统的有效性提供了支持，即薪酬与业绩挂钩程度越高，表明非 CEO 高管对于高绩效—高报酬的期望较高，因此会受到激励而努力工作（Kepes et al. , 2009）。组织正义理论（Sheppard，Lewicki and Minton，1992）则认为将个人激励以及激励差异与组织目标相联系的方式体现了组织对公平的考虑，尤其是程序公平；且采用薪酬与业绩挂钩的个人激励系统更能感觉到对结果的控制，这种控制观念是组织公正的基本组成部分（Folger and Greenberg，1985）。其次，非 CEO 高管间的薪酬差异可以减少高边际生产率的非 CEO 高管的流失。按照个人绩效给付差异化的薪酬使得在团队内部分配中处于薪酬顶端的高管感觉相对有利，因此，不太可能离职（Pfeffer and Davis - Blake，1992），同时也会吸引其他高边际生产率的非 CEO 高管加入团队中，形成有效的、合理的人才筛选（sorting）机制（Gerhart and Rynes，2003；Lazear，2000）。如肖恩和古普塔（Shaw and Gupta，2007）、特雷弗等（2012）等发现较高的薪酬差异保留住了更多的高绩效的员工。

消极的观点则主要来源于社会学家与管理学家，他们认为，同层级内水平薪酬差异不宜过大。首先，现实中薪酬差异依据的合理性往往难以把握；其次，同层级的雇员之间更容易进行相互比较，尤其是在组织目标需要同层级的成员共同合作完成时，较大的层级内薪酬差异会导致层级内成员互相比较从而产生不公平感，不利于层级内的和谐以及彼此间的配合与协作（Frank，1984；Lazear，1989；Akerlof and Yellen，1990；Levine，1991；Hambrick，1995）。具体来说，过于强调差异化的个人激励系统会使得各成员将自身的利益目标优于集体目标，团队内分崩离析（Hambrick，1995），成员间不愿意互相协作配合（Deutsch，1985），尤其是当配合他人工作需要自身承担一定成本时。同时，薪酬分配较低的成员会产生较大的不公平感和薪酬不满意度（Pfeffer and Langton，1993），嫉妒感增强（Barnard，1938），他们可能会选择降低自身的投入或减少合作，花费更多的精力进行寻租，甚至是离开组织（Fredrickson et al.，2010）。除此之外，部分经济学家还认为层级内过大的薪酬差异会加剧层级内成员的政治行为，带来恶性竞争等问题（Lazear，1989；Milgrom and Roberts，1990）。虽然恶性竞争主要是在探讨层级间锦标赛竞争的时候涉及，但由于同层级内的成员彼此间是竞争者，他们在关注自身利益的同时还有可能会对竞争对手的产出进行破坏，以增加自身晋升到更高层级的概率，这种行为最后是对组织整体利益不利，长此以往会导致更低的绩效（Lazear，1989；Lazear，1995；Rosen，1986）。

综上所述，非 CEO 高管团队薪酬差异对企业绩效的影响在理论上没有一致的预期。根据第 5 章的讨论，非 CEO 高管团队薪酬差异既可能产生如降低代理成本的积极效果，也可能会产生如增加离职率的消极效果；其对企业绩效的综合影响则是非 CEO 高管团队薪酬差异在不同情境下，积极效应与消极效应的相互权衡和制约。因此，中国制度背景下的上市公司内非 CEO 高管团队水平薪酬差异的综合效果，难以从理论上给予明确的预期，需要更多大样本数据的检验。据此，提出以下竞争性假设：

假设 6－1a：非 CEO 高管团队的薪酬差异与企业绩效正相关；

假设 6－1b：非 CEO 高管团队的薪酬差异与企业绩效负相关。

6.2.2　不同情境下非 CEO 高管团队水平薪酬差异对企业绩效的影响

根据前面所述，非 CEO 高管团队薪酬差异对企业绩效具有两面性，然而，是组织内和谐、合作与承诺更为重要，还是差异化的、与绩效挂钩的激励更为重要，仍然取决于许多因素，如任务的属性（Jacobs，1981）、组织和个人的特征等。因此，参考探讨不同情境下同层级的水平薪酬差异对企业绩效的综合影响的现有经验文献，本章分析非 CEO 高管之间的任务相互依赖的程度以及薪酬差异的合理性对非 CEO 高管团队水平薪酬差异对企业绩效综合效果的影响。

首先，非 CEO 高管之间的任务相互依赖的程度，即为完成企业目标而对非 CEO 高管之间相互合作的需要程度，是影响非 CEO 高管团队水平薪酬差异对企业绩效影响的重要因素。非 CEO 高管的任务依赖度主要从两个层面影响非 CEO 高管之间薪酬分配。一方面，非 CEO 高管的任务高度依赖时彼此之间会进行更多信息交流，更容易互相比较；另一方面，任务依赖度高的非 CEO 高管之间的个人贡献难以区分，较大的薪酬差异会增加他们相互比较后带来的不公平感，从而增强薪酬差异的消极影响。汉布里克（Hambrick，1994）指出环境的不确定性使得高管团队面临相当大的任务依赖性，要求高管们经常进行互动、协作和处理相互关联的信息。在多种多样的环境不确定下，技术密集型的高科技行业的高管团队面临更多的任务相互依赖度。一是高科技行业的企业对信息处理的需求是巨大的。在这些行业中，新的技术突破、新的竞争发展和新的客户偏好比比皆是，创造了大量的不确定的、模糊的信息（Tushman and Anderson，1986），因此需要高管团队对这些信息作出及时的处理，相互合作和协调以保证企业能跟上竞争激励的市场。二是由于技术创新本身就会破坏组织的日常运作，往往需要高层管理人员之间频繁的谈判和互相调整。技术密集催生新产品、新应用、新市场以及新的生产工艺。每一种类型的发展都需要公司多个部门的参与才能取得成果（Schoonhoven and Jelinek，1990）。例如，新产品的成功开发将需要协调和调整多种功能，包括研发、销售、制造财务和人力资源。在高科技公司，高管不断地面临着这种协调的需要。综上所述，在高科技企业中，信息交流、谈判和相互调整的压力是相对持续和强烈的。相比之下，在低技术环境的公司中，虽然高管间肯定面临着某种程度的相互依存，但不必像高技术公司那样处理更多的模糊信息，也不必进行与新产品或新工艺相关的多单元协调。低技术环境公司的高级管理人员可以主要关注于改善他们自己所在领域的业绩。总之，该行业的技术密集程度越高，高管团队成员之间的任务相互依存程度就越大。而任务依赖性较大时，不适宜对非 CEO 高管采用较大差异的薪酬分配，否则不但容易增加他们之间的相互比较，还会增加薪酬比较带来的不公平感，不利于高科技行业中所需要的相互协调与合作。据此，提出以下假设：

假设 6-2：相对于非高科技行业的公司，高科技行业公司的非 CEO 高管团队薪酬差异与企业绩效负相关。

其次，非 CEO 高管团队水平薪酬差异基础的合理性，也是影响非 CEO 高管团队薪酬差异对企业绩效综合效应的重要因素。在前面的章节中，分析非 CEO 高管团队薪酬差异的积极影响时特别强调的是薪酬差异的合理性，即非 CEO 高管之间的薪酬拉开差距的依据是合理的，才能对组织绩效产生正向作用。若非 CEO 高管团队薪酬差异是由其他的不合理的因素，如缺乏正式的程序、各权力之间进行博弈，甚至是由于政治因素带来时，难以对非 CEO 高管行为以及企业绩效起到激励和促进作用（Gupta and Jenkins，1996）。换言之，非 CEO 高管团队薪酬差异带来的好处也许并不是由于薪酬本身的差异化带来的，而是由于导致薪酬差异的原因是规范合理的，进而使得非 CEO 高管感知到薪酬分配是公平的。非 CEO 高管团队薪酬差异的合理性除了薪酬与绩效挂钩，还有保证绩效薪酬有效实施的各种程序的规范性。而公司治理水平便是影响非 CEO 高管团队薪酬差异的合理性的重要机制（Lee et al.，2008）。现有许多文献研究表明，高管的薪酬激励机制与公司治理机制如董事会的独立性和机构投资者等呈现互补的关系，即较高的公司治理水平可以一定程度上保证非 CEO 高管团队薪酬差异的合理性，让非 CEO 高管感知到薪酬的分配是通过较为公平、公正的机制实现的，从而使得非 CEO 高管团队薪酬差异发挥一定的积极效应，来抵消非 CEO 高管团队薪酬差异带来的消极效应。若公司治理水较低，如当 CEO 与董事长两职合一时，CEO 的权力较大会使得非 CEO 高管感觉薪酬分配有失偏颇。CEO 不但会利用权力自增薪酬，还会影响董事会的监督职能，提高与 CEO 个人关系较紧密的非 CEO 高管的薪酬，使得非 CEO 高管感知到的薪酬分配差异不公平感增强。因此，公司治理水平较低时，非 CEO 高管团队薪酬差异的积极效应难以发挥，从而使得非 CEO 高管团队薪酬差异的消极效应呈现占优。如在第 5 章的分析中发现，非 CEO 高管团队薪酬差异降低代理成本的正向效应仅在公司治理水平较高时显著存在。因此，当公司治理水平较低时，非 CEO 高管团队薪酬差异难以发挥积极效应，而消极效应更可能占优，导致对企业绩效的综合效果呈现不利影响。据此，提出以下假设：

假设 6－3：相对于治理水平较好的公司，治理水平较差的公司的非 CEO 高管团队薪酬差异与企业绩效负相关。

6.3　研究设计

6.3.1　样本选择与数据来源

本章的研究样本与第 4 章和第 5 章中样本一致，包括 2005～2015 年的上市公司的高管团队，非 CEO 高管的定义如第 4 章所述，不再赘述。

样本的筛选过程如下：首先按照第 4 章中样本的筛选原则进行筛选，得到有效的高管团队 22 518 个，包括 36 050 位高管，139 880 个公司—高管—年观测值（其中 21 760 个 CEO 观测值，118 120 个非 CEO 高管观测值）。其次根据以下程序剔除不符合要求的公司观测值：一是金融、保险类公司 368 个观测值；二是不能计算企业期初的非 CEO 高管团队水平薪酬差异的观测值 4 381 个[①]；三是其他控制变量缺失的 1 838 个观测值，得到 15 931 个有效公司观测值（包括 102 452 个公司—高管—年观测值，其中 15 663 个 CEO 观测值，86 789 个非 CEO 观测值）[②]。本章的数据分析仍然基于公司层面。高管个人薪酬数据来自 CSMAR 数据库，其中非 CEO 高管薪酬数据根据职位名称手工整理和筛选，其他公司特征、财务和治理变量数据均来自 CSMAR 数据库或 Wind 数据库。

6.3.2　非 CEO 高管团队水平薪酬差异的衡量

与第 4 章和第 5 章一致，本章同样采用了两个指标来衡量非 CEO 高管的

① 由于本章的检验模型中采用的是非 CEO 高管团队薪酬差异的滞后一期数据，所以要求样本公司都能计算上一期的非 CEO 高管团队薪酬差异。

② 该样本是本章的基本数据样本，暂时没有剔除其他控制变量缺失的样本，具体的样本大小根据不同的模型有所变化。

薪酬差异：薪酬水平差异、薪酬变动差异。具体算法如第 4 章和第 5 章所述，此处不再赘述。

6.3.3 计量模型与变量定义

根据现有研究（Fredrickson et al.，2010；Anderson and Reeb，2003）加入公司治理以及公司特征等控制变量，采用模型（6－1）对非 CEO 高管团队薪酬差异对企业绩效的综合影响进行检验。

$$\begin{aligned} ROA_t = & \beta_0 + \beta_1 NCEODISPER_{t-1} + \beta_2 TOP1_t + \beta_3 BOARD_t + \beta_4 RATIO_t + \beta_5 DUAL_t \\ & + \beta_6 LNMEANTMTCOMP_t + \beta_7 METMTHOLD_t + \beta_8 SIZE_t + \beta_9 SOE_t \\ & + \beta_{10} LEV_t + \beta_{11} GROWTH_t + \beta_{12} MKR_t + \varepsilon_t \end{aligned} \tag{6-1}$$

其中，被解释变量企业绩效用公司的总资产收益率（ROA）进行衡量，主要解释变量非 CEO 高管团队薪酬差异（NCEODISPER 分别指 NCEOCV/NCEOCRCV）的衡量如前所述。参照基尼和威廉姆斯（2012）的做法，且考虑非 CEO 高管薪酬在期初制定并进一步影响当期企业绩效，因此非 CEO 高管团队薪酬差异采用期初数①。控制变量主要包括公司治理与公司特征两组变量。其中公司治理变量包括股权结构变量、董事会变量以及高管激励变量。股权结构变量是公司的第一大股东持股比例；董事会变量包括董事会的规模、独立董事的比例以及董事长与总经理是否两职合一；高管激励变量包括高管团队的平均薪酬水平，采用其对数的形式（LNMEANTMTCOMP），以及高管团队中高管的平均持股比例（METMTHOLD）。公司特征的变量包括公司的规模、公司的产权、公司的资产负债率、公司的成长性以及公司所处地区的市场化程度，各变量具体的定义见表 6－1。除此之外，模型（6－1）还控制了年度与行业的固定效应。

根据假设 6－1，由于理论上不能就非 CEO 高管团队薪酬差异对企业绩效的综合影响有一致的预期，因此，不能预计 $NCEOCV_{t-1}$ 与 $NCEOCRCV_{t-1}$ 的系数方向及其显著性。进一步地，考虑不同情境下非 CEO 高管团队薪酬

① 本章同时采用当期的非 CEO 高管团队薪酬差异进行稳健性检验，结果基本一致。

差异积极效应与消极效应的互相制衡与占优，将模型（6－1）分别在技术密集程度高低以及公司治理水平高低组别进行检验。其中，技术密集程度高低采用是否为高科技行业进行区分，本章的高科技行业的定义是根据国家统计局《高科技产业统计分类目录》中认定的高科技产业与 2012 年《国民经济行业分类与代码》相互比对来确定。主要包括行业代码为 253（核燃料加工）、26（专用化学产品制造业）、27（医药制造业）、358（医疗仪器设备及器械制造）、374（航天航空器制造）、39（计算机、通信和其他电子设备制造业）、40（仪器仪表制造业）、65（软件服务）的全部或部分公司，经手工确认和样本筛选，最后在本书样本中确定 501 家高科技公司，共 3016 个观测值。

表 6－1　　　　变量定义

变量	定义
非 CEO 高管团队薪酬差异	
NCEOCV	非 CEO 高管团队静态薪酬差异。NCEOCV = 非 CEO 高管薪酬的标准差/非 CEO 高管的薪酬均值
NCEOCRCV	非 CEO 高管团队动态薪酬差异。NCEOCRCV = 非 CEO 高管薪酬增长率的标准差
企业绩效	
ROA	资产收益率。ROA = 净利润/总资产
公司治理	
TOP1	大股东持股比例。TOP1 = 公司第一大股东持股比例
BOARD	董事会规模。BOARD = 董事会人数的对数
RATIO	独立董事比例。RATIO = 独立董事人数/董事会人数
DUAL	董事长与总经理是否两职合一，如果是取值为 1，否则为 0
MEANTMTCOMP	高管团队平均薪酬水平。TMTCOMP = 按照文中高管定义和样本筛选后的高管的总薪酬水平/高管团队人数
METMTHOLD	高管团队的平均持股比例
公司特征变量	
SIZE	公司规模。SIZE = 公司总资产的对数

续表

变量	定义
公司特征变量	
SOE	产权。如果公司最终控制人为国企集团或国有资产管理机构，那么上市公司被定义为国有企业，即 SOE = 1；如果公司最终控制人为个人、外资企业等非国有机构，那么上市公司被定义为非国有企业，即 SOE = 0
LEV	公司负债率。LEV = 负债总额/资产总额
GROWTH	公司成长性。GROWTH = 营业收入的增长率
MKR	市场化程度。按照樊纲和王小鲁（2013）定义的中国各地区的市场化指数，将市场化指数在中值以上的地区定义为市场化进程较高的区域，MKR 取值为 1，将市场化指数在中值以下的地区定义为市场化进程较低的区域，MKR 取值为 0

根据假设 6 – 2，相较于非高科技行业的企业，高科技行业的企业中非 CEO 高管团队薪酬差异的消极影响更为突出，在与积极效应的权衡中更易占优，使得最后对企业绩效的综合效果更可能呈现不利影响，因此，预测 $NCEOCV_{t-1}$ 与 $NCEOCRCV_{t-1}$ 的系数在高科技行业的企业中显著为负。此外，公司治理水平高低采用董事长与总经理是否两职合一进行区分，当董事长与总经理为同一人时，总经理的权力过大会干预董事会的监督职能，体现较低的公司治理水平。根据假设 6 – 3，相较于董事长与总经理无两职合一的情况，两职合一时公司治理水平较低，非 CEO 高管团队薪酬差异的积极效果难以发挥，而消极影响在权衡中更易占优，使得最后对企业绩效的综合效果更可能呈现不利影响，因此，预测 $NCEOCV_{t-1}$ 与 $NCEOCRCV_{t-1}$ 的系数在董事长与总经理两职合一的企业中显著为负。

6.4 实证结果

6.4.1 描述性统计

表 6 – 2 是主要变量的描述性统计。其中企业绩效总资产收益率（ROA）

的均值（中值）为 0.036（0.034），在样本中分布较为均匀。本章同样采用 NCEOCV 和 NCEOCRCV 衡量非 CEO 高管团队静态和动态两个维度的薪酬差异。NCEOCV 的均值（中值）与 NCEOCRCV 的均值（中值）分别是 0.199（0.157）、0.136（0.065）。非 CEO 高管团队薪酬的动态差异相对静态差异的分布更为分散。

表 6-2　　主要变量的描述性统计

变量名	观测值	均值	中位数	标准差	1/4 分位数	3/4 分位数
ROA	15 931	0.036	0.034	0.061	0.012	0.063
NCEOCV	15 460	0.199	0.157	0.176	0.067	0.287
NCEOCRCV	14 903	0.136	0.065	0.222	0.014	0.161
TOP1	15 931	0.354	0.335	0.150	0.233	0.461
BOARD	15 931	8.948	9.000	1.814	8.000	9.000
RATIO	15 931	0.368	0.333	0.052	0.333	0.400
DUAL	15 931	0.218	0.000	0.413	0.000	0.000
MEANTMTCOMP（万）	15 931	41.424	33.082	32.146	20.685	52.059
METMTHOLD	15 931	0.008	0.000	0.021	0.000	0.001
SIZE	15 931	21.850	21.697	1.248	20.966	22.560
SOE	15 931	0.482	0.000	0.500	0.000	1.000
LEV	15 931	0.466	0.465	0.233	0.293	0.625
GROWTH	15 931	0.189	0.111	0.527	-0.032	0.277
MKR	15 931	0.787	1.000	0.410	1.000	1.000

公司治理相关变量中，TOP1 的均值为 0.354，表明样本公司平均第一大股东持股比例约为 35.4%；BOARD 的均值为 8.948，表明样本公司中董事会的规模平均约为 9 人；独立董事比例 RATIO 的均值为 0.368，表明样本公司中的独立董事比例约为 36.8%；DUAL 的均值为 0.218，样本公司中总经理和董事长两职合一的情况占 21.8% 左右；MEANTMTCOMP 的均值为 41.424，中值为 33.082，表明样本公司中高管团队的平均薪酬水平约为 41 万元，且在样本中的分布差异较大；METMTHOLD 的均值为 0.008，中值为 0，表明样本公司中高管团队的平均持股比例约为 0.8%，不到 1%，且至少

有一半以上的高管团队平均持股比例为 0。公司特征相关变量中，样本公司的资产规模对数 SIZE 的均值为 21.850，中位数为 21.697，分布比较均匀。产权变量 SOE 的均值是 0.482，样本中约有一半的公司为国有企业；LEV 的均值为 0.466，表明样本公司的平均资产负债率约为 47%；公司成长性 GROWTH 的均值为 0.189，表明样本公司的销售增长率平均为 18.9%。市场化水平 MKR 的均值为 0.787，表明样本中约有 78.7% 的公司处于市场化进程较高的地区，与之前文献的结果一致。

表 6-3 是主要变量的相关系数，当期的非 CEO 高管团队薪酬差异（$NCEOCV_t$ 与 $NCEOCRCV_t$）与企业绩效（ROA）的相关关系显著为正，而滞后一期的非 CEO 高管团队薪酬差异中静态薪酬差异 $NCEOCV_{t-1}$ 与企业绩效的相关关系显著为正，动态薪酬差异 $NCEOCRCV_{t-1}$ 与企业绩效的相关关系不显著，因此非 CEO 高管团队薪酬差异与企业绩效的关系需要进行多元回归以作更为深入的分析。其他控制变量与 ROA 的相关关系中，股权结构即大股东持股比例与企业绩效显著正相关，而董事会的规模、结构与企业绩效的线性相关关系不显著，两职合一与否的变量与企业绩效的关系也显著为正；高管激励变量包括平均薪酬水平与平均持股比例与企业绩效都是显著正相关。公司特征相关变量中，公司规模、公司成长性以及公司所处市场化程度与企业绩效显著正相关，而国有产权以及公司的负债率与绩效显著负相关。控制变量彼此之间的相关系数均较小，不存在显著的共线性关系。

表 6-4 是不同情境下本章所说的主要变量的单变量检验。其中 Panel A 为区分是否为高科技行业企业的结果，Panel B 为区分是否存在董事长总经理两职合一情况的结果。Panel A 的结果显示，高科技行业公司的企业绩效以及非 CEO 高管团队薪酬差异都显著较非高科技行业公司更高，其他控制变量中，高科技行业的公司的独立董事比例、两职合一的情况、高管团队的平均薪酬水平和平均持股比例，以及公司的成长性和所处地区的市场化程度都更高；而第一大股东持股比例、董事会规模、公司规模、国有产权比例以及负债率都较非高科技行业的公司更低。Panel B 的结果显示，两职合一的企业中，企业绩效与非 CEO 高管薪酬静态差异都更高，但是非 CEO 高管薪酬动态、静态差异无显著差异。其他控制变量中，两职合一的企业的第一大

表6-3 主要变量的相关系数

VARIABLES	(1)	(2)	(3)	(4)	(5)	(6)	(7)	(8)	(9)	(10)	(11)	(12)	(13)	(14)	(15)	(16)
(1) ROA	1															
(2) LNCEOCV	0.047 ***	1														
(3) LNCEOCRCV	0.013	0.282 ***	1													
(4) NCEOCV	0.066 ***	0.627 ***	0.178 ***	1												
(5) NCEOCRCV	0.025 ***	0.359 ***	0.178 ***	0.283 ***	1											
(6) TOP1	0.096 ***	-0.024 ***	-0.016 *	-0.026 ***	-0.016 *	1										
(7) BOARD	0.007	-0.040 ***	0.015 *	-0.040 ***	0.013	0.019 **	1									
(8) RATIO	-0.01	0.007	0.018 **	0.003	0.018 **	0.043 ***	-0.382 ***	1								
(9) DUAL	0.034 ***	0.057 ***	-0.000	0.065 ***	-0.003	-0.062 ***	-0.173 ***	0.101 ***	1							
(10) MEANTMT-COMP (万)	0.226 ***	0.151 ***	0.098 ***	0.160 ***	0.108 ***	0.039 ***	0.090 ***	0.027 ***	-0.002	1						
(11) METMTHOLD	0.114 ***	0.066 ***	-0.002	0.065 ***	0.001	-0.040 ***	-0.162 ***	0.110 ***	0.442 ***	-0.030 ***	1					
(12) SIZE	0.052 ***	0.021 ***	0.036 ***	0.024 ***	0.034 ***	0.263 ***	0.273 ***	0.034 ***	-0.157 ***	0.453 ***	-0.206 ***	1				
(13) SOE	-0.110 ***	-0.161 ***	-0.011	-0.179 ***	-0.01	0.194 ***	0.269 ***	-0.077 ***	-0.277 ***	0.043 ***	-0.351 ***	0.320 ***	1			
(14) LEV	-0.395 ***	-0.033 ***	0.023 ***	-0.036 ***	0.027 ***	0.008	0.144 ***	-0.031 ***	-0.140 ***	0.016 **	-0.282 ***	0.316 ***	0.266 ***	1		
(15) GROWTH	0.196 ***	-0.002	-0.001	0.019 **	0.039 ***	0.033 ***	-0.006	0.004	0.01	0.01	0.028 ***	0.034 ***	-0.047 ***	0.015 *	1	
(16) MKR	0.095 ***	0.080 ***	-0.004	0.087 ***	0.004	0.029 ***	-0.054 ***	0.008	0.072 ***	0.148 ***	0.122 ***	0.014 *	-0.124 ***	-0.075 ***	0.007	1

注：***、**、* 分别表示在1%、5%和10%的水平上显著。

股东持股比例、董事会规模、公司规模、国有产权比例以及负债率都较无两职合一情况的企业更低；而两职合一的企业的独立董事比例、高管团队的平均持股比例以及所处地区的市场化程度都较无两职合一情况的企业更高；最后，两职合一的企业的高管团队平均薪酬水平和公司的成长性与无两职合一情况的企业无显著差异。需要指出的是，单变量检验并不能揭示不同组别下的非 CEO 高管团队薪酬差异与企业绩效关系的差异，仅是对不同组别下各变量的分布做简单的统计分析。

表 6－4　　　　主要变量的单变量检验

Panel A 变量名	非高科技行业		高科技行业		MeanDiff
	样本量	均值	样本量	均值	
ROA	12 911	0. 032	3 016	0. 049	－0. 017 ***
LNCEOCV	12 911	0. 195	3 016	0. 220	－0. 025 ***
LNCEOCRCV	10 290	0. 134	2 398	0. 149	－0. 015 ***
TOP1	12 911	0. 359	3 016	0. 329	0. 030 ***
BOARD	12 911	9. 007	3 016	8. 696	0. 311 ***
RATIO	12 911	0. 368	3 016	0. 372	－0. 004 ***
DUAL	12 911	0. 199	3 016	0. 300	－0. 102 ***
MEANTMTCOMP（万）	12 911	40. 775	3 016	44. 201	－3. 426 ***
METMTHOLD	12 911	0. 007	3 016	0. 013	－0. 007 ***
SIZE	12 911	21. 948	3 016	21. 431	0. 516 ***
SOE	12 911	0. 512	3 016	0. 357	0. 155 ***
LEV	12 911	0. 492	3 016	0. 356	0. 136 ***
GROWTH	12 911	0. 184	3 016	0. 213	－0. 029 ***
MKR	12 911	0. 776	3 016	0. 834	－0. 058 ***
Panel B 变量名	**无两职合一**		**两职合一**		**MeanDiff**
	样本量	均值	样本量	均值	
ROA	12 461	0. 034	3 470	0. 039	－0. 005 ***
LNCEOCV	12 461	0. 194	3 470	0. 219	－0. 025 ***
LNCEOCRCV	10 003	0. 137	2 685	0. 137	0. 000
TOP1	12 461	0. 359	3 470	0. 336	0. 023 ***

续表

Panel B 变量名	无两职合一		两职合一		MeanDiff
	样本量	均值	样本量	均值	
BOARD	12 461	9. 114	3 470	8. 354	0. 760 ***
RATIO	12 461	0. 366	3 470	0. 378	-0. 013 ***
MEANTMTCOMP（万）	12 461	41. 456	3 470	41. 310	0. 145
METMTHOLD	12 461	0. 003	3 470	0. 025	-0. 022 ***
SIZE	12 461	21. 953	3 470	21. 478	0. 475 ***
SOE	12 461	0. 555	3 470	0. 220	0. 336 ***
LEV	12 461	0. 484	3 470	0. 404	0. 079 ***
GROWTH	12 461	0. 186	3 470	0. 200	-0. 013
MKR	12 461	0. 771	3 470	0. 842	-0. 071 ***

注：*** 表示在 1% 的水平上显著。

6. 4. 2　多元回归分析

6. 4. 2. 1　非 CEO 高管团队薪酬差异对企业绩效的综合影响

采用模型（6 - 1）对本章样本公司中的非 CEO 高管团队薪酬差异与企业绩效的关系进行检验的回归结果如表 6 - 5 所示。第（1）、（2）列分别是非 CEO 高管薪酬静态差异与动态差异的结果。非 CEO 高管团队的静态薪酬差异（$NCEOCV_{t-1}$）的系数为 - 0. 00507，且在 1% 的水平上显著，表明非 CEO 高管团队的静态薪酬差异增加一个标准差会带来企业绩效相对其均值降低 2. 5%[①]左右；非 CEO 高管团队的动态薪酬差异（$NCEOCRCV_{t-1}$）的系数为 - 0. 00333，且在 5% 的水平上显著，表明非 CEO 高管团队的动态薪酬差异增加一个标准差会带来企业绩效相对其均值降低 2. 09% 左右。该结果表明，非 CEO 高管团队水平薪酬差异对企业绩效的综合结果是消极效应占优，

① 经济显著性（2. 5%）= 非 CEO 高管团队薪酬差异的标准差 × 非 CEO 高管团队薪酬差异的系数 ÷ 企业绩效的均值 × 100%

非 CEO 高管团队水平薪酬差异对企业绩效最终呈现不利影响。

表 6－5　非 CEO 高管团队水平薪酬差异与企业绩效关系的检验结果

VARIABLES	(1)	(2)
	ROA	ROA
$NCEOCV_{t-1}$	-0.00507*** (-3.05)	
$NCEOCRCV_{t-1}$		-0.00333** (-2.40)
$TOP1_t$	0.0264*** (6.06)	0.0228*** (4.78)
$BOARD_t$	-0.000247 (-0.06)	0.000423 (0.10)
$RATIO_t$	-0.0312** (-2.82)	-0.0321** (-2.59)
$DUAL_t$	-0.00265 (-1.36)	-0.00212 (-1.10)
$LNMEANTMTCOMP_t$	0.0219*** (9.94)	0.0228*** (9.20)
$METMTHOLD_t$	0.0574 (1.64)	0.0615 (1.41)
$SIZE_t$	0.00515*** (8.53)	0.00524*** (7.53)
SOE_t	-0.0104*** (-5.95)	-0.00918*** (-5.00)
LEV_t	-0.109*** (-12.92)	-0.111*** (-11.54)
$GROWTH_t$	0.0204*** (5.56)	0.0214*** (5.53)
MKR_t	0.00152 (0.90)	0.00148 (0.63)
CONSTANT	-0.295*** (-10.57)	-0.316*** (-12.82)

续表

VARIABLES	(1)	(2)
	ROA	ROA
Industry/Year	Yes	Yes
Observations	15 931	12 688
Adjusted R - squared	0. 307	0. 307

注：(1) ***、** 分别表示在 1%、5% 的水平上显著；(2) 括号中数值为 t - value。

6.4.2.2　不同情境下的非 CEO 高管团队薪酬差异对企业绩效的影响

由于非 CEO 高管团队薪酬差异对企业绩效的影响取决于非 CEO 高管团队薪酬差异带来的积极效应与消极效应的互相制衡，因此，不同的情境因素会影响两种力量的互相制衡。根据前面描述，本章选取行业的技术密集度以及公司内部治理水平这两种情境因素分析非 CEO 高管团队薪酬差异对企业绩效的综合影响，回归结果分别如表 6 -6、表 6 -7 所示。

其中表 6 -6 是分析行业的技术密集度对非 CEO 高管团队薪酬差异与企业绩效关系的影响，将模型（6 -1）分别在高科技行业与非高科技行业的公司进行回归，第（1）、(3) 列是高科技行业的回归结果，而第（2）、(4) 列是非高科技行业的回归结果。结果显示，非 CEO 高管团队薪酬差异的系数在高科技行业中显著为负（分别为 1% 和 5% 显著性水平），而在非高科技行业中，非 CEO 高管团队薪酬差异的系数虽然为负但不显著。表明非 CEO 高管团队薪酬差异对高科技行业公司带来的消极影响占优，最终会对高科技行业公司的绩效产生不利影响，而在非高科技行业的公司中，非 CEO 高管团队薪酬差异对企业绩效积极与消极的效应互相抵消，最终没有呈现出占优的效应。表 6 -6 的结果与假设 6 -2 的预期一致。

表 6 -6　非 CEO 高管团队水平薪酬差异与企业绩效（分高科技行业）关系检验结果

VARIABLES	(1)	(2)	(3)	(4)
	高科技行业	非高科技行业	高科技行业	非高科技行业
$NCEOCV_{t-1}$	-0. 0119*** (-3. 33)	-0. 00331 (-1. 39)		

续表

VARIABLES	(1)	(2)	(3)	(4)
	高科技行业	非高科技行业	高科技行业	非高科技行业
$NCEOCRCV_{t-1}$			-0.00779** (-2.64)	-0.00244 (-1.61)
$TOP1_t$	0.0422*** (4.83)	0.0222*** (3.13)	0.0392*** (4.48)	0.0187** (2.45)
$BOARD_t$	0.00334 (0.28)	-0.00158 (0.38)	0.00648 (0.47)	-0.00120 (0.28)
$RATIO_t$	-0.0545 (-1.21)	-0.0253 (-1.46)	-0.0535 (-0.94)	-0.0263 (-1.42)
$DUAL_t$	0.00108 (0.33)	-0.00375 (-1.64)	0.00232 (0.74)	-0.00342 (-1.65)
$LNMEANTMTCOMP_t$	0.0248*** (23.20)	0.0210*** (10.01)	0.0262*** (14.72)	0.0217*** (9.53)
$METMTHOLD_t$	0.0120 (0.22)	0.0915** (2.60)	0.0120 (0.19)	0.101** (2.22)
$SIZE_t$	0.00373* (1.89)	0.00534*** (7.36)	0.00396* (2.25)	0.00545*** (6.99)
SOE_t	-0.0109*** (-3.90)	-0.00985*** (-5.05)	-0.0106*** (-4.09)	-0.00856*** (-4.13)
LEV_t	-0.109*** (-10.95)	-0.107*** (-15.17)	-0.105*** (-11.49)	-0.110*** (-13.00)
$GROWTH_t$	0.0320*** (14.98)	0.0184*** (5.30)	0.0354*** (11.97)	0.0190*** (5.32)
MKR_t	-0.00288 (-0.88)	0.00298 (1.44)	-0.00176 (-0.46)	0.00271 (0.91)
CONSTANT	-0.291*** (-16.31)	-0.287*** (-8.65)	-0.310*** (-18.92)	-0.305*** (-10.49)
Industry/Year	Yes	Yes	Yes	Yes
Observations	3 016	12 911	2 398	10 290
Adjusted R - squared	0.330	0.301	0.328	0.303

注：(1) ***、**、* 分别表示在1%、5%和10%的水平上显著；(2) 括号中数值为 t - value。

表 6－7 是分析公司治理水平对非 CEO 高管团队薪酬差异与企业绩效关系的影响，将模型（6－1）分别在两职合一和无两职合一的公司进行回归，第（1）、（3）列是两职合一的公司的回归结果，而第（2）、（4）列是无两职合一的公司的回归结果。结果显示，非 CEO 高管团队薪酬差异的系数在两职合一的公司中显著为负（分别为 1% 和 5% 显著性水平），而在无两职合一的公司中，非 CEO 高管团队薪酬差异的系数虽然为负但不显著。表明非 CEO 高管团队薪酬差异在两职合一的公司中，带来的消极影响占优，最终会对公司绩效产生不利的影响，而在无两职合一的公司中，非 CEO 高管团队薪酬差异对企业绩效同时有积极与消极的效应，两者互相抵消，最终没有呈现出占优的效应。表 6－7 中的结果与假设 6－3 的预期一致。

表 6－7　非 CEO 高管团队水平薪酬差异与企业绩效（分是否两职合一）关系检验结果

VARIABLES	(1)	(2)	(3)	(4)
	两职合一	两职分离	两职合一	两职分离
$NCEOCV_{t-1}$	－0.0181 *** (－3.84)	－0.000459 (－0.28)		
$NCEOCRCV_{t-1}$			－0.00731 ** (－2.57)	－0.00180 (－1.29)
$TOP1_t$	0.0313 *** (4.20)	0.0248 *** (9.58)	0.0278 *** (4.64)	0.0213 *** (6.68)
$BOARD_t$	0.0150 *** (4.46)	－0.00198 (－0.65)	0.0141 *** (4.18)	－0.000994 (－0.29)
$RATIO_t$	0.0593 *** (3.87)	－0.0552 *** (－8.78)	0.0545 ** (2.55)	－0.0541 *** (－7.52)
$LNMEANTMTCOMP_t$	0.0235 *** (7.58)	0.0211 *** (8.26)	0.0254 *** (9.54)	0.0218 *** (7.20)
$METMTHOLD_t$	0.0367 ** (2.28)	0.0690 ** (2.20)	0.0469 ** (2.31)	0.0546 (1.23)
$SIZE_t$	0.00527 *** (3.34)	0.00494 *** (5.53)	0.00546 ** (2.92)	0.00502 *** (5.66)

续表

VARIABLES	(1)	(2)	(3)	(4)
	两职合一	两职分离	两职合一	两职分离
SOE_t	-0.00709 ** (-2.59)	-0.0110 *** (-4.89)	-0.00586 * (-1.81)	-0.00997 *** (-4.19)
LEV_t	-0.107 *** (-23.63)	-0.112 *** (-14.62)	-0.108 *** (-18.70)	-0.115 *** (-14.67)
$GROWTH_t$	0.0216 *** (5.00)	0.0199 *** (4.33)	0.0241 *** (6.25)	0.0206 *** (4.08)
MKR_t	0.00427 *** (2.98)	9.13e-05 (0.06)	0.00600 *** (3.76)	-0.000130 (-0.08)
CONSTANT	-0.401 *** (-14.00)	-0.266 *** (-5.99)	-0.469 *** (-17.59)	-0.280 *** (-7.72)
Industry/Year	Yes	Yes	Yes	Yes
Observations	3 470	12 461	2 685	10 003
Adjusted R-squared	0.322	0.303	0.315	0.304

注：(1) ***、**、*分别表示在1%、5%和10%的水平上显著；(2) 括号中数值为t-value。

6.5 稳健性检验

6.5.1 非 CEO 高管团队薪酬差异的指标：超额非 CEO 高管团队薪酬差异

非 CEO 高管团队薪酬差异具有两面性，而前面的实证结果显示我国上市公司中的非 CEO 高管团队薪酬差异对企业绩效总体上呈现消极影响，且在高科技行业以及公司治理较差时更容易对企业绩效产生不利影响。由于各个公司从其面临的外部环境，到组织内的架构和管理，再到高管人员的特征等都各有特色，因此几乎不存在一个对所有公司都适用的、最优的非 CEO 高管团队薪酬差异配置。参考现有文献（Fredrickson et al., 2010；Trevor et al., 2012）以及第 4 章中对非 CEO 高管团队薪酬差异影响因素的相关讨论，采用模型（6－2）分行业、年度进行回归得到各变量的系数后，再对每个公司每一年度计算出拟合的非 CEO 高管团队薪酬差异（Expect_NCEOCV 和 Expect_NCEOCRCV），超额非 CEO 高管团队薪酬差异（Excess_NCEOCV 和 Excess_NCEOCRCV）等于拟合的非 CEO 高管团队薪酬差异与实际的非 CEO 高管团队薪酬差异的差额。模型（6－2）中各变量的定义与第 4 章一致，此处不再赘述。

$$\begin{aligned} NCEODISPER_t = & \beta_0 + \beta_1 NCEODOCTOR_t + \beta_2 SDNCEOAGE_t + \beta_3 SDNCEOTENURE_t \\ & + \beta_4 DIVERSIFY_t + \beta_5 RDIN_t + \beta_6 MEDNCEODISPER_t \\ & + \beta_7 LNCHAIRTENURE_t + \beta_8 NCEOBOARD_t \\ & + \beta_9 NCEOBOARDSQ_t + \beta_{10} SOE_t + CONTROL + \varepsilon_t \end{aligned} \tag{6-2}$$

将拟合得到的非 CEO 高管团队薪酬差异与超额非 CEO 高管团队薪酬差异分别代替实际的非 CEO 高管团队薪酬差异（NCEOCV 和 NCEOCRCV）放入模型（6－1）中。按照前面的分析，若是考虑了各公司的内外部特征以及高管特征等因素设定的非 CEO 高管团队薪酬差异，在控制了非 CEO 高管激励的相关变量（如非 CEO 高管平均薪酬水平、非 CEO 高管平均持股比例）后，不应再对企业绩效有额外的影响。换言之，这部分拟合的非 CEO 高管团队薪酬差异带来的积极与消极影响相互制衡与抵消，对企业绩效应该无影响。而超额的非 CEO 高管团队薪酬差异对企业绩效的影响，则是前面分析中的非 CEO 高管团队薪酬差异对企业绩效综合影响的体现。本部分同样将超额非 CEO 高管团队薪酬差异代入模型（6－1）并在高科技行业与否以及两职合一与否的样本中分组进行回归，回归结果如表 6－8 所示。

表 6－8　非 CEO 高管团队水平薪酬差异与企业绩效（超额薪酬差异）关系检验结果

Panel A　超额的静态薪酬差异

VARIABLES	(1)	(2)	(3)	(4)	(5)	(6)
	全样本	全样本	高科技行业	非高科技行业	两职合一	两职分离
Expect_ $NCEOCV_{t-1}$	－0.00374 (－0.74)					

续表

Panel A　超额的静态薪酬差异						
VARIABLES	(1)	(2)	(3)	(4)	(5)	(6)
	全样本	全样本	高科技行业	非高科技行业	两职合一	两职分离
Excess_ $NCEOCV_{t-1}$		-0.00257* (-2.05)	-0.0103* (-1.99)	-0.000749 (-0.39)	-0.0212*** (-7.03)	0.00304 (0.91)
CONSTANT	-0.290*** (-7.35)	-0.266*** (-7.12)	-0.289*** (-21.06)	-0.287*** (-6.08)	-0.413*** (-16.12)	-0.263*** (-17.49)
CONTROLs	Yes	Yes	Yes	Yes	Yes	Yes
Industry/Year	Yes	Yes	Yes	Yes	Yes	Yes
Observations	13 654	13 654	2 558	11 096	2 862	10 792
Adjusted R-squared	0.295	0.181	0.302	0.289	0.329	0.290

Panel B　超额的动态薪酬差异						
VARIABLES	(1)	(2)	(3)	(4)	(5)	(6)
	全样本	全样本	高科技行业	非高科技行业	两职合一	两职分离
Expect_ $NCEOCRCV_{t-1}$	-9.85e-06 (-0.00)					
Excess_ $NCEOCRCV_{t-1}$		-0.00516*** (-4.67)	-0.0113** (-3.31)	-0.00378 (-1.33)	-0.00387* (-1.76)	-0.00525* (-1.79)
CONSTANT	-0.286*** (-7.14)	-0.305*** (-7.71)	-0.294*** (-31.17)	-0.301*** (-15.52)	-0.401*** (-13.93)	-0.279*** (-14.44)
CONTROLs	Yes	Yes	Yes	Yes	Yes	Yes
Industry/Year	Yes	Yes	Yes	Yes	Yes	Yes
Observations	13 269	11 739	2 241	9 498	2 543	9 196
Adjusted R-squared	0.292	0.300	0.290	0.297	0.322	0.298

注：(1) ***、**、* 分别表示在1%、5%和10%的水平上显著；(2) 括号中数值为 t-value。

其中，Panel A 是非 CEO 高管团队静态薪酬差异的回归结果。表6-8中列（1）中预期的非 CEO 高管团队薪酬差异的系数并不显著，而列（2）中超额非 CEO 高管团队薪酬差异的系数显著为负。表明超出公司预期的或超出合理范围的非 CEO 高管团队薪酬差异对企业绩效不利。列（3）、（5）中超额非CEO高管团队薪酬差异的系数显著为负，表明非CEO高管团队薪酬差异对企业绩效的不利影响在高科技行业、公司治理较差时更为显著。Panel B是非CEO高管团队动态薪酬差异的回归结果，结果与Panel A基本一致。综上所述，超出预期的非CEO高管团队薪酬差异对企业绩效不利，且在高科技行业以及公司治理较差时，对企业绩效的不利影响更为显著。该结果与前面结果保持一致。

6.5.2　企业绩效指标：股票市场回报

企业绩效指标采用的是会计业绩指标ROA，除此之外，本部分还采用了市场业绩指标，用企业的年度股票市场回报率对企业绩效进行衡量，并替换到模型（6-1）中对前面的假设重新进行检验，结果如表6-9所示。

表6-9　非CEO高管团队水平薪酬差异与企业绩效关系的稳健性检验（市场回报率）

Panel A　非CEO高管团队静态薪酬差异					
VARIABLES	(1)	(2)	(3)	(4)	(5)
	全样本	高科技行业	非高科技行业	两职合一	两职分离
$NCEOCV_{t-1}$	-0.0279* (-1.86)	-0.102*** (-3.43)	-0.00496 (-0.25)	-0.0444 (-1.26)	-0.0275 (-0.94)
CONSTANT	1.625*** (19.49)	1.997*** (11.81)	1.588*** (11.83)	1.755*** (7.43)	1.589*** (12.76)
CONTROLs	Yes	Yes	Yes	Yes	Yes
Industry/Year	Yes	Yes	Yes	Yes	Yes
Observations	15 690	2 956	12 730	3 366	12 324
Adjusted R-squared	0.580	0.538	0.598	0.528	0.597
Panel B　非CEO高管团队动态薪酬差异					
VARIABLES	(1)	(2)	(3)	(4)	(5)
	全样本	高科技行业	非高科技行业	两职合一	两职分离
$NCEOCRCV_{t-1}$	-0.0322** (-2.18)	-0.0361** (-2.92)	-0.0343 (-1.43)	-0.113** (-2.79)	-0.0153 (-0.77)

续表

Panel B　非 CEO 高管团队动态薪酬差异

VARIABLES	(1)	(2)	(3)	(4)	(5)
	全样本	高科技行业	非高科技行业	两职合一	两职分离
CONSTANT	1.957 *** (9.33)	3.160 *** (23.53)	1.881 *** (9.34)	1.705 *** (6.23)	1.940 *** (10.61)
CONTROLs	Yes	Yes	Yes	Yes	Yes
Industry/Year	Yes	Yes	Yes	Yes	Yes
Observations	12 656	2 394	10 262	2 669	9987
Adjusted R – squared	0.599	0.555	0.616	0.537	0.619

注：(1) ***、**、* 分别表示在 1%、5% 和 10% 的水平上显著；(2) 括号中数值为 t – value。

其中，Panel A 显示的是非 CEO 高管团队静态薪酬差异的检验结果，Panel B 显示的是非 CEO 高管团队动态薪酬差异的检验结果，与前面结果基本一致。非 CEO 高管团队薪酬差异的系数在全样本中显著为负，表明非 CEO 高管团队薪酬差异在样本公司中最终呈现的是消极效应占优的结果，对企业绩效不利。除此之外，非 CEO 高管团队薪酬差异的系数分别在高科技行业以及两职合一的企业中显著为负，而在非高科技行业以及两职分离的企业中为负但不显著。表明在更加需要合作协调的技术密集型高科技行业以及公司治理水平较低的两职合一企业中，非 CEO 高管薪酬差异更易呈现消极效应占优的结果，表现为对企业绩效不利。表 6 – 9 中的结果支持了前面的假设。

6.5.3　非 CEO 高管团队薪酬差异的内生性

模型（6 – 1）中非 CEO 高管团队薪酬差异采用的是滞后一期的数据，部分程度上减轻了非 CEO 高管团队薪酬差异的内生性。除此之外，参照现有文献（Kale et al.，2009），本部分还选取了两个工具变量并对非 CEO 高管团队薪酬差异对企业绩效的综合影响进行二阶段回归。

这两个工具变量①分别是滞后两期的非 CEO 高管团队薪酬差异（$NCEOCV_{t-2}$

① 工具变量均通过不可识别检验、弱识别检验和 Sargan 检验。

和 $NCEOCRCV_{t-2}$）以及滞后一期的同行业的非 CEO 高管团队薪酬差异中值（$MEDNCEOCV_{t-1}$和 $MEDNCEOCRCV_{t-1}$）。工具变量回归的结果如表 6－10 所示，限于篇幅，仅列示了第二阶段的回归结果，并省去了控制变量的报告。

表 6－10　　非 CEO 高管团队水平薪酬差异与企业绩效关系使用工具变量后稳健性检验

Panel A　非 CEO 高管团队静态薪酬差异

VARIABLES	(1)	(2)	(3)	(4)	(5)
	全样本	高科技行业	非高科技行业	两职合一	两职分离
$NCEOCV_{t-1}$	－0.00926**	－0.0283***	－0.00461	－0.0303***	－0.00246
	(－2.10)	(－2.77)	(－0.94)	(－3.50)	(－0.48)
CONSTANT	－0.335***	－0.324***	－0.325***	－0.439***	－0.311***
	(－22.80)	(－8.68)	(－20.54)	(－11.15)	(－19.70)
CONTROLs	Yes	Yes	Yes	Yes	Yes
Industry/Year	Yes	Yes	Yes	Yes	Yes
Observations	13 139	2 473	10 666	2 768	10 371
Adjusted R－squared	0.304	0.323	0.301	0.311	0.307

Panel B　非 CEO 高管团队动态薪酬差异

VARIABLES	(1)	(2)	(3)	(4)	(5)
	全样本	高科技行业	非高科技行业	两职合一	两职分离
$NCEOCRCV_{t-1}$	－0.0267*	－0.0917**	－0.000104	－0.0548*	－0.0144
	(－1.84)	(－2.34)	(－0.01)	(－1.67)	(－0.94)
CONSTANT	－0.331***	－0.344***	－0.341***	－0.413***	－0.336***
	(－18.44)	(－7.03)	(－18.29)	(－9.54)	(－17.21)
CONTROLS	Yes	Yes	Yes	Yes	Yes
Industry/Year	Yes	Yes	Yes	Yes	Yes
Observations	10 005	1 875	8 130	2 019	7 986
Adjusted R－squared	0.187	0.229	0.312	0.263	0.311

注：（1）***、**、* 分别表示在 1%、5% 和 10% 的水平上显著；（2）括号中数值为 t－value。

其中，Panel A 显示的是非 CEO 高管团队静态薪酬差异的回归结果，Panel B 显示的是非 CEO 高管团队动态薪酬差异的回归结果。回归结果与前面一致，即非 CEO 高管团队薪酬差异的消极效应更为占优，对企业绩效呈现不利影响，且在高科技行业以及两职合一的企业中消极影响更为显著。

6.6 进一步研究

6.6.1 非 CEO 高管团队薪酬差异对企业绩效影响的机制研究

前面结论表明非 CEO 高管团队薪酬差异对企业绩效具有负面影响。根据理论分析及第 5 章非 CEO 高管团队薪酬差异可能会增加离职率这一消极效应，本部分分析非 CEO 高管团队薪酬差异对企业绩效负面影响的可能机制。即由于较高的非 CEO 高管团队薪酬差异带来较多的高管离职，导致高管团队的不稳定以及人才流失，因而对企业绩效产生负面影响。参考巴伦和肯尼（Baron and Kenny，1986）的 Sobel 中介因子检验方法，本部分设计了如下检验模型：

$$ROA_t = \alpha_0 + \alpha_1 NCEODISPER_{t-1} + CONTROLs + \varepsilon_t \quad (6-3)$$

$$NCEOTURNOVER_t = \beta_0 + \beta_1 NCEODISPER_{t-1} + CONTROLs + \mu_t \quad (6-4)$$

$$ROA_t = \gamma_0 + \gamma_1 NCEODISPER_{t-1} + \gamma_2 NCEOTURNOVER_t + CONTROLs + \delta_t \quad (6-5)$$

其中，模型（6-3）中的 α_1 表示非 CEO 高管团队薪酬差异对企业绩效的总效应，模型（6-4）中 β_1 为非 CEO 高管团队薪酬差异对非 CEO 高管离职率的负向效应，模型（6-5）中的 γ_2 为控制了非 CEO 高管团队薪酬差异的影响后，非 CEO 高管离职率中介变量对企业绩效的效应。非 CEO 高管离职率的中介效应等于间接效应，即等于系数乘积 $\beta_1\gamma_2$。它们之间的关系为：总效应 = 直接效应 + 中介效应，即 $\alpha_1 = \gamma_1 + \beta_1\gamma_2$。检验中介效应最核心的一步是对假设 H_0：$\beta_1 \times \gamma_2 = 0$ 进行检验，Sobel 检验是比较常用的方法（Sobel，1982），检验统计量 $Z = \beta_1\gamma_2 / s_{\beta_1\gamma_2}$，其中 $s_{\beta_1\gamma_2} = \sqrt{\beta_1^2 s_{\gamma_2}^2 + \gamma_2^2 s_{\beta_1}^2}$ 是 $\beta_1\gamma_2$ 的标准误，而 s_{β_1} 和 s_{γ_2} 分别是 β_1 和 γ_2 的标准误。如果拒绝原假设，则存在中介效应。

表6－11是中介效应回归检验的结果。Panel A 检验总样本中非 CEO 高管团队薪酬差异是否通过增加非 CEO 高管离职率而降低企业绩效。非 CEO 高管离职率的衡量参见第5章，采用当年离开公司的非 CEO 高管人数占年初时非 CEO 高管团队总人数的比例进行衡量。列（1）、（4）中非 CEO 高管团队薪酬差异的系数与表6－5中结果一致，即非 CEO 高管团队薪酬差异会降低企业绩效。列（2）、（5）中非 CEO 高管团队薪酬差异的系数显著为正，表明非 CEO 高管团队薪酬差异会增加非 CEO 高管的离职率，与第5章的发现一致。当把中介因子 $NCEOTURNOVER_t$ 加入模型（6－5）时，$NCEOCV_{t-1}$（$NCEOCRCV_{t-1}$）的系数绝对值从0.00507降低为0.00367（从0.00333下降到0.00252），且均在10%的水平上显著。Sobel Z 检验为－5.94（－4.54），均在1%的水平上显著，表明非 CEO 高管离职率的部分中介效应存在，且间接效应与直接效应的比值为38.1%（32.73%）①，表明非 CEO 高管团队薪酬差异确实通过增加非 CEO 高管的离职率而降低企业绩效。Panel B 和 Panel C 分别检验高科技行业公司与两职合一公司中非 CEO 高管团队薪酬差异对企业绩效产生不利影响的可能路径。同样地，当把中介因子 $NCEOTURNOVER_t$ 加入模型（6－1）时，$NCEOCV_{t-1}$（$NCEOCRCV_{t-1}$）的系数绝对值都有所下降，且计算的 Sobel Z 统计量都在2%水平上显著，表明在非 CEO 高管团队薪酬差异消极效应显著的高科技行业公司以及公司治理较差的公司中，非 CEO 高管团队薪酬差异也会通过增加非 CEO 高管的离职率从而降低企业绩效。

表6－11　非 CEO 高管团队水平薪酬差异与企业绩效关系的路径分析

Panel A　全样本

VARIABLES	(1)	(2)	(3)	(4)	(5)	(6)
	ROA	TURNOVER	ROA	ROA	TURNOVER	ROA
$NCEOCV_{t-1}$	−0.00507*** (−3.05)	0.0841*** (13.53)	−0.00367** (−2.20)			

① 其中间接效应为−0.0014［0.0841×(−0.0168)=−0.0014］，直接效应为−0.00367，故间接效应占直接效应的比值为38.1%，$NCEOCRCV_{t-1}$的算法一致。

续表

Panel A 全样本

VARIABLES	(1)	(2)	(3)	(4)	(5)	(6)
	ROA	TURNOVER	ROA	ROA	TURNOVER	ROA
$NCEOCRCV_{t-1}$				-0.00333** (-2.40)	0.0506*** (6.64)	-0.00252* (-1.75)
NCEOTURNOVER			-0.0168*** (-6.61)			-0.0163*** (-6.22)
CONTROLs	Yes	Yes	Yes	Yes	Yes	Yes
Industry/Year	Yes	Yes	Yes	Yes	Yes	Yes
Observations	15 931	14 932	15 931	12 688	11 925	12 688
Adjusted R - squared	0.307	0.164	0.309	0.307	0.176	0.310
Sobel Z (P - value)	-5.94 (0.000)			-4.54 (0.000)		

Panel B 高科技行业样本

VARIABLES	(1)	(2)	(3)	(4)	(5)	(6)
	ROA	TURNOVER	ROA	ROA	TURNOVER	ROA
$NCEOCV_{t-1}$	-0.0124** (-2.97)	0.0967*** (8.59)	-0.00984** (-2.37)			
$NCEOCRCV_{t-1}$				-0.00856** (-2.82)	0.0341*** (4.27)	-0.00781** (-2.52)
NCEOTURNOVER			-0.0256*** (-16.32)			-0.0277*** (-14.24)
CONTROLs	Yes	Yes	Yes	Yes	Yes	Yes
Industry/Year	Yes	Yes	Yes	Yes	Yes	Yes
Observations	3 016	2 829	3 016	2 398	2 253	2 398
Adjusted R - squared	0.324	0.165	0.329	0.324	0.163	0.329
Sobel Z (P - value)	-7.60 (0.000)			-4.09 (0.000)		

续表

Panel C　两职合一样本						
VARIABLES	(1)	(2)	(3)	(4)	(5)	(6)
	ROA	TURNOVER	ROA	ROA	TURNOVER	ROA
$NCEOCV_{t-1}$	-0.0182** (-2.47)	0.0875*** (6.82)	-0.0168** (-2.35)			
$NCEOCRCV_{t-1}$				-0.00804** (-2.11)	0.0512*** (3.73)	-0.00706* (-1.90)
NCEOTURNOVER			-0.0166** (-2.76)			-0.0182** (-2.76)
CONTROLs	Yes	Yes	Yes	Yes	Yes	Yes
Industry/Year	Yes	Yes	Yes	Yes	Yes	Yes
Observations	3 470	3 264	3 470	2 685	2 512	2 685
Adjusted R - squared	0.321	0.111	0.323	0.318	0.125	0.321
Sobel Z (P - value)	-2.56 (0.010)			-2.22 (0.026)		

注：(1) ***、**、* 分别表示在 1%、5% 和 10% 的水平上显著；(2) 括号中数值为 t - value。

6.6.2　非 CEO 高管职能背景与非 CEO 高管团队薪酬差异对企业绩效的影响

根据第 4 章的有关讨论，采用高管最新加入的职能背景作为其现任职位分工的体现，并按照汉布里克和梅森（1984）的三部门分类法，将非 CEO 高管按照职能背景分成三类：产出型、生产型和外围型。具体而言，产出型高管是指从事市场营销、销售、产品研发等工作的高管；生产型高管是指从事过程管理、设备管理以及会计等工作的高管，包括生产、人力资源、金融、财务和管理等职能背景；外围型高管是指从事不涉及公司核心活动的支持性工作，如法律等的高管。本部分试图探讨两个问题：一是不同职能背景构成下的非 CEO 高管团队薪酬差异对企业绩效的综合影响；二是各职能背景类型内的非 CEO 高管团队薪酬差异对企业绩效的影响。

首先，构造两个衡量职能背景构成的指标。由于外围型职能高管的比例较低，因此生产型职能高管与产出型职能高管所占的比例便大致能衡量非 CEO 高管的职能构成情况。按照生产型职能的非 CEO 高管所占的比例在同行业年度的高低情况，将样本分成低生产职能组、高生产职能组。此外，采用 Herfindal－Hirschma 系数计算职能背景多样化的程度在同行业年度的高低情况，将样本分成低职能异质组、高职能异质组。职能异质程度具体计算公式为：

$$\text{HETERFUNCTION} = 1 - \sum_{i=1}^{n} p_i^2$$

其中，P_i 是指非 CEO 高管中第 i 类职能背景的成员所占的百分比，n 等于职能背景的类别数。HETERFUNCTION 的值界于 0～1 之间，值越大，说明非 CEO 高管职能背景异质性程度越高。将模型（6－1）分别在低生产职能组、高生产职能组以及低职能异质组、高职能异质组进行检验的结果如表 6－12 Panel A 所示。结果显示，非 CEO 高管团队薪酬差异对企业绩效的不利影响在高生产职能组以及低职能异质组更为显著，这意味着在非 CEO 高管的职能背景更多集中在某一类别，尤其是生产型职能的高管时，非 CEO 高管团队薪酬差异越大越可能对企业绩效不利。这些生产型职能的高管包括具有生产、人力资源、金融、财务和管理等职能背景的高管，他们之间的贡献更难区分，更倾向于平坦的薪酬分配。

表 6－12　非 CEO 高管团队水平薪酬差异与企业绩效（分职能背景）关系检验结果

Panel A　生产型职能背景占比高低与职能异质性程度分组

VARIABLES	生产职能背景比例				职能异质性程度			
	低生产职能背景	高生产职能背景	低生产职能背景	高生产职能背景	低职能异质性	高职能异质性	低职能异质性	高职能异质性
	(1)	(2)	(3)	(4)	(5)	(6)	(7)	(8)
$NCEOCV_{t-1}$	−0.000852 (−0.23)	−0.00869** (−2.11)			−0.00720** (−2.28)	−0.00219 (−0.61)		

续表

Panel A　生产型职能背景占比高低与职能异质性程度分组

VARIABLES	生产职能背景比例				职能异质性程度			
	低生产职能背景	高生产职能背景	低生产职能背景	高生产职能背景	低职能异质性	高职能异质性	低职能异质性	高职能异质性
	(1)	(2)	(3)	(4)	(5)	(6)	(7)	(8)
$NCEOCRCV_{t-1}$			-0.00156 (-0.45)	-0.00404* (-2.02)			-0.00469** (-2.27)	-0.000537 (-0.22)
CONTROLs	Yes	Yes	Yes	Yes	Yes	Yes	Yes	Yes
Industry/Year	Yes	Yes	Yes	Yes	Yes	Yes	Yes	Yes
Observations	8 615	7 264	6 859	5 816	8 567	7 312	6 867	5 808
Adjusted R - squared	0.328	0.287	0.328	0.291	0.289	0.332	0.295	0.329

Panel B　各职能背景内部的非CEO高管团队薪酬差异与企业绩效

VARIABLES	产出型职能背景非CEO高管团队水平薪酬差异		生产型职能背景非CEO高管团队水平薪酬差异	
	(1)	(2)	(3)	(4)
$CNCEOCV_{t-1}$	-0.000223 (-0.07)			
$CNCEOCRCV_{t-1}$		0.000165 (0.03)		
$SNCEOCV_{t-1}$			-0.00344* (-1.99)	
$SNCEOCRCV_{t-1}$				-0.00359* (-1.82)
CONTROLs	Yes	Yes	Yes	Yes
Industry/Year	Yes	Yes	Yes	Yes
Observations	5 478	3 878	13 857	10 637
Adjusted R - squared	0.349	0.339	0.313	0.314

注：(1) **、*分别表示在5%和10%的水平上显著；(2) 括号中数值为t - value。

其次，分别在生产型职能背景的非 CEO 高管内部以及产出型职能背景的非 CEO 高管内部计算各自的薪酬差异程度，计算的方法与前面 NCEOCV（NCEOCRCV）的计算方法一致，得到生产型职能背景非 CEO 高管团队薪酬差异（SNCEOCV/SNCEOCRCV）、产出型职能背景非 CEO 高管团队薪酬差异（CNCEOCV/CNCEOCRCV），并分别代替 NCEOCV（NCEOCRCV）放入模型（6－1）中进行检验，回归结果如表 6－12 Panel B 所示。列（1）、（2）显示的是产出型职能背景的非 CEO 高管团队水平薪酬差异对企业绩效的影响，$CNCEOCV_{t-1}$（$CNCEOCRCV_{t-1}$）的系数并不显著，而列（3）、（4）显示生产型职能背景的非 CEO 高管团队水平薪酬差异对企业绩效的影响显著为负，$SNCEOCV_{t-1}$（$SNCEOCRCV_{t-1}$）的系数在 10% 水平显著为负。该结果表明，对于产出型职能背景的高管来说，由于各自的产出更容易衡量，因此按照各自产出拉开薪酬差异更易被高管接受；而对生产型职能背景的高管而言，产出与贡献更难区分，因此更适宜一个较为扁平的薪酬分配结构，与根据 Panel A 结果得出的结论一致。

6.6.3　产权与非 CEO 高管团队薪酬差异对企业绩效的影响

结合第 4 章和第 5 章的分析，国有企业中的非 CEO 高管团队薪酬差异显著低于非国有企业。随着国有企业市场化改革的推进，国企高管间的薪酬差异逐渐拉大，薪酬差异的边际积极效应较高（如降低国企代理成本），但在国企内与公平分配相关的较大的薪酬差异带来的消极效应也不容忽视（如增加国企高管离职率）。相对而言，非国有企业中的非 CEO 高管更能接受薪酬与业绩挂钩的激励理念，高管之间的薪酬差异带来的边际积极效应并没有国企明显，虽然有时由于公司治理机制不够完善可能会使得非 CEO 高管团队薪酬差异的消极效应较显著，但国有企业与非国有企业中非 CEO 高管薪酬差异对企业绩效的综合效应仍然无法在理论上有清晰的预期，需要实证数据的检验。因此，本部分分析不同产权性质下的非 CEO 高管团队薪酬差异对企业绩效的综合影响。将模型（6－1）分别在国有企业与非国有企业的样本进行回归，结果如表 6－13 所示。

表 6 - 13　非 CEO 高管团队水平薪酬差异与企业绩效（分产权）关系检验结果

VARIABLES	(1)	(2)	(3)	(4)
	国有企业		非国有企业	
$NCEOCV_{t-1}$	-0. 00181 (-0. 66)		-0. 00532 * (-1. 94)	
$NCEOCRCV_{t-1}$		-0. 00346 (-1. 54)		-0. 00429 ** (-2. 37)
$TOP1_t$	0. 0218 *** (5. 43)	0. 0177 *** (4. 14)	0. 0311 *** (13. 36)	0. 0426 *** (11. 04)
$BOARD_t$	-0. 00511 (-1. 51)	-0. 00494 (-1. 50)	0. 00824 ** (2. 22)	0. 00549 (1. 20)
$RATIO_t$	-0. 0481 *** (-4. 86)	-0. 0426 *** (-3. 53)	-0. 000844 (-0. 06)	-0. 00649 (-0. 53)
$DUAL_t$	0. 00154 (1. 43)	0. 00152 (0. 73)	-0. 00423 ** (-2. 91)	-0. 00401 *** (-4. 10)
$LNMEANTMTCOMP_t$	0. 0228 *** (8. 42)	0. 0231 *** (19. 17)	0. 0197 *** (7. 53)	0. 0243 *** (7. 06)
$METMTHOLD_t$	0. 923 *** (3. 60)	1. 057 ** (2. 34)	0. 0642 *** (3. 16)	0. 134 *** (7. 11)
$SIZE_t$	0. 00543 *** (8. 80)	0. 00536 *** (6. 41)	0. 00506 *** (4. 09)	-0. 000940 (-1. 32)
LEV_t	-0. 125 *** (-25. 65)	-0. 129 *** (-22. 53)	-0. 0968 *** (-8. 85)	-0. 00325 (-0. 37)
$GROWTH_t$	0. 0202 *** (4. 45)	0. 0204 *** (11. 41)	0. 0202 *** (4. 42)	0. 000207 (1. 21)
MKR_t	-0. 00200 (-1. 67)	-0. 00203 (-1. 35)	0. 00344 * (1. 89)	0. 00544 *** (3. 42)
CONSTANT	-0. 289 *** (-7. 92)	-0. 291 *** (-11. 99)	-0. 315 *** (-6. 64)	-0. 295 *** (-8. 05)
Industry/Year	Yes	Yes	Yes	Yes
Observations	7 683	6 337	8 248	6 351
Adjusted R - squared	0. 355	0. 355	0. 257	0. 118

注：（1） ***、**、* 分别表示在 1%、5% 和 10% 的水平上显著；（2）括号中数值为 t - value。

结果显示，由于非 CEO 高管薪酬差异对企业绩效影响的两面性在国有企业中更明显，因此国有企业中非 CEO 高管团队薪酬差异对企业绩效的综合影响并无明确的方向，而在非国有企业中，非 CEO 高管团队薪酬差异对企业绩效呈现不利的影响。

进一步地，分别在国有企业与非国有企业样本中深入分析非 CEO 高管团队薪酬差异对企业绩效的综合影响，回归结果分别如表 6－14、表 6－15 所示。

表 6－14　国有企业中的非 CEO 高管团队水平薪酬差异与企业绩效关系检验结果

Panel A　分政府干预程度

VARIABLES	(1)	(2)	(3)	(4)	(5)	(6)	(7)	(8)
	国有企业				国有企业			
	地方国企	中央国企	地方国企	中央国企	管制行业	非管制行业	管制行业	非管制行业
$NCEOCV_{t-1}$	-0.00289 (-0.71)	0.000242 (0.04)			0.00423 (0.77)	-0.00484 (-1.10)		
$NCEOCRCV_{t-1}$			-0.00785** (-2.51)	0.00441 (0.92)			-0.000631 (-0.15)	-0.00566* (-1.71)
CONTROLs	Yes	Yes	Yes	Yes	Yes	Yes	Yes	Yes
Industry/Year	Yes	Yes	Yes	Yes	Yes	Yes	Yes	Yes
Observations	5 070	2 383	4 164	1 985	2 745	4 938	2 295	4 042
Adjusted R－squared	0.368	0.360	0.369	0.363	0.409	0.340	0.420	0.334

Panel B　低政府干预程度下的市场化进程分组

VARIABLES	(1)	(2)	(3)	(4)	(5)	(6)	(7)	(8)
	地方国企				非管制国企			
	高市场化	低市场化	高市场化	低市场化	高市场化	低市场化	高市场化	低市场化
$NCEOCV_{t-1}$	-0.00583 (-1.27)	0.00347 (0.40)			-0.00421 (-1.23)	-0.0113** (-2.29)		
$NCEOCRCV_{t-1}$			-0.00541 (-1.55)	-0.0136** (-2.04)			-0.00550 (-1.51)	-0.00811* (-2.13)
CONTROLs	Yes	Yes	Yes	Yes	Yes	Yes	Yes	Yes
Industry/Year	Yes	Yes	Yes	Yes	Yes	Yes	Yes	Yes

续表

Panel B　低政府干预程度下的市场化进程分组

VARIABLES	(1)	(2)	(3)	(4)	(5)	(6)	(7)	(8)
	地方国企				非管制国企			
	高市场化	低市场化	高市场化	低市场化	高市场化	低市场化	高市场化	低市场化
Observations	3 708	1 362	3 066	1 098	3 689	1 249	3 027	1 015
Adjusted R－squared	0. 362	0. 392	0. 356	0. 408	0. 336	0. 360	0. 320	0. 377

注：(1) ** 、* 分别表示在5%和10%的水平上显著；(2) 括号中数值为t－value。

表6－15　非国有企业中的非CEO高管团队水平薪酬差异与企业绩效关系检验结果

分不同公司治理水平 VARIABLES	(1)	(2)	(3)	(4)
	非国有企业		非国有企业	
	高机构持股	低机构持股	高机构持股	低机构持股
$NCEOCV_{t-1}$	－0. 00104 (－0. 34)	－0. 00791 ** (－2. 90)		
$NCEOCRCV_{t-1}$			0. 00160 (0. 80)	－0. 00504 ** (－2. 25)
CONTROLs	Yes	Yes	Yes	Yes
Industry/Year	Yes	Yes	Yes	Yes
Observations	3 883	4 365	3 075	3 276
Adjusted R－squared	0. 315	0. 211	0. 318	0. 204

注：(1) ** 表示在5%的水平上显著；(2) 括号中数值为t－value。

表6－14显示了国有企业中的非CEO高管团队薪酬差异与企业绩效的关系。首先，第5章的分析发现仅在政府干预程度较低（如地方国企、非管制行业国企）时，非CEO高管才会对彼此之间的薪酬差异有所反应，或积极地提升他们的努力水平降低代理成本，或消极地在感知到不公平时“用脚投票”离开企业。同理，本部分分别在政府干预程度高低的样本中分析非CEO高管团队薪酬差异对国企绩效的综合影响，结果如表6－14的Panel A所示。和第5章的分析一致，在政府干预程度较高的中央国企以及管制行业国企中，非CEO高管团队薪酬差异对企业绩效并无显著影响，而在政府干预程

度较低的地方国企以及非管制行业国企中，非 CEO 高管团队薪酬差异则呈现了对企业绩效的消极影响。虽然非 CEO 高管团队薪酬差异在政府干预程度较低的地方国企以及非管制行业国企中呈现出对企业绩效的不利影响，但并不代表非 CEO 高管团队薪酬差异必然对国企绩效不利。进一步地，考虑市场化进程的影响对地方国企和非管制性行业国企中非 CEO 高管薪酬差异对企业绩效的影响进行分析，回归结果如 Panel B 所示。结果显示，非 CEO 高管团队薪酬差异对企业绩效的不利影响仅在低市场化程度的地方的国企或非管制行业国企中才显著。表明要提升国有企业中非 CEO 高管薪酬激励的有效性，不仅要减少政府管制的干预，而且同时要推进市场化的进程。

表6－15 显示了非国有企业中的非 CEO 高管团队薪酬差异与企业绩效的关系。根据表6－13，非国有企业中的非 CEO 高管对其薪酬差异总体上是消极的反应。结合第 5 章的相关结论，非国有企业中公司治理水平会影响非 CEO 高管团队薪酬差异对高管行为的影响，本部分同样考虑不同公司治理水平下非 CEO 高管团队薪酬差异对非国企绩效的综合影响，结果如表6－15 所示。结果显示，非 CEO 高管团队薪酬差异对非国有企业绩效的不利影响仅在低机构持股比例的公司才显著。表明要提升非国有企业中非 CEO 高管薪酬激励的有效性，仍然需要进一步推动公司治理水平的提升。

综上所述，不同产权下非 CEO 高管团队薪酬差异对企业绩效影响不同。具体而言，仅在政府干预程度较低且处于市场化程度较低地区的国企中，以及公司治理水平较低的非国企中，非 CEO 高管团队薪酬差异才呈现出对企业绩效的不利影响。该结果表明，要提高国有企业中非 CEO 高管薪酬激励的有效性，不仅要减少政府管制和干预，而且同时要推进市场化的进程；而对非国有企业而言，则需要进一步推动公司治理水平的提升。

6.6.4 高管团队垂直薪酬差异与非 CEO 高管团队薪酬差异对企业绩效的影响

考虑到非 CEO 高管团队薪酬差异对企业绩效的影响同样可能受高管团队内 CEO 与非 CEO 高管垂直薪酬差异的影响，将模型（6－1）在高管团队内 CEO 与非 CEO 高管垂直薪酬差异高低组进行回归，结果如表 6 – 16 所示。其中 CEO 与非 CEO 高管垂直薪酬差异高低的衡量和第 5 章一致，若 CEO 与非 CEO 高管团队薪酬差异高于同行业年度中值水平则定义为垂直薪酬差异较高；反之，若低于同行业年度中值水平则定义为垂直薪酬差异较低。

表 6 – 16 显示，非 CEO 高管团队薪酬差异对企业绩效的不利影响在垂直薪酬差异较高时更为显著。CEO 与非 CEO 高管垂直薪酬差异越大，表明锦标赛竞争的奖励越大。换言之，在高管团队内晋升为 CEO 的激励较大时，同作为竞争者的非 CEO 之间薪酬差异不宜拉得过大，否则可能带来恶性竞争等不良后果，最终对企业绩效不利。

表 6 – 16　非 CEO 高管团队水平薪酬差异与企业绩效（分垂直薪酬差异）关系检验结果

VARIABLES	(1)	(2)	(3)	(4)
	低垂直薪酬差异	高垂直薪酬差异	低垂直薪酬差异	高垂直薪酬差异
$NCEOCV_{t-1}$	-0.00595 (-1.32)	-0.00742** (-2.32)		
$NCEOCRCV_{t-1}$			-0.00426 (-1.04)	-0.00583** (-2.19)
Constant	-0.264*** (-12.13)	-0.308*** (-16.14)	-0.289*** (-9.09)	-0.344*** (-13.21)
CONTROLs	Yes	Yes	Yes	Yes
Industry/Year	Yes	Yes	Yes	Yes
Observations	6 883	6 767	5 461	5 415
Adjusted R – squared	0.299	0.308	0.291	0.305

注：(1) ***、** 分别表示在 1%、5% 的水平上显著；(2) 括号中数值为 t – value。

6.7　本章小结

理论上对非 CEO 高管团队薪酬差异对企业绩效的影响同时具有积极和

消极的预期。一方面，以经济学家为主的学者们认为非 CEO 高管之间具有一定的薪酬差异是按照业绩给付薪酬的表现，不但可以最大限度激励高管的努力水平，而且可以减少高边际生产率的非 CEO 高管的流失，最终有利于企业绩效的提升。另一方面，以社会学家为主的学者们则认为现实中薪酬差异的合理性往往难以把握，尤其是高管团队内部需要更多的合作，且贡献有时难以区分，较大的非 CEO 高管团队薪酬差异会加强他们相互比较时的不公平感，带来不和谐，同时也会破坏合作，甚至造成离职等消极反应，最终对企业绩效不利。基于我国披露的所有上市公司高管薪酬的数据，本章具体分析了非 CEO 高管间薪酬差异对企业绩效的综合影响。结果发现：

（1）总体来说，非 CEO 高管团队薪酬差异对企业绩效不利，且在高科技行业的公司或者公司治理较差的公司中，非 CEO 高管团队薪酬差异对企业绩效的不利影响更为显著。

（2）非 CEO 高管团队薪酬差异对企业绩效负向影响的可能路径是，非 CEO 高管团队薪酬差异较大时会带来较多的高管离职，导致高管团队的不稳定以及人才流失，最终对企业绩效产生负面影响。

（3）非 CEO 高管的职能背景对其薪酬差异与企业绩效的关系也有影响。高管职能背景异质性越小，或者更多地集中在生产型职能背景时，非 CEO 高管团队薪酬差异对企业绩效的不利影响更为显著；且相对于产出型职能背景的高管，生产型职能背景的高管间薪酬差异越大，对企业绩效越不利。

（4）不同产权下非 CEO 高管团队薪酬差异对企业绩效影响不同。对国有企业而言，其非 CEO 高管团队薪酬差异受政府管制影响，在政府管制较少的地方的国企和非管制型国企内，非 CEO 高管团队薪酬差异有所提升，但对企业绩效呈现不利影响，但若提升市场化程度会有所缓解。对非国有企业而言，非 CEO 高管团队薪酬差异对企业综合绩效不利，但仅在公司治理水平较低如机构持股比例较低时才呈现不利影响。以上结果表明，社会比较理论的“公平观”更能表现我国上市公司现有的非 CEO 高管团队薪酬差异的综合影响，对国有企业而言，提升非 CEO 高管团队薪酬差异具有较高的边际积极效应，但同时也不能忽视打破薪酬平均分配带来的消极效应，除了减少政府干预和管制之外，仍然需要持续推进市场化进程。对非国有企业而言，提升非 CEO 高管团队薪酬差异带来的边际积极效应有限，需要进一步推动公司治理水平的提升以减少非 CEO 高管团队薪酬差异带来的消极效应。

（5）非 CEO 高管团队薪酬差异对企业绩效的不利影响，在高管团队内部 CEO 与非 CEO 高管薪酬差距越大时更为显著。

综上所述，本章的研究丰富了非 CEO 高管团队薪酬差异产生的经济后果的相关文献，不但提供了多种情境因素（包括任务属性、公司治理、高管职能背景以及团队内部薪酬差距）下的非 CEO 高管团队薪酬差异对企业绩效的影响，而且提供了造成我国上市公司内非 CEO 高管团队薪酬差异对企业绩效影响的可能途径。最后，还分析了我国制度背景下不同产权下的非 CEO 高管团队薪酬差异对企业绩效的影响，为提高国有企业以及非国有企业内非 CEO 高管激励有效性提供了来自经验上的建议与证据。

| 第 7 章 |

主要结论与展望

7.1 主要研究结论

企业的经营发展并非仅靠 CEO 个人的智慧，还依赖于其他的非 CEO 高管配合设计和执行许多战略性的公司决策，因此，非 CEO 高管激励的重要性不言而喻。然而现有的文献对非 CEO 高管薪酬激励的讨论却屈指可数。无论是分析 CEO 与非 CEO 高管团队薪酬差异时有所涉及，还是按照研究 CEO 激励的范式单独地对非 CEO 高管薪酬激励进行讨论，都没有考虑非 CEO 之间的相互影响和比较对彼此带来的潜在的正向或外部性。鉴于此，本书从团队视角探讨非 CEO 高管的激励，即考虑非 CEO 高管团队内的薪酬分配情况：他们之间的薪酬差异受什么因素影响，继而又会带来什么经济后果，旨在帮助企业更好地理解和平衡高管团队中薪酬资源分配时公平与效率的关系，提高激励的效率进而提升企业绩效。

本书以中国上市公司的非 CEO 高管团队作为研究样本，主要有以下几个原因：首先，改革开放 40 多年来中国企业内的薪酬分配规则逐渐从计划经济时代平均主义的“大锅饭”工资分配制度过渡到市场经济下按照各自的职责和贡献而区分的差异化激励制度。一方面集体主义和平均主义的文化仍然存在并差异化存在不同产权性质的企业中；另一方面市场化改革的逐步推进也使得与绩效挂钩的效率工资的使用在不同区域呈现差异化，导致非 CEO

高管之间“薪酬完全无差异”和“薪酬差异极大”两种极端情况在中国上市公司高管团队中同时存在。这种多样化的高管团队内薪酬分配格局，为分析非 CEO 高管团队内薪酬分配的公平与效率之间的关系提供了很好的研究场景。其次，2012 年国资委发文强调对国有企业副职负责人激励差异化，2014 年中央企业负责人薪酬制度改革方案中对不同选聘方式的国有企业高管进行分类管理和考核。这些政策的纷纷出台，为非 CEO 高管团队薪酬差异的研究提供了契机，也对这块领域的学术研究提出了更多的需求。最后，不同于美国等西方国家只披露前五名高管的薪酬，自 2005 年起中国上市公司被要求披露所有高管的薪酬，这一披露政策的实施为本书的研究提供了良好的数据基础。因此，本书采用中国上市公司 2005 ~ 2015 年非 CEO 高管的薪酬数据，通过理论分析和实证检验，探索非 CEO 高管团队水平薪酬差异形成的影响因素，并进一步分析非 CEO 高管团队水平薪酬差异对高管行为以及对企业经营成果的综合影响。具体地，本书在理论分析与实证分析两个方面的主要结论如下。

7.1.1　理论分析方面的结论

第一，委托代理理论与社会比较理论对非 CEO 高管团队水平薪酬差异的争议，其实质是非 CEO 高管之间薪酬分配公平与效率的权衡。不同于现有研究多从微观上探讨不同企业运营情境下哪种理论更为占优，本书还从宏观上，即国家的正式制度（产权、公司治理）与非正式制度（文化价值观）共同作用方面探讨理论的适用性。研究发现，在我国这样一个平均主义观念根深蒂固的国家，总体而言社会比较理论中对团队合作以及公平分配的思想更适用于我国的情境。但由于我国正处于渐进式向市场经济转型的时代，各个理论在不同产权性质下的影响力存在差异。一方面，由于国有企业逐渐放宽了对高管薪酬的管制，并开始注重提高高管积极性与激励程度，因此委托代理理论中的效率观在现阶段仍然具有较大的边际影响；但同时集体主义的平均分配思想观依旧左右着国企高管层，因而社会比较理论中的公平观在国企高管内部薪酬分配时仍然具有余威。综合起来，不同理论预测的影响力在国有企业互相权衡，其占优情况随着国有企业市场化改革的进程而呈现差异。另一方面，非国有企业自改革开放初便遵循市场经济的激励模式，因此发展到现阶段委托代理理论效率观的边际影响逐渐减小；而我国集体主义的文化背景以及正式制度滞后的市场环境使得社会比较理论的公平观在非国有企业中，随着内部公司治理水平以及外部行业环境的变化而呈现不同程度的占优。

第二，不同于高阶理论中将薪酬作为高管个人特征对企业绩效影响的调节因素，本书认为高管团队的薪酬是包括高管个人特征在内的许多因素的函数。具体而言，高管个人特征、团队任务属性、治理结构以及外部环境因素等共同影响着非 CEO 高管薪酬的决定，进而影响着非 CEO 高管的薪酬差异。此外，在理想状态下，若考虑所有理论上的影响非 CEO 高管薪酬的因素，以及非 CEO 高管之间的相互影响而设置一套最优的非 CEO 高管薪酬激励，那么非 CEO 高管团队水平薪酬差异便是团队薪酬激励的附属产物，不应有任何激励效果，不会对高管行为有额外影响，也不会对企业绩效产生影响。正是因为实践中非 CEO 高管薪酬设计往往偏离最优，便导致了非 CEO 高管团队薪酬差异会带来一定的经济后果。且非 CEO 高管团队薪酬差异对企业绩效的影响过程是多元及复杂的，遵循“激励—行为—经济后果”反应链，即高管对其薪酬分配会产生一些行为上的反应，并最终体现在企业的经营成果上，成为解开“激励—结果”这个黑箱的可能机制。

7.1.2 实证分析方面的结论

本书首先详细说明了中国上市公司 2005 ~ 2015 年内非 CEO 高管薪酬及其差异的现状。发现中国上市公司中非 CEO 高管薪酬分配主要有以下特点：一是非 CEO 高管薪酬的增速快过 CEO，但近 5 年（2010 ~ 2015 年）增速放缓；其中近 5 年非 CEO 高管最高薪酬增速放缓，最低薪酬增速平稳，但非 CEO 高管之间的薪酬标准差有增加的趋势。二是国企的非 CEO 高管团队薪酬高于非国企，但国企的非 CEO 高管团队的薪酬差异（包括总额差异以及增长率差异）在 2005 ~ 2015 年都低于非国有企业，且国企非 CEO 高管团队薪酬差异在 2010 ~ 2015 年有增加的趋势。三是上市公司中的非 CEO 高管团队薪酬差异呈现多样化的分配格局，既有 9.58%（12.18%）的非 CEO 高管薪酬总额（增长率）完全无差异，又有约 27.12% 的非 CEO 高管薪酬变动方向不一致导致非 CEO 高管团队薪酬差异极大的现象。

然后基于现有的上市公司非 CEO 高管团队薪酬分配现状，通过三个实证检验，分析了非 CEO 高管团队薪酬差异的影响因素、对企业绩效的影响及其影响机制，主要结论如下：

首先，上市公司非 CEO 高管团队薪酬差异的影响因素。研究发现，对中国的上市公司高管来说，非 CEO 高管的人力资本差异是非 CEO 高管团队水平薪酬差异的重要来源之一；除此之外，非经济因素成为中国上市公司非 CEO 高管团队水平薪酬差异的大部分来源，在国有控股或 R&D 投入更多的企业，非 CEO 高管团队薪酬差异较低；而在董事长权力较大或适当比例的非 CEO 高管参与董事会时，非 CEO 高管团队薪酬差异较高；公司会参照同行业水平设置非 CEO 高管团队的薪酬差异。进一步地，研究还发现人力资本差异对非国有企业非 CEO 高管薪酬差异的影响更为显著，而国有企业非 CEO 高管薪酬差异更容易受到政府管制的影响；人力资源或财务等生产型职能背景高管的薪酬差异更多源于个人经验的差异以及团队内对合作的需求程度，而销售或研发等产出型职能背景高管的薪酬差异更多源于个人能力的差异；管理层权力更容易影响生产型职能背景高管的静态薪酬差异和产出型职能背景高管的动态薪酬差异。

其次，上市公司非 CEO 高管团队薪酬差异对高管行为的影响。研究发现，非 CEO 高管团队薪酬差异能够起到降低管理层的代理成本的积极效应，且在公司治理较好，或者高管团队平均薪酬相对同行业薪酬更高时该积极效应更为显著；同时，非 CEO 高管团队薪酬差异也会产生增加管理层的离职率的消极效应，且在高管团队平均薪酬相对同行业薪酬更低，高管团队内 CEO 与非 CEO 高管之间垂直薪酬差异越大时该消极效应更为显著。进一步地，在我国制度背景下，非 CEO 高管团队薪酬差异对高管行为的影响在不同产权性质的企业中存在差异。在政府干预较低的地方国企和非管制行业国企中，非 CEO 高管团队薪酬差异同时具有降低代理成本的积极效应和增加离职概率的消极效应。表明在国有企业中要发挥非 CEO 高管团队薪酬差异的积极效需要减少政府的行政性干预，但同时也要注意由于薪酬差异过大而可能引起的消极效应。在非国有企业中，非 CEO 高管团队薪酬差异仅在机构持股比例较高时才有显著的降低代理成本的积极效应，也仅在高管平均薪酬水平低于同行业水平时才有显著的增加离职率的消极效应。表明在非国有企业中，对内要提升公司治理水平，对外要提升薪酬在同行业的竞争力。

最后，上市公司非 CEO 高管团队薪酬差异对企业绩效的综合影响。研究发现，总体而言，非 CEO 高管团队薪酬差异对企业绩效不利，且在高科技行业的公司，或者公司治理较差的公司中，非 CEO 高管团队薪酬差异对企业绩效的不利影响更为显著。非 CEO 高管团队薪酬差异对企业绩效负向影响的可能路径是会带来较多的高管离职，导致高管团队的不稳定以及人才流失，最终对企业绩效产生负面影响。进一步地，考虑不同的职能背景和产权性质的差异。一是职能背景方面，职能背景异质性越小，或者更多地集中在生产型职能背景时，非 CEO 高管团队薪酬差异对企业绩效的不利影响更为显著；且相对于产出型职能背景的高管，生产型职能背景的高管间薪酬差异越大，对企业绩效越不利。表明生产型职能背景的高管比产出型职能背景的高管更偏好平坦的薪酬分配。二是产权性质方面，对于国有企业，仅在低市场化的地方国有企业和非管制国有企业中，非 CEO 高管团队薪酬差异对企业绩效的负面影响才显著；对于非国有企业来说，当机构持股较低时，非 CEO 高管团队薪酬差异对企业绩效的负面作用更显著。表明推进地区市场化建设、提升公司治理质量是改善非 CEO 高管团队薪酬差异综合影响的重要手段。

7.2 政策启示

本书的分析和成果可为中国企业的高管激励实践带来如下启示：

第一，依据公司经营战略不同，调整设置非 CEO 高管团队激励时对个人激励和团队激励的侧重，如高科技行业的企业更需要高管之间的相互合作与配合，过分强调个人激励而带来较大的高管之间薪酬差异不利于企业整体目标的实现；而多元化经营的企业中，高层管理人员各自负责某一分部门，彼此之间较为独立，鼓励个人绩效的差异化激励机制可能更有利于企业整体效率的提升。

第二，高管团队中非 CEO 高管之间的激励差异不是绝对的好或坏，高管会对其薪酬水平以及彼此间的薪酬分配进行公平与否的评估。要加强非 CEO 高管对其薪酬分配的公平感与满意度，对内要注意公司治理水平的提升以保证薪酬分配程序的公正性，对外则要保持企业内非 CEO 高管激励水平的竞争力，即相对于同行业高管薪酬水平的高低。

第三，国有企业高管薪酬制度改革时，第一要务是去政府干预，以提高货币薪酬激励对国企高管的吸引力，如本书的研究发现仅在政府干预程度较小的非管制行业国企和地方国企中，非 CEO 高管团队薪酬差异对高管行为的影响才显著。此外，在接下来的深化国企薪酬改革的进程中，虽然按照 2015 年 9 月 13 日中共中央、国务院发布的《关于深化国有企业改革的指导意见》。应当对国企高管分类治理和分类考核，进行差异化激励，但集体主义的公平观念仍然广泛存在，尤其是在国有企业中。因此，在强调效率的同时要关注差异化激励后薪酬差异的合理性，加快市场化改革的进程以及职业经理人市场的建设，谨防薪酬差异拉大带来的人才流失等负面影响。另外，在对国企高管进行分类考核和治理中要注意除了考虑高管的选聘方式之外，还要考虑高管的职能和分工，高管的职责内容和职业背景对他们所能容忍的薪酬差异与感知的公平感都具有较大的影响。

第四，进一步规范非国有企业中公司治理结构，加强对非国有企业公司治理情况的监督。改革开放以来，虽然民营企业采用了一系列的西方激励工具（如薪酬与业绩挂钩的工资体系、股权激励等）对高管进行激励，但由于民营企业所处的制度环境滞后，使得这些激励工具运用的合理性以及有效性仍需探讨。民营企业的管理层往往被某种特定关系（如家族企业）连接起来的组织所控制（李新春，2003），且受到的监督和制约较小，这部分高管的权力过度膨胀容易造成管理的混乱和权力的滥用（卢锐，2008），并进一步影响高管之间的薪酬分配，大部分的薪酬资源被掌控在部分拥有较大权力的高管手中，带来超额的、不利的薪酬差异（Xu and Liu，2017）。因此，非国有企业的高管仅依靠传统的激励工具来提升努力水平的边际作用有限，更重要的是要规范激励工具使用的环境、提高公司治理水平、加强监督，以提升薪酬差异的合理性。与国企市场化选聘的经理人一起，建立成熟的职业经理人制度，以保证经理人的薪酬依据市场而定。

7.3 研究局限性与未来研究方向

本书研究的局限性主要体现在以下两个方面：

第一，由于企业中非 CEO 高管具体的权责和分工并不是强制性披露的内容，因此在分析非 CEO 高管团队薪酬差异的影响因素时，不能控制一个准确地衡量各位非 CEO 高管权责和分工的变量。基于这个考虑，本书参考现有文献（Fredrickson et al.，2010）的做法，采用非常规的非 CEO 高管职位数来衡量非 CEO 高管的分工程度；同时考虑到非 CEO 高管之间的权责和分工相对较为固定，控制公司的固定效应应该能在一定程度上缓解上述问题。虽然该问题仍然不能得到完全的解决，但同时也为未来的研究提供了更多的机会。

第二，由于我国高管薪酬的绩效薪酬以短期现金薪酬为主，绩效薪酬的衡量仍然是采用回归的方式计算出薪酬业绩敏感性系数，即内涵的激励，也因此不能构造一个直接衡量团队内薪酬结构差异的指标以检验其影响因素及经济后果。但为了刻画和分析高管薪酬的结构，本书采用薪酬的增长率作为薪酬业绩敏感度的代理指标，在一定程度上能够衡量高管薪酬的动态变化。随着长期激励计划如期权等在我国的普及以及薪酬披露制度的完善，未来将会有更丰富的数据用于打开、解构高管团队薪酬激励设计这个黑箱子。

未来可能的研究方向有三个：

第一，本书是在集体主义文化价值观的背景下，讨论非 CEO 高管内部薪酬分配的公平与效率关系。后续研究可以进一步探讨不同的文化价值观下高管团队内薪酬分配对公平与效率权衡的差异。可以从宏观的国家层面，如相对较为集体主义的国家与个人主义的国家里，研究非 CEO 高管薪酬内部差异的影响因素以及经济后果是否存在以及存在怎样的差异。也可以从微观的企业或者高管层面，研究企业文化的差异或者高管价值观的差异，对于非 CEO 高管内部薪酬分配的影响。

第二，本书讨论的主要是除 CEO 之外的其他非 CEO 高管之间的薪酬分配，但其实非 CEO 高管的薪酬水平、薪酬差异与 CEO 的激励紧密相关。如第 5 章中的研究发现，在内部 CEO 与非 CEO 高管薪酬差距较高时，会增加非 CEO 高管对其薪酬差异的不满意度和不公平感。因此，后续研究可以对高管团队内垂直薪酬差异与水平薪酬差异的交互关系作进一步拓展。

第三，本书的非 CEO 高管包括高管团队内除 CEO 之外的所有符合《公司法》定义的高管，包括公司的副经理、财务负责人、上市公司董事会秘书和公司章程规定的其他人员。广义上，他们相对于 CEO 来说处于同一层级，同样都是 CEO 职位的竞争者，但狭义上来说，他们之间可能也存在着某程度的等级差异和地位差异，有着不同的晋升机会，如某些公司可能存在着“继承人计划”（succession plan）。因此，后续研究可以采用不同标准对非 CEO 高管进行分类，对不同类别下的非 CEO 高管薪酬分配进行更为深入的研究。

附 录

管制行业目录

行业名称	行业代码
采矿业	B
石油加工、炼焦和核燃料加工业	C25
黑色金属冶炼和压延加工业	C31
有色金属冶炼和压延加工业	C32
汽车制造业	C36
铁路、船舶、航空航天和其他运输设备制造业	C37
电力、热力、燃气及水生产和供应业	D
土木工程建筑业	E48
铁路运输业	G53
道路运输业	G54
水上运输业	G55
航空运输业	G56
电信、广播电视和卫星传输服务	I63
互联网和相关服务	I64
房地产业	K
文化、体育和娱乐业	R

参考文献

[1] 白云涛，郭菊娥，席酉民．高层管理团队风险偏好异质性对战略投资决策影响效应的实验研究．南开管理评论，2007，10（2）：25－30.

[2] 步丹璐，王晓艳．政府补助，软约束与薪酬差距．南开管理评论，2014（2）：23－33.

[3] 步丹璐，张晨宇，林腾．晋升预期降低了国有企业薪酬差距吗？会计研究，2017（1）：82－88.

[4] 蔡贵龙，柳建华，马新啸．非国有股东治理与国有企业高管薪酬激励．管理世界，2018.

[5] 常健．内部薪酬差距与公司绩效——基于上市公司的实证研究．南方经济，2014（8）：71－90.

[6] 陈璐，柏帅皎，王月梅．CEO 变革型领导与高管团队创造力：一个被调节的中介模型．南开管理评论，2016（2）：63－74.

[7] 陈修德．区域市场化，管理层权力与高管薪酬契约．广州：华南理工大学，2012.

[8] 陈震，张鸣．高管层内部的级差报酬研究．中国会计评论，2006，4（1）：15－28.

[9] 樊刚，王小鲁，朱恒鹏．中国市场化指数——各地区市场化相对进程报告．北京：经济科学出版社，2013.

[10] 方芳，李实．中国企业高管薪酬差距研究．中国社会科学，2015

(8)：47－67.

［11］高良谋，卢建词．内部薪酬差距的非对称激励效应研究——基于制造业企业数据的门限面板模型．中国工业经济，2015（8）：114－129.

［12］贺伟，蒿坡．薪酬分配差异一定会降低员工情感承诺吗——薪酬水平，绩效薪酬强度和员工多元化的调节作用．南开管理评论，2014（4）：13－23.

［13］黄范章．双重身份和双重职能的改革是政府体制改革的重点．经济纵横，2005（10）：5－7.

［14］黄再胜，王玉．公平偏好，薪酬管制与国企高管激励——一种基于行为合约理论的分析．财经研究，2009，35（1）：16－27.

［15］姜付秀，黄磊，张敏．产品市场竞争，公司治理与代理成本．世界经济，2009（10）：46－59.

［16］黎文靖，胡玉明．国企内部薪酬差距激励了谁？经济研究，2012（12）：125－136.

［17］李金波，聂辉华，沈吉．团队生产、集体声誉和分享规则．经济学，2010，9（3）：941－960.

［18］李绍龙，龙立荣，贺伟．高管团队薪酬差异与企业绩效关系研究：行业特征的跨层调节作用．南开管理评论，2012（4）：55－65.

［19］李寿喜．产权、代理成本和代理效率．经济研究，2007（1）：102－113.

［20］李维安，刘绪光，陈靖涵．经理才能、公司治理与契约参照点——中国上市公司高管薪酬决定因素的理论与实证分析．南开管理评论，2010（2）：4－15.

［21］李新春．经理人市场失灵与家族企业治理．管理世界，2003（4）：87－95.

［22］廖理，廖冠民，沈红波．经营风险、晋升激励与公司绩效．中国工业经济，2009（8）：119－130.

［23］林浚清，黄祖辉，孙永祥．高管团队内薪酬差距、公司绩效和治理结构．经济研究，2003，4（2）：31－40.

[24] 刘得明，龙立荣．国外社会比较理论新进展及其启示——兼谈对公平理论研究的影响．华中科技大学学报（社会科学版），2008，22（5）：103－108.

[25] 刘运国，刘雯．中国上市公司的高管任期与R&D支出．管理世界，2007（1）：128－136.

[26] 卢锐．管理层权力，薪酬与业绩敏感性分析——来自中国上市公司的经验证据．当代财经，2008（7）：107－112.

[27] 吕长江，郑慧莲，严明珠．上市公司股权激励制度设计：是激励还是福利？管理世界，2009（9）：133－147.

[28] 缪毅，胡奕明．产权性质，薪酬差距与晋升激励．南开管理评论，2014（4）：4－12.

[29] 缪毅，胡奕明．内部收入差距，辩护动机与高管薪酬辩护．南开管理评论，2016（2）：32－41.

[30] 任颋，王峥．女性参与高管团队对企业绩效的影响：基于中国民营企业的实证研究．南开管理评论，2010（5）：81－91.

[31] 孙海法，刘海山．高管团队价值观，团队氛围对冲突的影响．商业经济与管理，2007（12）：32－38.

[32] 陶建宏，师萍，段伟宇．高阶理论研究综述——基于跨层次整合视角．科技管理研究，2013，33（10）：224－229.

[33] 王雪莉，马琳，王艳丽．高管团队职能背景对企业绩效的影响：以中国信息技术行业上市公司为例．南开管理评论，2013（4）：80－93.

[34] 吴敬琏．当代中国经济改革．上海：上海远东出版社，2003.

[35] 夏雪花．企业薪酬分配效率，公平及经济后果研究．成都：西南财经大学，2011.

[36] 辛清泉，谭伟强．市场化改革，企业业绩与国有企业经理薪酬．经济研究，2009，11（11）：68－80.

[37] 辛宇，吕长江．激励，福利还是奖励：薪酬管制背景下国有企业股权激励的定位困境——基于泸州老窖的案例分析．会计研究，2012（6）：67－75.

[38] 徐细雄，万迪昉，淦未宇．TMT 构成对组织产出影响的国外研究进展及对中国国企改革中高管团队构建的启示．管理工程学报，2007，21（4）：39 –45.

[39] 徐向艺，李一楠．中国国有企业改革 30 年回顾与展望．理论学刊，2008（10）：9 –13.

[40] 杨云，赵志泉．企业高管薪酬规制与《公司法》完善——兼论人力资本定价国家态度的变化．民商法争鸣，2014（6）：219 –225.

[41] 杨志强，王华．公司内部薪酬差距，股权集中度与盈余管理行为——基于高管团队内和高管与员工之间薪酬的比较分析．会计研究，2014（6）：57 –65.

[42] 易定红，彭鹏．经济学中团队激励理论述评．教学与研究，2006（11）：80 –86.

[43] 俞震，冯巧根．薪酬差距：对公司盈余管理与经营绩效的影响．学海，2010（1）：118 –123.

[44] 张蕊，管考磊．高管薪酬差距会诱发侵占型职务犯罪吗？——来自中国上市公司的经验证据．会计研究，2016（9）：47 –54.

[45] 张兴亮，夏成才．非 CEO 高管患寡还是患不均．中国工业经济，2016（9）：144 –160.

[46] 张正堂．高层管理团队协作需要，薪酬差距和企业绩效：竞赛理论的视角．南开管理评论，2007，10（2）：4 –11.

[47] Abowd，J. Does Performance – based Managerial Compensation Affect Corporate Performance? ILR Review，1990，43（3）：52 – S – 73 – S.

[48] Adams，J. Towards an Understanding of Inequity. The Journal of Abnormal and Social Psychology，1963，67（5）：422.

[49] Adams，J. S. Inequity in Social Exchange. Advances in Experimental Social Psychology，1965（2）：267 –299.

[50] Akerlof，G. A.，Rose，A. K.，Yellen，J. L.，et al. Job Switching and Job Satisfaction in the US Labor Market. Brookings papers on economic activity，1988（2）：495 –594.

[51] Akerlof, G. A., Yellen, J. L. The Fair Wage – effort Hypothesis and Unemployment. The Quarterly Journal of Economics, 1990, 105 (2): 255 – 283.

[52] Alchian, A. A., Demsetz, H. Production, Information Costs, and Economic Organization. The American Economic Review, 1972, 62 (5): 777 – 795.

[53] Allison, P. D. Measures of Inequality. American Sociological Review, 1978: 865 – 880.

[54] Amason, A. C., Sapienza, H. J. The Effects of Top Management Team Size and Interaction Norms on Cognitive and Affective Conflict. Journal of Management, 1997, 23 (4): 495 – 516.

[55] Anderson, R. C., Reeb, D. M. Founding – Family Ownership and Firm Performance: Evidence from the S&P 500. The Journal of Finance, 2003 (58): 1301 – 1328.

[56] Ang, J. S., Cole, R. A., Lin, J. W. Agency Costs and Ownership Structure. The Journal of Finance, 2000, 55 (1): 81 – 106.

[57] Ang, J. S., Lauterbach, B., Schreiber, B. Z. Pay at the Executive Suite: How do US Banks Compensate their Top Management Teams? Journal of Banking and Finance, 2002, 26 (6): 1143 – 1163.

[58] Ashforth, B. E., Mael, F. Social Identity Theory and the Organization. Academy of Management Review, 1989, 14 (1): 20 – 39.

[59] Ashkanasy, N. M., Härtel, C. E. J., Daus, C. S. Diversity and Emotion: The New Frontiers in Organizational Behavior Research. Journal of Management, 2002, 28 (3): 307 – 338.

[60] Baik, B., Evans, III. J. H., Kim, K., et al. White Collar Incentives. Accounting, Organizations and Society, 2016 (53): 34 – 49.

[61] Balkin, D., Gomez – Mejia, L. Matching Compensation and Organization Strategies. Strategic Management Journal, 1990 (11): 153 – 169.

[62] Bar – Isaac, H. Something to Prove: Choosing Teamwork to Create Reputational Incentives for Individuals. Rand Journal of Economics, 2007, 38 (2): 495 – 511.

[63] Barnard, C. The Functions of the Executive. Cambridge: Harvard University Press, 1938.

[64] Baron, R. M., Kenny, D. A. The Moderator – mediator Variable Distinction in Social Psychological Research: Conceptual, Strategic, and Statistical Considerations. Journal of Personality and Social Psychology, 1986, 51 (6): 1173.

[65] Bebchuk, L. A., Cremers, K. J. M., Peyer, U. C. The CEO Pay Slice. Journal of Financial Economics, 2011, 102 (1): 199 – 221.

[66] Bebchuk, L. A., Fried, J. M. Executive Compensation as an Agency Problem. Journal of Economic Perspectives, 2003, 17 (3): 71 – 92.

[67] Becker, B. E., Huselid, M. A. The Incentive Effects of Tournament Compensation systems. Administrative Science Quarterly, 1992: 336 – 350.

[68] Becker, G. S. Human Capital: A Theoretical and Empirical Analysis, with Special Reference to Education. New York: Columbia University Press, 1964.

[69] Bishop, J. The Recognition and Reward of Employee Performance. Journal of Labor Economics, 1987, 5 (4): S36 – S56.

[70] Bloom, M. The Performance Effects of Pay Dispersion on Individuals and Organizations, Academy of Management Journal, 1999, 42 (1): 25 – 40.

[71] Bloom, M., Michel, J. G. The Relationships among Organizational Context, Pay Dispersion, and among Managerial Turnover, Academy of Management Journal, 2002, 45 (1): 33 – 42.

[72] Bognanno, M. L. Corporate Tournaments. Journal of Labor Economics, 2001, 19 (2): 290 – 315.

[73] Bolton, P., Dewatripont, M. Contract Theory. Cambridge: MIT Press, 2005.

[74] Braverman, H. Labor and Monopoly Capital: The Degradation of Work in the Twentieth Century. New York: Monthly Review, 1974.

[75] Breton, M., St – Amour, P., Vencatachellum, D. Ability, Reputation, and Preferences for Age Distribution of Teams. Working Paper, 2006.

[76] Brown, M. P., Sturman, M. C., Simmering, M. J. Compensation Pol-

icy and Organizational Performance: The Efficiency, Operational, and Financial Implications of Pay Levels and Pay Structure. Academy of Management Journal, 2003, 46 (6): 752 -762.

[77] Burns, N., Minnick, K., Starks, L. CEO Tournaments: A Cross - Country Analysis of Causes, Cultural Influences, and Consequences. Journal of Financial and Quantitative Analysis, 2017, 52 (2): 519 -551.

[78] Bushman, R. M., Dai, Z., Zhang, W. Management Team Incentive Dispersion and Firm Performance. The Accounting Review, 2016, 91 (1): 21 - 45.

[79] Campbell, J. J., Dunnette, M. D., Lawler, E. E., et al. Managerial behavior, performance, and effectiveness. New York: McGraw - Hill, 1970.

[80] Card, D., Mas, A., Moretti, E., et al. Inequality at Work: The Effect of Peer Salaries on Job Satisfaction. American Economic Review, 2012, 102 (6): 2981 -3003.

[81] Carmeli, A., Halevi, M. Y. How Top Management Team Behavioral Integration and Behavioral Complexity Enable Organizational Ambidexterity: The Moderating Role of Contextual Ambidexterity. The Leadership Quarterly, 2009, 20 (2): 207 -218.

[82] Carmichael, H. L. The Agent - Agents Problem: Payment by Relative Output. Journal of Labor Economics, 1983 (1): 50 -65.

[83] Carpenter, M. A, Geletkanycz, M. A., Sanders, W. G. Upper Echelons Research Revisited: Antecedents, Elements, and Consequences of Top Management Team Composition. Journal of Management, 2004, 30 (6): 749 - 778.

[84] Carpenter, M. A., Sanders, W. G. The Effects of Top Management Team Pay and Firm Internationalization on MNC Performance. Journal of Management, 2004, 30 (4): 509 -528.

[85] Carpenter, M. A., Wade, J. B. Microlevel Opportunity Structures as Determinants of Non - CEO Executive Pay. Academy of Management Journal,

2002, 45 (6): 1085 - 1103.

[86] Carpenter, M. A., Westphal, J. D. The Strategic Context of External Network Ties: Examining the Impact of Director Appointments on Board Involvement in Strategic Decision Making. Academy of Management Journal, 2001, 44 (4): 639 - 660.

[87] Carpenter, M. A. The Implications of Strategy and Social Context for the Relationship Between Top Management Team Heterogeneity and Firm Performance. Strategic Management Journal, 2002 (23): 275 - 284.

[88] Chatterjee, A., Hambrick, D. C. It's all about Me: Narcissistic Chief Executive Officers and Their Effects on Company Strategy and Performance. Administrative Science Quarterly, 2007 (52): 351 - 386.

[89] Che, Y. K., Yoo, S. W. Optimal Incentives for Teams. American Economic Review, 2001, 91 (3): 525 - 541.

[90] Chen, Z., Huang, Y., Wei, K. C. J. Executive Pay Disparity and the Cost of Equity Capital. Journal of Financial and Quantitative Analysis, 2013, 48 (3): 849 - 885.

[91] Chin, M. K., Semadeni, M. CEO Political Ideologies and Pay Egalitarianism within Top Management Teams. Strategic Management Journal, 2017, 38 (8): 1608 - 1625.

[92] Cho, T. S., Hambrick, D. C. Attention as the Mediator between Top Management Team Characteristics and Strategic Change: The Case of Airline Deregulation. Organization Science, 2006, 17 (4): 453 - 469.

[93] Cohen, B. D., Dean, T. J. Information Asymmetry and Investor Valuation of IPOs: Top Management Tteam Legitimacy as a Capital Market Signal. Strategic Management Journal, 2005, 26 (7): 683 - 690.

[94] Conyon, M. J., Peck, S. I., Sadler, G. V. Corporate Tournaments and Executive Compensation: Evidence from the UK. Strategic Management Journal, 2001, 22 (8): 805 - 815.

[95] Core, J., Guay, W. The Use of Equity Grants to Manage Optimal Eq-

uity Incentive Levels. Journal of Accounting and Economics, 1999, 28 (2): 151 – 184.

[96] Cowherd, D. M. Levine, D. I. Product Quality and Pay Equity Between Lower – Level Employees and Top Management: An Investigation of Distributive Justice Theory. Administrative Science Quarterly, 1992, 37 (2): 302 – 320.

[97] Crabtree, J., Rutland, A. Self – Evaluation and Social Comparison Amongst Adolescents With Learning Difficulties. Journal of Community & Applied Social Psychology, 2001 (2): 347 – 359.

[98] Cyert, R. M., March, J. G. A Behavioral Theory of the Firm. NJ: Englewood Cliffs, 1963 (2): 169 – 187.

[99] Dempster, R. J., Hart, S. D. The Relative Utility of Fixed and Variable Risk Factors in Discriminating Sexual Recidivists and Nonrecidivists. Sexual Abuse: A Journal of Research and Treatment, 2002, 14 (2): 121 – 138.

[100] Deutsch, M. Distributive Justice: A Social Psychological Perspective. New Haven, CT: Yale University Press, 1985.

[101] Devers, C. E., Cannella, Jr. A. A., Reilly, G. P., et al. Executive Compensation: A Multidisciplinary Review of Recent Developments. Journal of Management, 2007, 33 (6): 1016 – 1072.

[102] Ding, D. Z., Akhtar, S., Ge, G. L. Effects of Inter – and Intra – hierarchy Wage Dispersions on Firm Performance in Chinese Enterprises. The International Journal of Human Resource Management, 2009, 20 (11): 2370 – 2381.

[103] Drago, R., Garvey, G. T. Incentives for Helping on the Job: Theory and Evidence. Journal of Labor Economics, 1998, 16 (1): 1 – 25.

[104] Drake, A. R, Haka, S. F., Ravenscroft, S. P. Cost system and Incentive Structure Effects on Innovation, Efficiency and Profitability in Teams. The Accounting Review, 1999, 74 (3): 323 – 345.

[105] Dye, R. A. The Trouble with Tournaments. Economic Inquiry, 1984 (22): 147 – 149.

[106] Edmans, A., Goldstein, I., Zhu, J. Contracting With Synergies.

CEPR, Discussion Papers, 2013.

[107] Ehrenberg, R. G., Bognanno, M. L. Do Tournaments have Incentive Effects? Journal of Political Econnomics, 1990a, 98 (6): 1307 -1324.

[108] Ehrenberg, R. G., Bognanno, M. L. The Incentive Effects of Tournaments Revisited: Evidence from the European PGA Tour. Ind. Labor Relat. Rev, 1990b, 43 (3): 74S -88S.

[109] Eisenhardt, K. M., Schoonhoven, C. B. Organizational Growth: Linking Founding Team, Strategy, Environment, and Growth among US Semiconductor Ventures, 1978 -1988. Administrative Science Quarterly, 1990: 504 -529.

[110] Eisenhardt, K. M. Agency Theory: An Assessment and Review. Academy of Management Review, 1989, 14 (1): 57 -74.

[111] Eisenhardt, K. M., Kahwajy, J. L., Bourgeois, L. J. Conflict and Strategic Choice: How Top Management Teams Disagree. California Management Review, 1997, 39 (2): 42 -62.

[112] Ensley, M. D., Pearson, A. W., Sardeshmukh, S. R. The Negative Consequences of Pay Dispersion in Family and Non - family Top Management Teams: An Exploratory Analysis of New Venture, High - growth Firms. Journal of Business Research, 2007, 60 (10): 1039 -1047.

[113] Eriksson, T. Executive Compensation and Tournament Theory: Empirical Tests on Danish Data. Journal of Labor Economics, 1999, 17 (2): 262 - 280.

[114] Faleye, O., Reis, E., Venkateswaran, A. The Determinants and Effects of CEO - Employee Pay Ratios. Journal of Banking & Finance, 2013, 37 (8): 3258 -3272.

[115] Farrell, J., Scotchmer, S. Partnerships. The Quarterly Journal of Economics, 1988, 103 (2): 279 -297.

[116] Fehr E, Schmidt, K. M. A Theory of Fairness, Competition, and Cooperation. The Quarterly Journal of Economics, 1999, 114 (3): 817 -868.

[117] Ferber, M. A. Professors, Performance, and Rewards. Industrial Re-

lations: A Journal of Economy and Society, 1974, 13 (1): 69 –77.

[118] Festinger, L. A Theory of Social Comparison Processes. Human Relations, 1954, 7 (2): 117 –140.

[119] Finkelstein, S., Hambrick, D. C, Cannella, A. A. Strategic Leadership: Theory and Research on Executives, Top Management Teams, and Boards. Oxford: Oxford University Press, 2009.

[120] Finkelstein, S., Hambrick, D. C. Top – Management – team Tenure and Organizational Outcomes: The Moderating Role of Managerial Discretion. Administrative Science Quarterly, 1990, 35 (3): 484 –503.

[121] Finkelstein, S., Hambrick, D. C. Strategic Leadership: Top Executives and Their Effects on Organizations. Minneapolis: West Publishing, 1996.

[122] Fisher, J., Govindarajan, V. Profit Center Manager Compensation: An Examination of Market, Political and Human Capital Factors. Strategic Management Journal, 1992 (13): 205 –217.

[123] Folger, R., Greenberg, J. Procedural Justice: An Interpretive Analysis of Personnel Systems. Research in Personnel and Human Resources Management, 1985, 3 (1): 141 –183.

[124] Frank, R. H. Interdependent Preferences and the Competitive Wage Structure. The RAND Journal of Economics, 1984: 510 –520.

[125] Frank, R. H., P. J. Cook. The Winner – Take – All Society. New York: Free Press, 1995.

[126] Fredrickson, J. W., Davis Blake, A., Sanders, W. M. Sharing the Wealth: Social Comparisons and Pay Dispersion in the CEO'S Top Team. Strategic Management Journal, 2010, 31 (10): 1031 –1053.

[127] Galbraith, C., Merrill, G. The Effect of Compensation Program and Structure on SBU Compensation. Strategic Management Journal, 1991 (12): 353 – 371.

[128] Gartenberg, C., Wulf, J. Pay Harmony: Peer Comparison and Executive Compensation. Social Science Electronic Publishing, 2013.

[129] Geletkanycz, M. A. The Salience of Culture's Consequences: The Effects of Cultural Values on Top Executive Commitment to the Status Quo. Strategic Management Journal, 1997 (18): 615 -634.

[130] Gerhart, B., Rynes, S. Compensation: Theory, Evidence, and Strategic Implications. SAGE Publications, 2003.

[131] Gibbons, F. X., Lane, D. J., Gerrard, M., et al. Comparison - level Preferences after Performance: Is Downward Comparison Theory Still Useful? Journal of Personality and Social Psychology, 2002, 83 (4): 865.

[132] Goel, A. M., Thakor, A. V. Overconfidence, CEO Selection, and Corporate Governance. The Journal of Finance, 2008, 63 (6): 2737 -2784.

[133] Goethals, G. R., Darley, J. M. Social Comparison Theory: Self - evaluation and Group Life. Theories of Group Behavior. New York: Springer, 1987: 21 -47.

[134] Goll, I., Sambharya, R. B., Tucci, L. A. Top Management Team Composition, Corporate Ideology, and Firm Performance. Management International Review, 2001: 109 -129.

[135] Gomez - Mejia, L. R., Balkin, D. B. Determinants of Faculty Pay: An Agency Theory Perspective. Academy of Management Journal, 1992, 35 (5): 921 -955.

[136] Goodman, P. S. An Examination of the Referents Used in the Evaluation of Pay. Organizational Behavior and Human Performance, 1974 (12): 170 - 195.

[137] Graffin, S. D., Wade, J. B., Porac, J. F., et al. The Impact of CEO Status Diffusion on the Economic Outcomes of Other Senior Managers. Organization Science, 2008, 19 (3): 457 -474.

[138] Green, J. R., Stokey, N. L. A Comparison of Tournaments and Contracts. Journal of Political Economy, 1983, 91 (3): 349 -364.

[139] Greenberg, J., Ashton - James, C. E., Ashkanasy, N. M. Social Comparison Processes in Organizations. Organizational Behavior and Human Deci-

sion Processes, 2007, 102 (1): 22 -41.

[140] Greenberg, J. Approaching Equity and Avoiding Inequity in Groups and Organizations. Equity and Justice in Social Behavior, 1982: 389 -435.

[141] Greenberg, J. The Distributive Justice of Organizational Performance Evaluations. Justice in Social Relations, New York: Plenum Press, 1986a: 337 - 351.

[142] Greenberg, J. Organizational Performance Appraisal Procedures: What Makes Them Fair? Research on Negotiation in Organizations. Greenwich, CT: JAI Press, 1986b (1): 25 -41.

[143] Greenberg, J. Determinants of Perceived Fairness of Performance Evaluations. Journal of Applied Psychology, 1986c (71): 340 -342.

[144] Grimm, C. M., Smith, K. G. Research Notes and Communications Management and Organizational Change: A Note on the Railroad Industry. Strategic Management Journal, 1991, 12 (7): 557 -562.

[145] Groves, T., Hong, Y., Mcmillan, J., et al. China's Evolving Managerial Labor Market. Journal of Political Economy, 1995, 103 (4): 873 -892.

[146] Gul, F. A., Chen, L. T. W., Leung, T. Y. Perks and the Informativeness of Stock Prices in the Chinese Market. Journal of Corporate Finance, 2011 (17): 1410 -1429.

[147] Guo, L., Libby, T., Liu, X. K. The Effects of Vertical Pay Dispersion: Experimental Evidence in a Budget Setting. Contemporary Accounting Research, 2017, 34 (1): 555 -576.

[148] Gupta, N., Conroy, S. A., Delery, J. E. The Many Faces of Pay Variation. Human Resource Management Review, 2012, 22 (2): 100 -115.

[149] Gupta, N., Jenkins, G. D. Jr. The Politics of Pay. Compensation and Benefits Review, 1996 (3/4): 23 -30.

[150] Hambrick, D. C., Cho, T. S., Chen, M. J. The Influence of Top Management Team Heterogeneity on Firms' Competitive Moves. Administrative Science Quarterly, 1996: 659 -684.

[151] Hambrick, D. C., Mason, P. A. Upper Echelons: The Organization As A Reflection of Its Top Managers. Academy of Management Review, 1984, 9 (2): 193 - 206.

[152] Hambrick, D. C. Fragmentation and the Other Problems CEOs have with Their Top Management Teams. California Management Review, 1995, 37 (3): 110 - 127.

[153] Hambrick, D. C. Top Management Groups: A Conceptual Integration and Reconsideration of the "team" Labe. Research in Organizational Behavior, 1994, 16 (6): 171 - 213.

[154] Hambrick, D. C. Upper Echelons Theory: An Update. Academy of Management Review, 2007, 32 (2): 334 - 343.

[155] Hambrick, D. C., Siegel, P. Pay Dispersion Within Top Management Groups: Evidence of its Harmful Effects on Performance of High - Technology Firms. New York: Columbia University, 1998.

[156] Harbring, C., Irlenbusch, B. An Experimental Study on Tournament Design. Labour Economics, 2003, 10 (4): 443 - 464.

[157] Hatfield, E., Sprecher, S. Equity Theory and Behavior in Organizations. Research in the Sociology of Organizations, 1984 (3): 95 - 124.

[158] Hayes, R. M., Oyer, P., Schaefer, S. Coworker Complementarity and the Stability of Top - management Teams. Journal of Law, Economics, and Organization, 2005, 22 (1): 184 - 212.

[159] Hayward, L. A., Hambrick, D. C. Explaining the Premiums Paid for Large Acquisitions: Evidence of CEO Hubris. Administrative Science Quarterly, 1997 (42): 103 - 127.

[160] Henderson, A. D., Fredrickson, J. W. Top Management Team Coordination Needs and the CEO Pay Gap: A Competitive Test of Economic and Behavioral Views. Academy of Management Journal, 2001, 44 (1): 96 - 117.

[161] Heneman, R. L. Merit Pay: Linking Pay Increases to Performance Ratings. Massachusetts: Addison - Wesley/Addison Wesley Longman, 1992.

[162] Hibbs, Jr. D. A., Locking, H. Wage Dispersion and Productive Efficiency: Evidence for Sweden. Journal of Labor Economics, 2000, 18 (4): 755 - 782.

[163] Hill, C. W. L., Hitt, M. A., Hoskisson, R. E. Cooperative versus Competitive Structures in Related and Unrelated Diversified Firms. Organization Science, 1992, 3 (4): 501 - 521.

[164] Hiller, N. J., Hambrick, D. C. Conceptualizing Executive Hubris: The Role of (hyper -) core Self - evaluationsin Strategic Decision - making. Strategic Management Journal, 2005, 26 (4): 297 - 319.

[165] Hoffman, R., Hegarty, W. Top Management Influence on Innovations: Effect of Executive Characteristics and Social Culture. Journal of Management, 1993 (19): 549 - 574.

[166] Hogan, T. D., Mcpheters, L. R. Executive Compensation: Performance versus Personal Characteristics. Southern Economic Journal, 1980: 1060 - 1068.

[167] HolmströM, B., Milgrom, P. Regulating Trade among Agents. Journal of Institutional and Theoretical Economics, 1990: 85 - 105.

[168] HöLmstrom, B. Moral Hazard and Observability. The Bell Journal of Economics, 1979: 74 - 91.

[169] Holmstrom, B. Moral Hazard in Teams. The Bell Journal of Economics, 1982, 13 (2): 324 - 340.

[170] Hyun, J. H., Kang, S. C., Kim, B. J., et al. Determinants and Performance Effects of Executive Pay Multiples. Working Paper, 2012.

[171] Itoh, H. Incentives to Help in Multi - agent Situations. Econometrica: Journal of the Econometric Society, 1991: 611 - 636.

[172] Jacobs, D. Toward a Theory of Mobility and Behavior in Organizations: An Inquiry into the Consequences of some Relationships between Individual Performance and Organizational Success. American Journal of Sociology, 1981, 87 (3): 684 - 707.

[173] Jasso, G. A New Theory of Distributive Justice. American Sociological Review, 1980 (45): 3 – 32.

[174] Jensen, M. C. , Meckling, W. H. Theory of the Firm: Managerial Behavior, Agency Costs and Ownership Structure. Journal of Financial Economics, 1976, 3 (4): 305 – 360.

[175] Jensen, M. C. , Murphy, K. J. Performance Pay and Top – management Incentives. Journal of Political Economy, 1990, 98 (2): 225 – 264.

[176] Jones, G. R. , Hill, C. W. L. Transaction Cost Analysis of Strategy – structure Choice. Strategic Management Journal, 1988 (9): 159 – 172.

[177] Kale, J. R. , Reis, E. , Venkateswaran, A. Pay Inequalities and Managerial Turnover. Journal of Empirical Finance, 2014 (27): 21 – 39.

[178] Kale, J. R. , Reis, E. , Venkateswaran, A. Rank – Order Tournaments and Incentive Alignment: The Effect on Firm Performance. The Journal of Finance, 2009, 64 (3): 1479 – 1512.

[179] Kandel, E. , Lazear, E. P. Peer Pressure and Partnerships. Journal of Political Economy, 1992, 100 (4): 801 – 817.

[180] Kato, T. Long, C. Tournaments and Managerial Incentives in China's Listed Firms: New Evidence. China Economic Review, 2011, 22 (1): 1 – 10.

[181] Ke, B. , Petroni, K. , Safieddine, A. Ownership Concentration and Sensitivity of Executive Pay to Accounting Performance Measures: Evidence from Publicly and Privately – held Insurance Companies. Journal of Accounting and Economics, 1999, 28 (2): 185 – 209.

[182] Ke, B. , Mao, X. , Wang B. , et al. A Simple Measure of Power for Top Management Teams of Publicly Listed Chinese Firms. National University of Singapore Working Paper, 2017.

[183] Keck, S. L. , Tushman, M. L. Environmental and Organizational Context and Executive Team Structure. Academy of Management Journal, 1993, 36 (6): 1314 – 1344.

[184] Keck, S. L. Top Management Team Structure: Differential Effects by

Environment Context. Organization Science, 1997, 8 (2): 143 -156.

[185] Kepes, S., Delery, J., Gupta, N. Contingencies in the Effects of Pay Range on Organizational Effectiveness. Personnel Psychology, 2009, 62 (3): 497 -531.

[186] Kini, O., Williams, R. Tournament Incentives, Firm Risk, And Corporate Policies. Journal of Financial Economics, 2012, 103 (2): 350 -376.

[187] Konrad, A. M., Pfeffer, J. Do You Get What You deserve? Factors Affecting the Relationship between Productivity and Pay. Administrative Science Quarterly, 1990 (35): 258 -285.

[188] Korzec, M. Labour and the Failure of Reform in China. Springer, 1992.

[189] Kramer, R. M. Intergroup Relations and Organizational Dilemmas: The Role of Categorization Processes//cummings L, Staw B. Research in Organizational Behavior. Greenwich: JAI Press, 1991: 191 -228.

[190] Kulik, C. T., Ambrose, M. L. Personal and Situational Determinants of Referent Choice. Academy of Management Review, 1992, 17 (2): 212 -237.

[191] Lambert, R. A., Larcker, D. F., Weigelt, K. The Structure of Organizational Incentives. Administrative Science Quarterly, 1993: 438 -461.

[192] Lawler, E. E., Jenkins, G. D. Strategic Reward Systems//Handbook of Industrial and Organizational Psychology. Palo Alto, California: Consulting Psychologists Press, 1992.

[193] Lawler, E. E. Pay and Organizational Effectiveness: A Psychological View. New York: McGraw -Hill, 1971.

[194] Lawler, E. E., Porter, L. W. Antecedent Attitudes of Effective Managerial Performance. Organizational Behavior and Human Performance, 1967, 2 (2): 122 -142.

[195] Lazear, E. P. Personnel Economics. Massachusetts: MIT Press, 1995.

[196] Lazear, E. P. The Power of Incentives. American Economic Review, 2000, 90 (2): 410 -414.

[197] Lazear, E. P. Pay Equality and Industrial Politics. Journal of Political Economy, 1989, 97 (3): 561 -580.

[198] Lazear, E. P., Rosen, S. Rank - Order Tournaments as Optimum Labor Contracts. The Journal of Political Economy, 1981, 89 (5): 841 -864.

[199] Lee, K. W., Lev, B., Yeo, G. H. H. Executive Pay Dispersion, Corporate Governance, and Firm Performance. Review of Quantitative Finance and Accounting, 2008, 30 (3): 315 -338.

[200] Legros, P., Matsushima, H. Efficiency in Partnerships. Journal of Economic Theory, 1991, 55 (2): 296 -322.

[201] Legros, P., Matthews, . S A. Efficient and Nearly - Efficient Partnerships. The Review of Economic Studies, 1993, 60 (3): 599 -611.

[202] Lemieux, T. Increasing Residual Wage Inequality: Composition Effects, Noisy Data, Or Rising Demand for Skill? American Economic Review, 2006, 96 (3): 461 -498.

[203] Leonard, J. S. Executive Pay and Firm Performance. ILR Review, 1990, 43 (3): 13 -S -29 -S.

[204] Leventhal, G. S. The Distribution of Rewards and Resources in Groups and Organizations//Advances in Experimental Social Psychology. New York: Academic Press, 1976 (9): 91 -131.

[205] Levine, D. I. Cohesiveness, Productivity, and Wage Dispersion. Journal of Economic Behavior & Organization, 1991, 15 (2): 237 -255.

[206] Lorsch, J. W. Pawns or Potentates: The Reality of America's Corporate Boards. Boston, MA: Harvard Business School Press, 1989.

[207] Madden, J. F. The Persistence of Pay Differentials: The Economics of Sex Discrimination//Women and Work: An annual Review, 1985 (1): 76 -114.

[208] Mahoney, T. A. Organizational Hierarchy and Position Worth. Academy of Management Journal, 1979 (22): 726 -737.

[209] Main, B. G. M., O'Reilly, C. A., Wade, J. Top Executive Pay: Tournament or Teamwork? . Journal of Labor Economics, 1993, 11 (4): 606 -

628.

[210] Malcomson, J. M. Work Incentives, Hierarchy, and Internal Labor Markets. Journal of Political Economy, 1984 (92): 486 -507.

[211] March, J. C. , March, J. G. Almost Random Careers: The Wisconsin School Superintendency, 1940 -1972. Administrative Science Quarterly, 1977: 377 -409.

[212] March, J. G. , Simon, H. A. Organizations. New York: Wiley, 1958.

[213] Martin, R. , Suls, J. , Wheeler, L. Ability Evaluation by Proxy: Role of Maximal Performance and Related Attributes in Social Comparison. Journal of Personality and Social Psychology, 2002, 82 (5): 781.

[214] Martin, J. Relative Deprivation: A Theory of Distributive Injustice for an Era of Shrinking Resources//Research in organizational Behavior, Greenwich, CT: JAI Press, 1981 (3): 53 -107.

[215] Martin, J. The Fairness of Earnings Differentials: An Experimental Study of the Perceptions of Blue - collar Workers. Journal of Human Resources, 1982 (17): 110 -122.

[216] Matuszewski, L. J. Honesty in Managerial Reporting: Is It Affected by Perceptions of Horizontal Equity? Journal of Management Accounting Research, 2010, 22 (1): 233 -250.

[217] Medoff, J. L. , Abraham, K. G. Are Those Paid More Really More Productive? The Case of Experience. Journal of Human Resources, 1981: 186 - 216.

[218] Medoff, J. L. , Abraham, K. G. Experience, Performance, and Earnings. The Quarterly Journal of Economics, 1980, 95 (4): 703 -736.

[219] Messersmith, J. G. , Guthrie, J. P. , Ji, Y. Y. , et al. Executive Turnover: The Influence of Dispersion and Other Pay System Characteristics. Journal of Applied Psychology, 2011, 96 (3): 457.

[220] Michel, J. G. , Hambrick, D. C. Diversification Posture and Top Management Team Characteristics. Academy of Management Journal, 1992, 35

(1)：9 –37.

[221] Milgrom, P., Roberts, J. An Economic Approach to Influence Activities in Organizations. American Journal of Sociology, 1988 (94): S154 –S179.

[222] Milgrom, P., Roberts, J. The Economics of Modern Manufacturing: Technology, Strategy, and Organization. The American Economic Review, 1990: 511 –528.

[223] Mincer, J., Ofek, H. Interrupted Work Careers: Depreciation and Restoration of Human Capital. Journal of Human Resources, 1982: 3 –24.

[224] Mincer, J. The Distribution of Labor Incomes: A Survey with Special Reference to the Human Capital Approach. Journal of Economic Literature, 1970, 8 (1): 1 –26.

[225] Moore, D. A., Small, D. A. Error and Bias in Comparative Judgment: On Being Both Better and Worse Than We Think We Are. Journal of Personality and Social Psychology, 2007, 92 (6): 972.

[226] Murnen S K, Smolak L, Mills J A, et al. Thin, Sexy Women and Strong, Muscular Men: Grade –School Children's Responses to Objectified Images of Women and Men. Sex Roles, 2003 (49): 427 –437

[227] O'Reilly C. A., Main, B. G., Crystal, G. S. CEO Compensation as Tournament and Social Comparison: A Tale of Two Theories. Administrative Science Quarterly, 1988: 257 –274.

[228] Ostroff, C., Clark, M. A. Maintaining an Internal Market: Antecedents of Willingness to Change Jobs. Journal of Vocational Behavior, 2001 (59): 425 –453.

[229] Papadakis, V. M., Barwise, P. How Much do CEOs and Top managers Matter in Strategic Decision –making? British Journal of Management, 2002, 13 (1): 83 –95.

[230] Pfeffer, J., Davis –Blake, A. Salary Dispersion, Location in the Salary Distribution, and Turnover among College Administrators. ILR Review, 1992, 45 (4): 753 –763.

[231] Pfeffer, J., Davis - Blake, A. Unions and Job Satisfaction: An Alternative View. Work and Occupations, 1990, 17 (3): 259 - 283.

[232] Pfeffer, J., Langton, N. The Effect of Wage Dispersion on Satisfaction, Productivity, and Working Collaboratively: Evidence from College and University Faculty. Administrative Science Quarterly, 1993: 382 - 407.

[233] Pfeffer, J., Langton, N. Wage Inequality and the Organization of Work: The Case of Academic Departments. Administrative Science Quarterly, 1988: 588 - 606.

[234] Pfeffer, J., Langton, N. The Effect of Wage Dispersion on Satisfaction, Productivity, and Working Collaboratively: Evidence from College and University Faculty. Administrative Science Quarterly, 1993, 38 (3): 382 - 407.

[235] Rasmusen, E. Moral Hazard in Risk - averse Teams. The RAND Journal of Economics, 1987: 428 - 435.

[236] Richard, O., Barnett, T., Dwyer, S., et al, K. Cultural Diversity in Management, Firm Performance, and the Moderating Role of Entrepreneurial Orientation Dimensions. Academy of Management Journal, 2004 (47): 255 - 266.

[237] Rosen, S. Contracts and the Market for Executives. National Bureau of Economic Research, 1990.

[238] Rosen, S. Prizes and Incentives in Elimination Tournaments. American Economic Review, 1986 (76): 701 - 715.

[239] Santaló, J., Kock, C. J. Division Director Versus CEO Compensation: New Insights Into the Determinants of Executive Pay. Journal of Management, 2009, 35 (4): 1047 - 1077.

[240] Schoonhoven, C. B., M. Jelinek. Dynamic Tension in Innovative, High - technology Firms: Managing Rapid Technological Change through Organizational Structure. Managing Complexity in High Technology Organizations. New York: Oxford University Press, 1990: 90 - 118.

[241] Shaw, J. D., Gupta, N., Delery, J. E. Pay Dispersion and Work-

force Performance：Moderating Effects of Incentives and Interdependence. Strategic Management Journal，2003，23（6）：491 –512.

[242] Shaw，J. D.，Gupta，N. Pay System Characteristics and Quit Patterns of Good，Average，and Poor Performers. Personnel Psychology，2007，60（4）：903 –928.

[243] Sheppard，B. H.，Lewicki，R. J.，Minton，J. W. Organizational Justice：The Search for Fairness in the Workplace. New York：Lexington Books/Macmillan，1992.

[244] Siegel，P. A.，Hambrick，D. C. Business Strategy and the Social Psychology of Top Management Teams. Advances in Strategic Management，1996（13）：91 –119.

[245] Siegel，P. A.，Hambrick，D. C. Pay Disparities within Top Management Groups：Evidence of Harmful Effects on Performance of High – technology Firms. Organization Science，2005，16（3）：259 –274.

[246] Simon，H. A. Models of Man：Social and Rational. Oxford，England：Wiley，1957.

[247] Smith，K. G.，Smith，K. A.，Olian，J. D.，et al. Top Management Team Demography and Process：The Role of Social Integration and Communication. Administrative Science Quarterly，1994：412 –438.

[248] Smith，Peter，B. Groups within Organizations. New York：Harper and Row，1973.

[249] Suchman，M. C. Managing Legitimacy：Strategic and Institutional Approaches. Academy of Management Review，1995，20（3）：571 –610.

[250] Tajfel，H. Human Groups and Social Categories：Studies in Social Psychology. Cambridge，UK：Cambridge University Press，1981.

[251] Trevor，C. O.，Reilly，G.，Gerhart，B. Reconsidering Pay Dispersion's Effect on the Performance of Interdependent Work：Reconciling Sorting and Pay Inequality. Academy of Management Journal，2012，55（3）：585 –610.

[252] Trevor，C. O.，Wazeter，D. L. A Contingent View of Reactions to

Objective Pay Conditions: Interdependence among Pay Structure Characteristics and Pay Relative to Internal and External Referents. Journal of Applied Psychology, 2006, 91 (6): 1260.

[253] Turner, J. C. Social Categorization and the Selfconcept: A Social Cognition Theory of Group Behavior//Lawer E J. Advances in Group Processes. Greenwich, CT: JAI Press, 1985: 77 -121.

[254] Tushman, M., Anderson, P. Technological Discontinuities and Organizational Environments. Admin. Sci. Quart, 1986 (31): 439 -465.

[255] Vander Zee, K., Oldersma, F., Buunk, B. P. et al. Social Comparison Preferences Among Cancer Patients as Related to Neuroticism and Social Comparison Orientation. Journal of Personality and Social Psychology, 1998, 75 (3): 801 -810.

[256] Vroom, V. C. Work and Motivation. New York: Wiley, 1964.

[257] Wade, J. B., O'Reilly C. A., Pollock, T. G. Overpaid Ceos and Underpaid Managers: Fairness and Executive Compensation. Organization Science, 2006, 17 (5): 527 -544.

[258] Waller, M. J., Huber, G. P., Glick, W. H. Functional Background as a Determinant of Executives' Selective Perception. Academy of Management Journal, 1995, 38 (4): 943 -974.

[259] Walster, E., Walster, G. W., Berscheid, E. Equity: Theory and Research. Boston, MA: Allyn & Bacon, 1978.

[260] Warner, M. Economic Reforms, Industrial Relations and Human Resources in the People's Republic of China: An Overview. Industrial Relations Journal, 1996, 27 (3): 195 -210.

[261] Wiersema, M. F., Bantel, K. A. Top Management Team Demography and Corporate Strategic Change. Academy of Management Journal, 1992, 35 (1): 91 -121.

[262] Wiersema, M. F., Bird, A. Organizational Demography in Japanese Firms: Group Heterogeneity Individual Dissimilarity, and Top Management Team

Turnover. Academy of Management Journal, 1993 (36): 996 – 1025.

[263] Wowak, A. J. , Hambrick, D. C. A Model of Person – pay Interaction: How Executives Vary in Their Responses to Compensation Arrangements. Strategic Management Journal, 2010, 31 (8): 803 – 821.

[264] Xu Y, Liu Y. The Determinants and Consequences of the Dynamic Compensation Inconsistency in Top Management Teams: Evidence from Chinese Listed Firms. China Accounting and Finance Review, 2017, 19 (2): 1 – 62.

[265] Xu, N. , Li, X. , Yuan, Q. , et al. Excess Perks and Stock Price Crash Risk: Evidence from China. Journal of Corporate Finance, 2014, 25 (4): 419 – 434.

[266] Xu, Y. , Liu, Y. G. , Lobo, G. J. Troubled by Unequal Pay Rather than Low Pay: The Incentive Effects of a Top Management Team Pay Gap. China Journal of Accounting Research, 2016, 9 (2): 115 – 135.

[267] Young, C. S. Top Management Teams' Social Capital in Taiwan: The Impact on Firm Value in an Emerging Economy. Journal of Intellectual Capital, 2005, 6 (2): 177 – 190.

[268] Zajac, E. J. , Westphal, J. D. The Costs and Benefits of Managerial Incentives and Monitoring in Large US Corporations: When is More not Better? Strategic Management Journal, 1994, 15 (S1): 121 – 142.

[269] Zelditch, Jr. M. , Berger, J. , Anderson, B. , et al. Equitable Comparisons. Pacific Sociological Review, 1970, 13 (1): 19 – 26.

后　　记

本书是在我博士学位论文基础上修改形成的。在本书付印之际，我尤其感谢我的博士生导师刘运国教授，在我徘徊在学术大门之外时领我进门，给我展现了一个睿智的、充满魅力的神奇学术世界。刘老师常说求学中天资并不是最重要的，勤奋专注才是第一要务，这让天资一般的我对艰难险阻的求学之路拥有了更多的信心和勇气。除了在学业上对我的悉心和细心指导，刘老师还尽其可能对我进行多方面的训练。到现在还记得刘老师常说的在博士期间应该完成的几个“一”：参加一次学术会议、出国交流一次、参与举办一次学术活动、参与一次课题写作、给学生试讲一次、接待来访教授一次等。刘老师不仅在培养我的学术能力，更意在培养我的交流能力和未来从事教师事业的基本能力。惭愧的是，这些“一”我并没有悉数完成。但博士毕业并不是结束，更多是一个新的开始，在未来的学术和教师生涯中，我将谨记刘老师的教导，努力成为一位合格的教育工作者和学者。感谢刘老师给予的点点滴滴，学生将收益终生。师恩如山，永生难忘！

感谢中国人民大学江伟教授给予我许多思想上的启发和学术上的帮助。江老师是一位非常随和且思维活跃的年轻学者，在与他学习和交流的过程中，我经常受益匪浅。在他的指导和帮助下，我不但在既有的“高管激励”这个选题下有了更多新的想法和思路，而且扩展了更多其他的有意思的研究话题。同时在和江老师合作的过程中，我的逻辑能力以及写作能力都得到了极大的提升。虽然江老师并非我名义上的导师，但我心中对江老师的感谢难以言尽。

感谢中山大学谭燕教授，谭老师不但是我本科期间的论文导师，更是点燃了我对学术研究的热情之火。在本科毕业论文写作以及攻读硕士学位两年间谭老师对我在学习和生活上的帮助让我一直感激于心，一日为师，终身受益。感谢中山大学的魏明海教授、刘峰教授、谭劲松教授、林斌教授、唐清泉教授等多位老师，从本科阶段开始，对我在为学和为人方面的潜移默化和耳濡目染。感谢中山大学的郑国坚教授，郑老师为人亲和，无论我在学习还是生活上遇到困难和问题，郑老师都会仗义相助。感谢中山大学的徐丽萍教授和张俊生教授，对我的博士论文提出了很多有益的建议，使我深受启发。感谢郑颖老师，一直让我担任课程助教，让我学习到丰富的教学经验。最后还要特别感谢新加坡国立大学的柯斌教授、罗德岛大学的林秉旋教授、休斯敦大学的Lobo教授以及香港理工大学的Agnes Cheng教授，与这些学术大家们的交流和讨论，不仅锻炼了我的逻辑思维能力，更是教会我将严谨的治学态度铭记于心。

感谢蒋涛师兄和林东杰师兄，引领着学术小白的我从零做起，不胜其烦为我解惑；感谢吴冬梅师姐、程敏英师姐、刘骏师兄、舒伟师兄、曹健师兄、陈姝师姐、李晶晶师姐、张霖琳师姐、蒋华林师姐、林雨晨师兄、黎文飞师兄、易阳师兄、张龙文师兄、刘春丽师姐、黄敬昌师兄、赵静师姐等各位师兄师姐们对我提供的帮助，让我无论在学业还是生活上都受益匪浅。

如果说求学路上遇到的良师已是指路明灯，那么携手并进的同窗们便是我一路的幸运。感谢陈颖、李莹、巫岑、裴茜、廖欣欣、刘梦宁、徐玉琳、曾诗韵、叶敏健等同窗好友，在我需要帮助的时候义无反顾伸出援手，给我的博士求学生涯增添了许多乐趣，让我可以坚持理想勇敢走下去。感谢刘艳芬，你是挚友，亦是家人。相识十六年，感谢你一直坚定不移地站在我身边，快乐时分享喜悦，失意时给我鼓励。

感谢父亲和母亲，把我培养成一个并不完美但竭尽真诚的人。为给我一个无忧的生活，父亲常年漂泊在外，母亲则放弃工作尽心照顾我的生活和学习。母亲的坚强和独立从小刻印在我心中，教会我即使遇到困难和挫折也不轻言放弃。父亲则给予我最大的包容和慈爱，优秀和成功不是他对我的期望，快乐和幸福才是他对我所愿。感谢我的弟弟，在我离家期间承担起陪伴和照顾父母的责任。感谢我的先生蔡贵龙，在我敏感焦虑脆弱时的支持与照顾。我们曾在不同的时间从同一个起点出发，十年里多个瞬间相汇又错开。相似的人终会遇见，所幸一路走来我们没有走丢。感谢有你陪伴的第一个十年，余生请你多指教。

徐悦

2023 年 7 月于康乐园